博士论文
出版项目

"共轭环流":
中国的角色演变与升级路径

"Conjugate Circulation":
Role Evolution and Upgrading Paths of China

商 辉 著

中国社会科学出版社

图书在版编目(CIP)数据

"共轭环流"：中国的角色演变与升级路径 / 商辉著 . —北京：中国社会科学出版社，2022.3
ISBN 978-7-5203-9698-1

Ⅰ.①共…　Ⅱ.①商…　Ⅲ.①国际分工—地位—研究—中国　Ⅳ.①F125

中国版本图书馆 CIP 数据核字(2022)第 022454 号

出 版 人	赵剑英
责任编辑	黄　晗
责任校对	杨　林
责任印制	王　超

出　　版	中国社会科学出版社
社　　址	北京鼓楼西大街甲 158 号
邮　　编	100720
网　　址	http://www.csspw.cn
发 行 部	010-84083685
门 市 部	010-84029450
经　　销	新华书店及其他书店
印　　刷	北京君升印刷有限公司
装　　订	廊坊市广阳区广增装订厂
版　　次	2022 年 3 月第 1 版
印　　次	2022 年 3 月第 1 次印刷
开　　本	710×1000　1/16
印　　张	15
字　　数	209 千字
定　　价	85.00 元

凡购买中国社会科学出版社图书,如有质量问题请与本社营销中心联系调换
电话：010-84083683
版权所有　侵权必究

出 版 说 明

为进一步加大对哲学社会科学领域青年人才扶持力度,促进优秀青年学者更快更好成长,国家社科基金2019年起设立博士论文出版项目,重点资助学术基础扎实、具有创新意识和发展潜力的青年学者。每年评选一次。2020年经组织申报、专家评审、社会公示,评选出第二批博士论文项目。按照"统一标识、统一封面、统一版式、统一标准"的总体要求,现予出版,以飨读者。

全国哲学社会科学工作办公室

2021年

摘　　要

在发达国家价值链的"低端锁定"、中国巨大体量形成以及中国对发展中国家价值链引领能力提升等三重叠加的背景下，中国在国际分工体系中的作用和地位已不再是传统价值链分析模式下的"世界工厂"那么简单，中国的未来发展需要积极构建以我为主的全球价值链。在价值链重构关键期，准确识别和量化国际分工格局、探讨中国制造业在国际分工网络中提升和巩固枢纽地位、实现价值链中高端攀升的理论机制与现实路径，对于推动形成全面开放新格局、加快构建新发展格局具有重要现实意义。本书在马克思主义思想的指导下，基于中国开放型经济的发展脉络及成就，重新定位中国所参与的国际分工格局，提出并量化了中国参与全球价值链的基本框架——"共轭环流"式分工格局，揭示中国角色演变与升级背后的机理和规律，探究提高并巩固国际分工枢纽地位、促进价值链中高端攀升的有效路径。本书的主要结论及重要观点归纳如下：

（1）"共轭环流"式分工格局已构成中国参与全球价值链的基本框架。国际分工网络可以分为发达国家价值环流和发展中国家价值环流两部分，且中国在这两大价值环流中均日益处于枢纽地位，形成"共轭环流"式的分工格局。（2）基于对中国开放型经济发展脉络的梳理发现，中国已逐步成为国际分工中的重要"枢纽国"、贸易流控制力的"居重国"，已从最初注重出口和引资的"单向开放"转变为注重平衡发展的"双向开放"。但是，中国制造业普遍存在"大而不强"的现状和关键核心依然受制于人的困局。（3）为提升中国在国际分工网络中的枢纽地位，需积极构建新的综合优势，重视母国市场和技术创新。(4)一国在国际分工网络中枢纽地位的提升有利于促进其价值链升级。(5)中国在二元价值环流中的升级空间及路径存在明显差异：中国嵌入发达国家价值环流时，技术水平的提升会促进国际分工地位的攀升，但提升速度逐步放缓，存在收敛趋势；在中国与其他发展中国家的价值环流中，后者分工地位的提升，有利于推动中国国际分工地位的进一步提升，实现向中高端的攀升。(6)立足国内市场、实现"共轭环流"的共建互融，是构成内嵌于中国开放型经济高层次发展的正向循环。基于以上研究，结合中国开放型经济发展的时代要求，本书从"固枢纽""通堵点""补短板"以及"促开放"四个方面为中国逐步提升国际分工地位、迈向贸易强国提出了针对性政策建议。

关键词：开放型经济，国际分工，枢纽地位，价值链升级

Abstract

In the context of the "low-end lock-in" of the value chain of developed countries, the formation of China's huge volume, and the enhancement of China's ability to lead the value chain of developing countries, China's role and status in the international division of labor is no longer a "World Factory", China's future development needs to actively build a global value chain with China as the main player. During the critical period of value chain reconstruction, accurately identifying and quantifying the pattern of international division of labor, exploring the theoretical mechanism and practical paths for China's manufacturing industry to enhance and consolidate its hub status in the international division of labor network, and achieving value chain upgrading are of great practical significance for promoting the formation of a new pattern of full opening and accelerating the construction of a new development pattern. Under the guidance of Marxist thought, based on the development context and achievements of China's open economy, this paper repositions China's participation in the international division of labor, proposes and quantifies the basic framework for China's participation in the global value chain— "Conjugate Circulation", reveals the mechanisms and laws behind the evolution and upgrading of China's role, explores ways to improve and consolidate the hub status and promote the upgrading of the value chain. The main conclusions and important points of this paper are summarized as follows.

(1) "Conjugate Circulation" has constituted the basic framework for China to participate in global value chain. The international division of labor network can be divided into two parts: the value circulation of developed countries and the value circulation of developing countries. China is increasingly in a pivotal position in these two value circulations, forming a "Conjugate Circulation" type of division of labor. (2) Based on the review of the development context of China's open economy, it is found that China has gradually become an important "hub country" in the international division of labor network and a "powerful country" in the control of trade flows. It has changed from the initial "one-way opening" focusing on export and foreign investment to the "two-way opening" focusing on balanced development. However, China's manufacturing industry generally exists the status quo of "big but not strong" and the key core is still controlled by others. (3) In order to enhance China's centrality in the international division of labor network, it is necessary to actively build new comprehensive advantages and pay attention to the domestic market and technological innovation. (4) The improvement of a country's status as a hub is conducive to promoting its value chain upgrading. (5) There are great differences in the upgrading space and path of China in the dual value circulations: When China is embedded in the value circulation of developed countries, the improvement of technology level will promote the value chain upgrading, but the speed of improvement is gradually slowing down and there is a convergence trend; In the value circulation between China and other developing countries, the promotion of the latter's division of labor status is conducive to the further promotion of China's status and the realization of China's upgrading. (6) Based on the domestic market and realizing the co-construction and mutual integration of "Conjugate Circulation", it constitutes a positive cycle embedded in the high-level development of China's open economy. Based on the above research and combined

with the requirements of the development of China's open economy, this paper puts forward targeted policy suggestions for China to gradually improve its status in the international division of labor and become a powerful trading country from four aspects of "consolidating the hub", "removing the blockage", "strengthening the weak links" and "promoting opening-up".

Keywords: Open Economy; International Division of Labor; Hub Status; Upgrading in Global Value Chain

目 录

第一章 绪论 ……………………………………………………（1）
 第一节 研究背景及意义 …………………………………（1）
 第二节 研究思路、框架与内容 …………………………（5）
 第三节 研究方法 …………………………………………（12）
 第四节 本书特点 …………………………………………（15）

第二章 文献综述 ………………………………………………（18）
 第一节 全球价值链的研究趋势及热点分析 ……………（19）
 第二节 国际分工布局及影响效应 ………………………（21）
 第三节 全球价值链升级内涵、影响因素及路径 ………（25）
 第四节 关于全球价值链核算方法的相关文献 …………（28）
 第五节 国际分工网络演化机制及测度方法 ……………（32）
 第六节 简要述评 …………………………………………（38）

第三章 "共轭环流"式国际分工格局的存在性 ……………（40）
 第一节 引言 ………………………………………………（40）
 第二节 基于马克思主义政治经济学的分析 ……………（44）
 第三节 "共轭环流"及枢纽 ……………………………（47）
 第四节 枢纽地位的演进 …………………………………（51）
 第五节 本章小结 …………………………………………（57）

第四章 "共轭环流"式国际分工格局的形成：中国开放型经济的发展脉络及角色演进 …… （59）

- 第一节 引言 …… （60）
- 第二节 "共轭环流"式分工格局形成的理论探析 …… （61）
- 第三节 中国开放型经济发展脉络 …… （65）
- 第四节 中国开放型经济发展的内在动力 …… （73）
- 第五节 中国在国际分工格局中的角色演变与现存问题 …… （81）
- 第六节 本章小结 …… （89）

第五章 "共轭环流"式国际分工格局：枢纽地位的提升机制 …… （91）

- 第一节 引言 …… （92）
- 第二节 基于马克思主义政治经济学的分析 …… （93）
- 第三节 机制分析 …… （96）
- 第四节 模型设定、变量及数据说明 …… （100）
- 第五节 实证结果分析 …… （101）
- 第六节 本章小结 …… （111）

第六章 "共轭环流"式国际分工格局：分工网络与价值链升级 …… （113）

- 第一节 引言 …… （114）
- 第二节 理论分析 …… （117）
- 第三节 模型设定、变量及数据说明 …… （120）
- 第四节 实证结果分析 …… （123）
- 第五节 本章小结 …… （131）

第七章 "共轭环流"式国际分工格局：二元价值环流下的升级路径 …… （133）

- 第一节 引言 …… （134）

第二节　基于马克思主义国际分工思想的分析 …………（135）
　第三节　理论模型 ……………………………………………（138）
　第四节　模型设定、变量及数据说明 ………………………（148）
　第五节　实证结果分析 ………………………………………（154）
　第六节　本章小结 ……………………………………………（169）

第八章　新发展格局下嵌入"共轭环流"的路径分析 ………（172）
　第一节　引言 …………………………………………………（172）
　第二节　有关国内市场与国际分工参与相关研究 …………（175）
　第三节　基于马克思主义政治经济学的分析 ………………（178）
　第四节　本章小结 ……………………………………………（180）

第九章　结论与政策含义 …………………………………………（182）
　第一节　研究结论 ……………………………………………（182）
　第二节　政策含义 ……………………………………………（186）
　第三节　进一步研究方向 ……………………………………（190）

参考文献 ……………………………………………………………（193）

索　引 ………………………………………………………………（218）

后　记 ………………………………………………………………（222）

Contents

Chapter 1　Introduction ·· (1)
　Section 1　Research Backgroundand and Significance ············ (1)
　Section 2　Research Ideas, Framework and Content ············· (5)
　Section 3　Research Methods ·· (12)
　Section 4　Possible Innovation ··· (15)

Chapter 2　Literature Review ·· (18)
　Section 1　Research Trend and Hotspot Maps of Research on
　　　　　　Global Value Chain ··· (19)
　Section 2　International Division of Labor Pattern and
　　　　　　Influence ··· (21)
　Section 3　Meaning, Influencing Factors and Paths of Global
　　　　　　Value Chain Upgrading ···································· (25)
　Section 4　Global Value Chain Accounting Methods ············ (28)
　Section 5　Evolution Mechanism and Quantitative Methods of
　　　　　　International Division of Labor Network ············· (32)
　Section 6　Brief Commentary ·· (38)

Chapter 3　Existence of "Conjugate Circulation" Pattern of International Division of Labor ……… (40)

　　Section 1　Introduction ……………………………………… (40)
　　Section 2　Analysis Based on Marxist Political Economy ……… (44)
　　Section 3　"Conjugate Circulation" and Hub ……………… (47)
　　Section 4　Evolution of Hub Status ……………………… (51)
　　Section 5　Chapter Summary …………………………… (57)

Chapter 4　Formation of "Conjugate Circulation" Pattern of International Division of Labor: The Development Context and Role Evolution of China's Open Economy …………… (59)

　　Section 1　Introduction ……………………………………… (60)
　　Section 2　Theoretical Analysison the Formation of "Conjugate Circulation" Division of Labor Pattern ………… (61)
　　Section 3　Development Content of China's Open Economy ………………………………………… (65)
　　Section 4　Internal Driving Force of China's Open Economic Development ……………………………………… (73)
　　Section 5　China's Role Evolution and Existing Problems in International Division of Labor …………………… (81)
　　Section 6　Chapter Summary …………………………… (89)

Chapter 5　"Conjugate Circulation" Pattern of International Division of Labor: the Promotion Mechanism of Hub Status ………………………………………… (91)

　　Section 1　Introduction ……………………………………… (92)
　　Section 2　Analysis Based on Marxist Political Economy ……… (93)
　　Section 3　Mechanism Analysis ………………………… (96)

Section 4	Model Setting, Variables and Data Description	(100)
Section 5	Analysis of Empirical Results	(101)
Section 6	Chapter Summary	(111)

Chapter 6 "Conjugate Circulation" Pattern of International Division of Labor: Division of Labor Network and Upgrading of Value Chain (113)

Section 1	Introduction	(114)
Section 2	Theoretical Analysis	(117)
Section 3	Model Setting, Variables and Data Description	(120)
Section 4	Analysis of Empirical Results	(123)
Section 5	Chapter Summary	(131)

Chapter 7 "Conjugate Circulation" Pattern of International Division of Labor: Upgrading Path in the Dual Value Circulations (133)

Section 1	Introduction	(134)
Section 2	Analysis Based on Marxist Thought of International Division of Labor	(135)
Section 3	Theoretical Model	(138)
Section 4	Model Setting, Variables and Data Description	(148)
Section 5	Analysis of Empirical Results	(154)
Section 6	Chapter Summary	(169)

Chapter 8 Path of Embedding "Conjugate Circulation" Under the New Development Pattern (172)

Section 1	Introduction	(172)

Section 2	Research on Domestic Market and International Division of Labor Participation	(175)
Section 3	Analysis Based on Marxist Political Economy	(178)
Section 4	Chapter Summary	(180)

Chapter 9 Conclusions and Policy Implications ……… (182)
   Section 1   Research Conclusions ………………………… (182)
   Section 2   Policy Implications …………………………… (186)
   Section 3   Further Research Directions ………………… (190)

Reference ………………………………………………… (193)

The Index ………………………………………………… (218)

Acknowledgement ……………………………………… (222)

第一章

绪　论

第一节　研究背景及意义

一　研究背景

全球价值链的发展是 20 世纪 80 年代以来第三次全球化浪潮的主要推动力。近年来价值链贸易已经占据全球贸易的 60%—67%，全球经济已然进入了价值链主导的时代。国际分工已从最终产品分工转向基于垂直专业化的生产要素分工，产品价值创造不再局限于特定国家，不同国家从事产品生产的不同工序，最终产品的实现需要全球范围内的协调和衔接。各国基于自身要素禀赋程度和技术水平选择构建新的或加入已有的价值链，规模较大且掌握核心技术的发达国家，倾向于建立全球（区域）价值链，垄断高附加值环节；[①]而新兴市场经济体和发展中国家多通过加入并跟随已有价值链模式，凭借劳动力、环境、资源和能源等低要素成本参与国际分工网络。例如，美国、德国、日本等将部分价值链转移至周边国家，促进了具有区域性特征的"北美工厂""欧洲工厂"和"亚洲工厂"的形

---

① 本书为便利叙述而提及的"国家"或"国"，其含义都为"国家（地区）"，特此说明。

成（Baldwin，2015）。

中国在近代以来的前两次全球化浪潮（1870—1941年和1950—1980年）中或被迫参与或错失机遇，但党的十一届三中全会后的改革开放使中国历史性地抓住了第三次全球化浪潮（1980年至今）带来的巨大机遇，中国借力于国际产业转移和自身优势得以迅速成长。改革开放初期的经济特区、加工贸易、引进外资、沿海开放等政策，加之中国的人口和资源禀赋等优势，吸引了大批跨国公司的业务外包和生产转移，历经几十年高速发展逐步奠定了中国在国际分工体系中"世界工厂"的地位。而后，中国为恢复关税贸易总协定缔约国地位、加入世贸组织而对贸易体制进行的改革，也为其更深入地参与国际分工提供了制度保障。但中国在发达国家主导的价值链上依然处于"被分工"地位，对全球价值链缺乏控制力从而缺少分工主动权，使得中国在发达国家主导的价值链上实现高端跃升难免遇到"天花板"，且这一困境将长期存在。中国已经成为世界第二大经济体和最大的货物贸易国，巨大的经济体量决定了中国未来发展不能仅靠进一步嵌入发达国家价值环流，还需要积极构建自己引领的全球价值链。

构建自己引领的全球价值链，首要问题是对当前国际分工格局有准确的认知和判断。随着发达国家再工业化战略对实体经济的重塑以及中国与其他发展中国家经济内生联系的不断增强，中国在全球价值链中的作用已不再是传统价值链分析模式下的"世界工厂"那么简单。得益于全球产品内贸易发展以及中国开放政策、制度环境、市场规模、人口结构、技术进步和产业链完备性等综合性优势，中国已经事实上成为衔接发达国家价值环流和发展中国家价值环流的重要枢纽。在中国与发达国家的价值环流中，中国从最初级的组装加工起步，通过加大引进外资、制定"出口导向"的发展战略逐步嵌入发达国家价值链体系，努力向价值链中高端渗透，是发达国家制造业中间品的供给侧要端；在中国与发展中国家的价值环流中，中国通过企业"走出去"、国际产能合作、提升贸易便利化和互联互通水平等形式参与并部分引领发展中国家价值环流。"一带一路"建设显著地促进了中国与沿线国家的政策沟通、设施联通、贸易畅通、资金融通、民心相通，进一步提升了中国对沿线发展中国家价值链的引领作用。

二 研究意义
（一）理论意义

第一，提供分析新兴市场经济体在国际分工网络中角色演变及升级路径的系统性的理论框架。本书在马克思主义分工思想的指导下，以价值环流形式表示国际分工网络，"系统性"体现在价值环流的思想贯穿本书的理论和实证分析。量化中国参与国际分工格局，进而提出"共轭环流"是中国参与全球价值链的基本框架。随后，将价值环流的思想嵌入产品内国际分工理论模型框架。以价值环流的形式描述由发达国家、新兴市场经济体和其他发展中国家所构成的国际分工网络，揭示国际分工布局形成及演变机理，分析新兴市场经济体在分工网络中的枢纽地位及其分工地位的提升机制。

第二，探索提升国家在国际分工网络中枢纽地位和分工地位的背后机理。对一国在国际分工网络中枢纽地位和分工地位的考量有利于全方位把握一国对国际资源的影响力和引领力。从马克思主义政治经济学和西方经济学两个维度，首先基于国家特征分析影响一国枢纽地位的背后机制，其次，进一步探析一国在国际分工网络中的枢纽地位影响其价值链升级的内在机理。

第三，检验二元价值环流升级的差异性，为价值链升级研究提供新框架和新思路。在发达国家"低端锁定"以及中国对发展中国家引领能力逐渐增强的双重背景下，中国在发达国家价值环流以及发展中国家价值环流中升级空间及升级路径的差异性值得分析。从分析马克思主义国际分工思想的二重性以及构建数理模型两个维度，探究二元价值环流嵌入影响中国分工地位的内在机理。

（二）现实意义

第一，为创建中国主导的全球价值链提供思路。目前，中国正处于双重时空坐标中，一方面，在发达国家主导的价值链中，中国多扮演"被分工"角色，跟随现有全球价值链模式，很难实现价值链攀升；另一方面，中国与其他发展中国家的经济发展表现出越来越强的内生性。如今全球分工网络呈现新特征，中国作为连接发达国家价值环流和发展中国家价值环流的枢纽国，应更加关注如何在积极嵌入发达国家价值链的同时，创建中国主导的全球价值链，推行中国主导的全球规则，提升制度性话语权并积极发挥作用，从而让更多发展中国家融入全球价值链体系。

第二，为中国开放型经济由"贸易大国"到"贸易强国"提供发展思路。由改革开放初期的"一穷二白"到如今的世界第二大经济体、第一大货物贸易国，中国开放型经济发展取得了巨大成就。然而，中国制造业存在"大而不强"的问题，使中国缺乏国际影响力和规则制定的话语权。本书展示了中国由"贸易小国"向"贸易大国"的转变，分析了中国嵌入世界经济体系的路径和取得的伟大成就，并基于存在的现实问题对中国开放型经济的未来发展提供思路。

第三，有利于促进中国在国际分工新形势下巩固枢纽地位、实现分工地位升级。本书呈现了中国在国际分工网络中的枢纽地位演进路径及国家枢纽地位决定机制，分析了中国为何会成为重要枢纽国，提出中国应积极构建新的综合优势，巩固枢纽地位。中国过去关注的问题是如何通过对外贸易和引进外资来获得技术外溢效应，提升技术水平，而忽视了制造业存在的"大而不优、大而不强"的问题，被锁定在全球产业链的中低端。该研究为中国如何在国际分工新格局下实现分工地位升级提供了思路。

第四，为新发展格局下如何嵌入国际循环提供了思路。基于中国开放型经济的发展实践，在马克思主义思想的指导下，通过分析"消灭分工"思想，提出中国应积极创建自主的、平等的和主动的分工模式。

第二节 研究思路、框架与内容

一 研究思路

本书在马克思主义思想的指导下,结合西方经济学相关理论,以探究改革开放以来中国在国际分工格局中的角色演变和升级路径为主线,沿循"共轭环流"式分工格局"存在性分析—形成机制—角色升级—嵌入路径—政策建议"的思路展开。首先,验证"共轭环流"式分工格局的存在性。研究发现,"共轭环流"式分工格局已构成中国参与全球价值链的基本框架,即在国际分工网络中,存在发达国家价值环流和发展中国家价值环流,且中国在二元价值环流中逐渐居于枢纽地位。其次,梳理"共轭环流"式分工格局形成的理论机理和现实基础。基于马克思主义分工理论和人际网络理论中的结构洞理论,分析"共轭环流"式分工格局形成的内在机制,梳理改革开放以来中国开放型经济的发展脉络和思路,探究中国的角色变化及国际分工参与中存在的问题。再次,分析中国提升枢纽地位和分工地位的机制与路径。基于马克思提出的分工理论、劳动价值论以及贸易政策等相关理论,加之基于西方经济对国家特征影响枢纽地位的机理归纳,从横向和纵向两个维度探究国际分工网络中国家枢纽地位演变的背后机制。接下来,从分工网络视角和价值环流差异性视角分析中国制造业实现价值链升级的有效路径。在分工网络视角,本书基于马克思提出的"商品流通""劳动价值论"和"资本积累"等相关理论,结合西方经济学中贸易所带来的信息传递、规模经济等渠道,分析国家枢纽地位的提升如何影响其国际分工地位,并构建计量模型进行了实证检验;在价值环流差异性视角,基于马克思提出的分工所具有的二重性思想,分析中国在二元价值环流中的升级路径及其差异性;而后,建立产品内国际分工网络模型，分析新兴市场经济体实现价值链升级的内在机制并提出理论假说，实证分析发现：中国制造业在发达国家价值环流中升级空间收窄，在中国与其他发展中国家的价值环流中，后者分工地位的提升，有利于推动中国国际分工地位的进一步提升。进一步地，本书指出"共轭环流"呈现了国际大循环的基本框架，在新历史阶段、新发展时期，立足自身发展嵌入"共轭环流"才能实现更强更韧的发展。最后，基于以上研究结论，为实现全球价值链中高端攀升、促进中国开放型经济实现更高水平发展、加快构建新发展格局提出政策建议。

二 研究框架

本书的研究框架，如图1—1所示。

三 研究内容

本书在马克思主义思想的指导下，基于中国开放型经济的发展脉络及成就，重新定位中国所参与的国际分工格局，提出并量化了中国参与全球价值链的基本框架——"共轭环流"式分工格局，揭示中国角色演变与升级背后的机理和规律，探究提高并巩固国际分工网络枢纽地位、促进价值链中高端攀升、加快构建新发展格局的有效路径。本书的研究内容安排如下：

第一章：绪论。聚焦发展要求，凝练研究问题。基于现实背景，凝练出"重新定位国际分工格局，揭示中国角色演变、升级的路径和规律"等研究问题。基于该研究问题介绍本书的研究思路与框架、研究方法以及可能的创新点。

第二章：文献综述。追溯学术衍进脉络，揭示研究趋势与不足。基于全球价值链相关研究的前沿趋势和热点图谱，梳理四类文献：一是国际分工布局及影响效应；二是全球价值链升级内涵、影响因素及有效路径；三是关于全球价值链核算方法的相关文献；四是国际分工网络演化机制及测度方法。基于现实需要和已有文献研究提

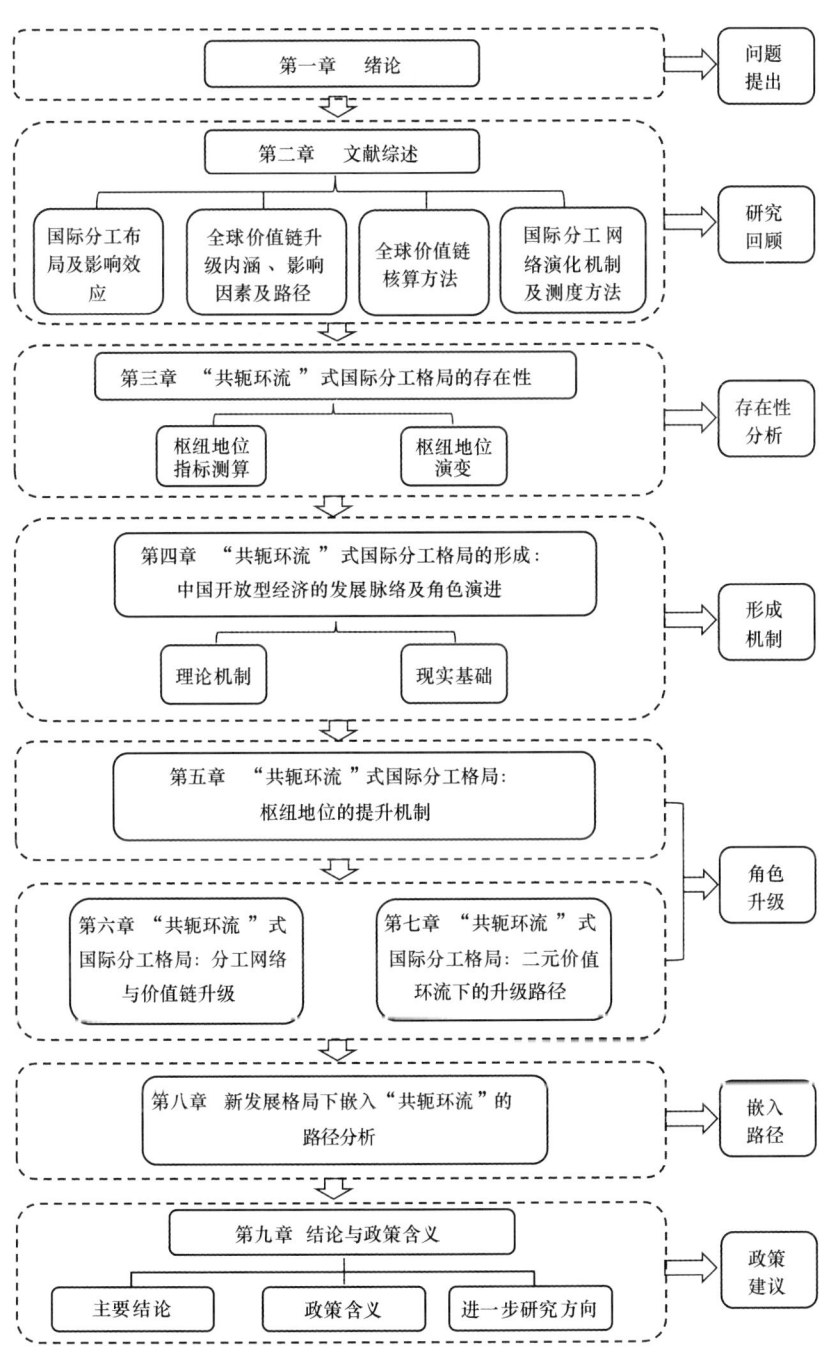

图1—1 本书研究框架

出本书研究方向。

第三章："共轭环流"式国际分工格局的存在性。基于马克思主义政治经济学的思想阐述价值环流内涵以及国际分工的形成；运用国家间贸易数据搭建国际分工网络，并借助社会网络分析方法，测算国家在国际分工网络中的枢纽地位，以此对"共轭环流"式分工格局的存在性进行论证。在存在性论证中，该章主要回答了两个问题：发达国家价值环流和发展中国家价值环流是否存在，以及中国是否已经成为连接发达国家价值环流和发展中国家价值环流的重要枢纽国。研究发现：在国际分工网络中，存在发达国家价值环流和发展中国家价值环流，且中国在两个价值环流中逐渐居于枢纽地位。第三章是本书的核心章节，本章验证的"共轭环流"式国际分工格局的存在为后续章节提供了研究分析框架；所测度的国际分工网络的枢纽地位为后续章节的实证检验提供了分析数据。

第四章："共轭环流"式国际分工格局的形成：中国开放型经济的发展脉络及角色演进。以第三章的研究结果为基础，以马克思主义分工理论和结构洞理论为基础，沿循改革开放以来中国开放型经济发展脉络及角色演进的主线，探讨"共轭环流"式国际分工格局形成的理论机制及现实基础。首先，基于马克思主义分工理论分析中国嵌入全球价值链带来的生产力效应，基于结构洞理论分析"共轭环流"式国内分工格局形成的理论机理；其次，基于理论机制，回顾改革开放以来中国开放型经济发展的历史脉络，从开放政策、制度环境、人口红利、技术支持和母国市场等角度分析中国开放型经济发展的内部动力，探究"共轭环流"式国际分工格局形成的现实基础；再次，分析中国融入世界经济体系的路程和取得的伟大历史成就，勾画出中国由"边缘国"到"枢纽国"、由"居轻国"到"居重国"、由"单向开放"到"双向开放"的演进过程；最后，从价值链低端锁定、出口技术复杂度低、核心技术对外依存度高等三个方面分析中国制造业所普遍面临的"大而不强"的问题。

第五章："共轭环流"式国际分工格局：枢纽地位的提升机制。

本章从马克思主义政治经济学和西方经济学两个维度，探讨国际分工网络中国家枢纽地位演变的背后机制。基于马克思提出的分工理论、劳动价值论以及贸易政策等相关理论，着重从国内市场规模、技术进步、劳动力数量、贸易开放等方面分析其影响国家枢纽地位的理论机理，进而运用西方经济学理论分析国家特征影响其枢纽地位的内在机理。基于理论分析，运用第三章使用 PageRank 算法所测度的国家在国际分工网络中的枢纽地位数据，并结合国家层面统计数据，从横向和纵向两个维度分析国际分工网络中国家枢纽地位的决定机制。在横向维度，从开放程度、制度支持、技术支持、母国市场和人口结构等国家特征角度，分析国际分工网络中国家枢纽地位的影响因素；并基于各国的分工角色和不同贸易网络的异质性，区分发达国家和发展中国家、高技术产品贸易网络和中低级技术产品贸易网络，详细分析国家异质性和产品贸易网络异质性的影响差异。在纵向维度，分析国家特征在枢纽地位决定机制中重要程度的演变。研究发现：在样本期内，一国比较优势的改善有利于提升其枢纽地位，但母国市场、技术进步、制度支持、人口结构等优势要素对其枢纽地位的影响作用要大于开放程度等传统优势要素，且国家异质性及产品贸易网络异质性存在一定的影响差异。进一步地，通过分析优势要素重要性演变发现，制度质量、技术进步、母国市场和人口结构等优势要素的重要性逐步提高。

第六章："共轭环流"式国际分工格局：分工网络与价值链升级。本章基于中国开放型经济发展现状及需要，从马克思主义政治经济学和西方经济学两个角度分析一国在国际分工网络中的枢纽地位影响其价值链升级的内在机理，主要基于马克思所提出的"商品流通""劳动价值论"和"资本积累"等相关理论，结合西方经济学中贸易所带来的信息传递、规模经济等渠道，着重从枢纽地位的角度对国际分工网络特征影响一国国际分工地位的内在机理进行理论推演，并提出相应假说。而后，运用第三章使用 PageRank 算法所测度的国家在国际分工网络中的枢纽地位数据，并结合国家层面及国家—行业层面统计数据，对影响机理进行实证检验，研究发现：国家在国际分工网络中枢纽地位的提高会显著促进其全球价值链分工地位的提升。为提高研究稳健性，本章采取更换研究样本、替换关键变量指标和删除有争议样本等方法进行稳健性检验。

第七章："共轭环流"式国际分工格局：二元价值环流下的升级路径。在理论分析部分，本章从马克思主义国际分工思想和建立数理模型两个维度分析二元价值环流嵌入影响中国分工地位的内在机理。在具体分析时，本章主要基于马克思主义国际分工思想的二重性，分别就嵌入发达国家价值环流和嵌入发展中国家价值环流的升级空间及升级路径的差异性进行分析；而后，基于国际分工序贯生产模型的基本思路，在多国产品内分工框架下构建国际分工网络布局演进模型，将国家类型分为发达国家、新兴市场经济体和其他发展中国家，以价值环流的方式呈现三国产品内分工网络，并刻画新兴市场经济体在全球分工网络中的"枢纽"作用，理论推演国际分工布局过程及影响因素。本章以承接或转移工序成本和劳动力成本组成的国际分工参与成本为标准，决定三国分工临界点，以呈现产品内分工网络布局。通过动态变更本国技术水平和贸易伙伴国分工地位，解释三国在价值环流内分工地位的变动及其相互作用，主要分析技术进步和他国分工地位变化对新兴市场经济体分工地位的影响。在实证检验部分，基于理论假说，使用海量微观数据对中国在发达国家价值环流和发展中国家价值环流中的"共轭"机制进行深入分析，分别探究中国在发达国家价值环流和发展中国家价值环流中实现国际分工地位升级的路径差异，分析中国作为"共轭环流"枢纽如何通过参与两个价值环流来实现其国际分工地位的攀升。研究有以下发现：第一，中国嵌入发达国家价值环流时，技术水平的提升会促进其国际分工地位的攀升、可承接更复杂工序；但实证研究表明在这一环流中，中国企业分工地位提升速度会逐步放缓，存在收敛的趋势。通过进一步区分一般贸易企业和加工贸易企业后发现，在发达国家环流一般贸易企业技术提升对分工地位的提升作用并不显著，且分工地位的攀升存在明显收敛趋势；然而，由于加工贸易的特殊性，加工贸易企业技术的提升会对其分工地位有显著正向作用，但攀升空间并没有显著扩展趋势。第二，在中国与其他发展中国家价值环流中，其他发展中国家分工地位的提升有利于推动中国国际分工地位的进一步提升，实现向中高端的攀升。这一积极作用同时适用于一般贸易企业和加工贸易企业。

第八章：新发展格局下嵌入"共轭环流"的路径分析。在百年未有之大变局的大背景下，面对国内国际两个大局、安全和发展两件大事，中国未来嵌入"共轭环流"式的国际大循环时，其嵌入路径和定位需应时而变。本章基于马克思提出的"消灭分工"思想，分析中国制造业在新发展格局战略指导下应如何嵌入"共轭环流"。

第九章：结论与政策含义。在归纳总结研究结论的基础上，以推动中国开放型经济高层次发展为旨归，构建巩固枢纽地位、实现价值链中高端攀升、加快构建新发展格局的统摄内外的政策支持体系。最后，基于新发展格局战略背景，提出未来研究方向和视角。

基于以上研究，本书的重要观点可归纳如下：

观点一："共轭环流"式分工格局已构成中国参与全球价值链的基本框架。

观点二：中国已成为国际分工网络的枢纽，这一特殊地位有利于提升中国在国际分工中的地位。

观点三：为提升中国在国际分工网络中的枢纽地位，需积极构建新的综合优势，重视母国市场和技术创新。

观点四：为实现价值链中高端攀升，中国在积极嵌入发达国家价值环流的同时，应积极打造并引领发展中国家价值环流，通过两个价值环流的良性互动实现"双轮驱动"。

观点五：立足国内市场、实现"共轭环流"的共建互融，促进制造业实现内生化价值链升级，是构成内嵌于中国开放型经济高层次发展的正向循环。

观点六：面对中国制造业能力缺口和日益复杂的国际环境，应坚持以更高水平的开放来解决开放中遇到的问题，抓改革、补短板、通市场，逐步提升国际分工地位、迈向贸易强国。

第三节　研究方法

一　学术史梳理与文本归纳相结合

第二章体现了学术史梳理与文本归纳相结合的研究方法。具体而言，为了更加全面了解有关全球价值链的研究动态和现状，采用CiteSpace软件对2010—2019年有关全球价值链研究的中英文文献进行分析，得出全球价值链领域研究的前沿态势图谱以及全球价值链领域关键词贡献网络图谱，随后结合对代表性研究的分析，初步得出研究方向和研究内容的薄弱点。基于上述分析，围绕本书的研究内容，从"国际分工布局及影响效应""全球价值链升级内涵、影响因素及有效路径""全球价值链核算方法"以及"国际分工网络演化机制及测度方法"四个方面追溯学术衍进脉络，梳理相关学理关系，分析现有研究的不足以及可能拓展的方向，借此提出本书的研究思路。

二　马克思主义思想与西方经济学相结合

本书坚持在马克思主义政治经济学思想的指导下，耦合西方经济学相关理论或进行数理建模，探讨"共轭环流"式分工格局存在、形成、角色演化和实现升级的内在机理。具体而言，第三章、第四章、第五章和第七章均运用马克思主义的分工理论探讨价值环流内涵、国际分工格局形成内在机理、国家枢纽地位演变机制以及二元价值环流的升级空间及升级路径的差异性。其中，在第五章辅之以马克思所提出来的劳动价值论和贸易政策等相关理论，在第七章的分析中用到了分工二重性思想；第六章运用"商品流通""劳动价值论"和"资本积累"等相关理论，分析一国枢纽地位的提升影响其国际分工地位的理论机理；第八章运用"消灭分工"探究新发展格局下嵌入"共轭环流"的路径。同时，在第四章到第八章中，本书运用人际网络理论中的结构洞理论以及西方经济学中与贸易有关的技术进步、交易比较优势、规模经济、信息传递、本土市场效应等相关理论分析与以上相对应的问题。在第七章建立了拓展的产品内国际分工模型，分析了二元价值环流下新兴市场经济体实现价值链升级的机理和路径。

三 规范分析与实证分析相结合

在第五章到第七章的研究中，体现了规范分析和实证分析相结合的研究方法。具体而言，第五章基于马克思提出的分工思想、劳动价值论和贸易政策等相关理论，结合西方经济学，提出开放程度、制度环境、技术进步、国内市场规模和人口结构构成了一国参与国际分工的比较优势，上述比较优势的改进有利于促进其枢纽地位的提高，而后运用第三章测算的国家枢纽地位以及国家层面数据进行实证分析；第六章基于马克思提出的"商品流通""劳动价值论"和"资本积累"等相关理论，结合西方经济学中贸易有利于信息传递和规模经济的观点，提出一国枢纽地位的提升有利于促进其国际分工地位的提升，而后基于第三章测算的国家枢纽地位、国家—行业层面以及国家层面统计数据进行实证分析；第七章基于马克思主义国际分工思想和理论模型的构建，提出了关于中国制造业二元价值环流嵌入与价值链升级的待检验假说，而后根据工业企业数据、中国海关数据以及知识产权局专利数据等海量微观数据对假说进行实证检验。第五章到第七章做到了规范分析与实证分析相结合。

四 定性分析与定量分析相结合

本书的突出特点之一是定性分析与定量分析相结合。具体而言，第三章基于马克思主义分工理论阐述了价值环流的内涵以及国际分工的形成，而后引入社会网络分析方法，采用 PageRank 算法测算国家在国际分工网络中的枢纽地位，以展现国际分工格局形态，论证了"共轭环流"式国际分工格局的存在性。第四章基于马克思提出的分工所具有的生产力效应分析中国嵌入国际分工所带来的开放型经济发展；基于结构洞理论，分析"共轭环流"式国际分工格局形成的理论机理。而后，梳理中国开放型经济发展脉络，基于现实数据测算相关指标验证中国角色的演变，这契合了理论分析部分。第四章中国开放型发展脉络的阐述也对应着第三章所提出中国由"边缘国"变为"枢纽国"的定量分析结果。

五 理论耦合和数理建模相结合

理论耦合和数理建模相结合是本书的突出特点之一。第七章在探讨二元价值环流嵌入对分工地位的理论机理时，基于马克思主义国际分工思想，从生产力和生产关系两个维度分析分工的二重性特征，并将其作为理论依据分析二元价值环流嵌入对价值链升级空间的影响。分析发现：基于分工产生的生产力效应，中国制造业嵌入发达国家主导的全球价值链可以实现一定的价值链升级，但是，由于生产关系决定的不平等分配体系的限定，使得中国在发达国家价值环流中的升级空间收窄。而在发展中国家价值环流中，中国探索利润共享的新型国际合作模式，分工促进其他发展中国家生产力提升，其他发展中国家生产力的提升及由此带来的生产资料的节约有利于进一步促进中国实现价值链升级。由此可以看出，中国嵌入二元价值环流的升级空间及路径是存在明显差异的。为体现这种差异性，在构建产品内分工理论模型时，耦合马克思主义国际分工理论、全球价值链理论与国际分工网络理论，将发达国家、新兴市场经济体、其他发展中国家纳入理论分析框架，探讨分工定位和工序转移机制，依据工序转移方向构建不同价值环流，刻画不同国家在分工网络中的作用，着重分析新兴市场经济体在分工网络中的枢纽作用，理论推演新兴市场经济体在价值环流中的分工地位提升机制，提出假说并进行实证检验。

第四节 本书特点

一 现实使命

为双循环战略的研究提供参考和借鉴，契合"积极构建中国引领的全球价值链"的现实需要，谋求中国开放型经济高层次发展的可期前景。在发达国家价值链"低端锁定"、中国巨大体量形成以及中国对发展中国家价值链引领能力提升三重叠加背景下，"如何基于全球分工网络新格局，构建中国主导的全球价值链，巩固现有枢纽地位"成为重要课题，而本书的核心问题正是界定国际分工新格局、探索中国巩固枢纽地位和实现价值链中高端跃升的理论机制和现实路径契合"构建中国主导的全球价值链，巩固现有枢纽地位"的发展需要。在中美经贸摩擦和新冠肺炎疫情冲击的背景下，习近平总书记提出"加快构建以国内大循环为主体，国内国际双循环相互促进的新发展格局"的双循环战略，本书对双循环战略的研究具有一定的参考和借鉴意义。

二 框架标杆

量化中国参与国际分工的基本框架，提出中国开放型经济的"共轭环流"。现有研究对国际分工格局的定位，多集中于对"中心—外围"式国际分工格局的分析，本书将"共轭环流"式国际分工格局看作"中心—外围"式分工格局的一种特殊形式，但是，"共轭环流"的提出更加符合中国开放型经济发展的脉络和发展方向。随着中国等新兴市场经济体的崛起，各国在国际分工中的相对地位和发展模式与以往存在较大不同。现有文献虽不乏对国际分工网络特征的研究，但尚未对新形势下的分工格局给出明确界定，尤其是未从中国角度分析国际分工格局现状。本书提出的中国开放型经济的"共轭环流论"，为创建中国主导的全球价值链提供了思路，为更好地嵌入国际大循环提供了可行路径。

三 马克思主义思想指导

基于马克思主义政治经济学思想的指导，结合改革开放以来中国开放型经济的发展实践进行研究。马克思主义政治经济学思想贯穿本书的整体研究：第三章运用马克思主义政治经济学的思想阐述价值环流内涵以及国际分工的形成；第四章基于马克思主义分工理论分析中国嵌入全球价值链带来的生产力效应分析"共轭环流"式国内分工格局形成的理论机理；第五章基于马克思提出的分工理论、劳动价值论以及贸易政策等相关理论，着重从国内市场规模、技术进步、劳动力数量、贸易开放等方面探讨国际分工网络中国家枢纽地位演变的背后机制；第六章基于马克思提出的"商品流通""劳动价值论"和"资本积累"等相关理论，分析一国枢纽地位的提升影响其国际分工地位的理论机理；第七章基于马克思主义国际分工思想的二重性，分别就嵌入发达国家价值环流和嵌入发展中国家价值环流的升级空间及升级路径的差异性进行分析；第八章基于马克思提出的"消灭分工"思想探究新时期中国嵌入国际大循环的路径。

四 理论突破

在产品内分工框架下，剖析新兴市场经济体在国际分工网络中的枢纽作用机制，拓展了国际分工理论模型。在第七章中，构建了拓展的产品内国际分工模型，契合分析当前国际分工格局以及中国制造业提升国际分工地位的现实需要。将已有的两国产品内分工模型扩展为三国产品内分工模型，区分发达国家、新兴市场经济体和其他发展中国家，并以价值环流的方式描述分工网络，着重刻画作为衔接发达国家价值环流和其他发展中国家价值环流"枢纽"的新兴市场经济体，分析其国际分工格局形成、演变以及提升国际分工地位的内在机理，拓展了已有国际分工模型，丰富了国际分工理论框架。

五　方法引进

引入社会网络分析方法,科学度量国际分工网络特征。由于国际分工网络错综复杂,进出口额、贸易依存度等传统贸易指标很难准确反映分工网络特征,现有针对国际分工网络的统计性研究,多基于出入节点度、特征向量和接近度等指标分析分工网络特征,但是,这些指标未能全面考虑网络全局性,对分工网络特征的把握不是特别准确。基于以上考虑,在第三章中,本书引入社会网络分析方法,采用 Google 用以展现网页相关性和重要性的 PageRank 算法来测算一国在国际分工网络中的枢纽地位,该方法在全面反映贸易关系以及弱化伙伴国的中心度的影响方面,要明显优于现有研究所使用的出入节点度、特征向量和接近度等指标。该方法的引用具有一定的突破性,属于前沿性研究。

六　政策提炼

提炼出中国由"贸易大国"迈向"贸易强国"的"由内而外"的支持性政策。基于研究结果,本书提出统摄内外的全面性支持政策,如:"固枢纽",推动实现"双轮驱动";"通堵点",对内要继续深化改革;"补短板",着力加强创新发展;"促开放",以更大的开放来解决开放中遇到的问题。在新形势下,本书提出的政策建议具有前瞻性,为推动中国开放型经济由大变强、加快构建新发展格局提供了思路。

第 二 章

文献综述

改革开放初期，中国凭借劳动力和资源禀赋等传统要素优势，嵌入发达国家主导的全球价值链。随着中国开放型经济的发展，中国在国际分工体系中的作用和地位已不再是传统价值链分析模式下的"世界工厂"那么简单，准确识别和量化全球价值链关系网络中的分工格局、梳理改革开放以来中国开放型经济的发展脉络和思路、刻画中国制造业在国际分工格局中的角色和地位演化，探索中国提升和巩固现有地位、实现价值链中高端攀升的有效路径，是中国在新时代推动形成全面开放新格局、加快构建新发展格局的行稳致远的学理依托。结合本书研究主题，基于全球价值链相关研究的前沿趋势和热点图谱，下面将从以下四个方面对现有文献进行梳理：一是国际分工布局及影响效应；二是全球价值链升级内涵、影响因素及路径；三是关于全球价值链核算方法的相关文献；四是国际分工网络演化机制及测度方法。基于现实需要和已有文献研究提出本书研究方向。

第一节 全球价值链的研究趋势及热点分析

一 CiteSpace 软件分析

采用 CiteSpace 软件对 2010—2019 年全球价值链相关研究的中英文文献进行分析，可厘清全球价值链相关领域研究的前沿态势。

借助 Web of Science 数据库对英文文献进行分析，发现在近 10 年的全球价值链研究领域的研究热点中，外包（outsourcing）、离岸外包（offshoring）、创新（innovation）、信息技术（information technology）、全球价值链（global value chain）、生产率（productivity）和比较优势（Competitive advantage）等关键词是较长时间的研究热点，自 2013 年出现了诸如国际生产网络（global production network）、集群（clusters）、回流（reshoring）等研究热点。采用 CNKI 数据库对中文文献进行分析，发现全球价值链、产业升级、低端锁定、全球生产网络、产业集群、国际分工、产业调整等在较长时间都是研究的热点方向；2013—2016 年的研究热点信息有开放型经济、新常态、分工地位、世界投入产出表、贸易增加值等；2016—2019 年的研究热点有装备制造业、贸易战、服务贸易、制造业服务化、高质量发展等。

接下来，采用 CiteSpace 软件对 2010—2019 年有关全球价值链相关的中英文文献进行分析，可形成全球价值链领域关键词共现网络。

在英文文献中，关键词共现网络密度较大，各节点之间的联系紧密，鲜有孤立节点，这表明学术界对全球价值链的研究多集中在相似领域。按中心度值高低可对热点主题词排序为：位置（location）、国际贸易（international trade）、成本（cost）、创新（innovation）、治理（governance）、供应链（supply chain）、能力（capability）、框架（framework）、经济（economy）等。按出现频率高低可排序如下：离岸外包（offshoring）、贸易（trade）、表现（performance)、管理（management）、影响（impact）、企业（firm）、全球价值链（global value chain）、全球化（globalization）、创新（innovation）、外包（outsourcing）等。

借助 CNKI 数据库对中文文献进行分析，统计有关全球价值链的研究成果，发现关键词共现网络密度较大，表明国内目前对全球价值链的研究较为集中。按中心度值高低可做以下排序：全球价值链、国际分工、全球化、产业升级、企业管理、制造业、加工贸易、垂直专业化、比较优势、产业结构等。按出现频率高低为：产业升级、制造业、产业集群、全球价值链分工、转型升级、增加值贸易、价值链、比较优势、垂直专业化、全球化等。

二 代表性文献的研究

学术界对全球价值链的研究主要涉及驱动力、测度、组织结构和升级等方面。其中，驱动力主要包括生产者驱动或购买者驱动（Gereffi & Korzeniewicz, 1994）、生产者和购买者混动（张辉, 2006）、贸易自由化（Amador & Cabral, 2017）以及数字驱动（荆林波和袁平红, 2019）等。价值链测度主要涉及参与度（Koopman et al., 2008）、价值链位置（Antràs et al., 2012）、贸易增加值（Wang et al., 2013; Timmer et al., 2014; Koopman et al., 2014; Kee & Tang, 2016）以及价值链长度（Wang et al., 2017）等。对全球价值链分工组织结构的解释主要涉及以下方面：要素禀赋（Dixit & Grossman, 1982; Baldwin & Robert-Nicoud, 2014; Johnson & Moxnes, 2019; 林毅夫和孙希芳, 2003）、跨国契约的不完全性（Antràs, 2003; Acemoglu et al., 2007; Costinot, 2009; Antràs & Chor, 2013; Alfaro et al., 2019）、制度差异（Levchenko, 2007）、企业异质性与技术差异（Antràs & Helpman, 2004; Costinot et al., 2013）等。价值链升级的研究主要涉及升级的定义及分类（Humphrey & Schimitz, 2002）、影响因素（刘斌等, 2016; 马述忠等, 2017; 许和连等, 2018; 彭支伟和张伯伟, 2018; 罗伟和吕越,

2019；毛其淋和许家云，2019）、升级路径（杨高举和黄先海，2013；王岚和李宏艳，2015；肖宇等，2019；刘守英和杨继东，2019）、现状和演变梳理（程大中，2015；吕越等，2018；唐宜红和张鹏杨，2018；潘文卿和李跟强，2018；王振国等，2019）以及价值链嵌入影响（邵朝对和苏丹妮，2017；杨继军，2019）等。尽管全球价值链的研究在最近几年内增速很快，但是针对国际分工框架下系统性分析中国角色和升级的研究较为零散和薄弱，缺乏全面性。在新发展格局战略背景下，刻画中国参与全球价值链的基本框架、中国角色演变和升级的背后机理，探究中国提高巩固国际分工枢纽地位、实现价值链高端攀升的有效路径尤为重要。

第二节　国际分工布局及影响效应

全球价值链已经成为国际生产最重要的组织形式之一。产品价值链的各工序（或价值活动）不再局限于特定国家，生产过程分散化，产品的最终完成由全球范围的企业协调实现（葛顺奇和罗伟，2015）。Arndt 和 Kierzkowski（2001）使用"碎片化"一词描述生产过程不同部分的物理分割。"碎片化"使得产品生产分布在不同国家、不同企业的生产网络之间。Feenstra（1998）提出将"产品分割"与"贸易整合"相结合来解释全球生产组织形式。"垂直专业化""增加值贸易""供应链贸易""任务贸易"都可以用来表示全球价值链，虽然学术界对全球价值链的概念提法各异，但是都反映了生产过程跨国界分散化的事实（杨继军和范从来，2015）。Baldwin 和 Lopez-Gonzalez（2015）对全球价值链演变进行了细致分析，指出直至 20 世纪 70 年代，全球制造业生产的产出主要来自"工业化国家"。如在 1979 年仅美国、德国和日本三国制造业的增加值占全球的 52%。1985—1995 年，国际生产分工在高技术水平国家和低技术水平国家发展演变。自 20 世纪 90 年代以来，随着中国、韩国、印度、印度尼西亚和土耳其等国的兴起,"工业化国家"的制造业占比呈现下降趋势。同时,Baldwin（2012）指出国际供应链呈现明显的地域性特征,以美国、德国和日本为中心存在的"北美工厂""欧洲工厂"和"亚洲工厂",周边国家不必自己建立供应链,可以通过加入已有价值链参与国际分工。Baldwin（2012）、Johnson和Noguera（2012a）指出"全球价值链"的表述不够准确,应表述为"区域价值链"更为精确。在国际分工网络中,发达国家和发展中国家所扮演的角色和承担的任务不同。发达国家跨国公司利用先进技术、品牌和经营管理等优势,引领全球价值链,其引领全球价值链的方式为将业务外包至发展中国家进行加工生产,而后将最终产品返销其国内市场。而发展中国家往往是承接来自发达国家的转移工序,贡献廉价的劳动力和丰富的资源,被动参与分工。在国际分工布局中,不同经济体、异质性企业所扮演的决策和承担的任务均有所不同,从中受到的影响也各有差异。

一　对国际分工布局的理论解释

现有文献主要从要素禀赋、交易成本和跨国不完全契约等角度对全球生产过程分散化及布局形成进行解释：一是要素禀赋。Gereffi（1999）指出李嘉图的比较优势理论和赫克歇尔—俄林的要素禀赋理论为分析全球价值链形成的原因提供了假设前提和理论框架（张杰和刘志彪,2007）。根据李嘉图模型和赫克歇尔—俄林模型,各国要素禀赋不同所造成的比较优势的差异是影响国际分工格局的主要因素,一国的要素禀赋结构决定了该国最具竞争力的产业和技术结构（林毅夫和孙希芳,2003；谷克鉴,2012）。但是经典传统贸易理论主要关注的是最终产品上的分工,与之对应的,其对价值链分布格局的解释也只是停留在"货物贸易"层面。随着垂直专业化分工的不断深化,生产过程在国际日益呈现分散化分布,学者们逐步将多国多阶段连续生产纳入分析框架,从比较优势角度解释"任务贸易"的分布。正如Sanyal和Jones（1982）以及Dixit和Grossman（1982）

的研究，他们基于李嘉图模型提出了连续生产的概念，将经典传统贸易理论所主要关注的最终产品的分工拓展到了完成最终产品的各生产阶段分散化分布的垂直专业化分工范畴，认为分散化生产格局由比较优势决定。Baldwin 和 Rober-Nicoud（2014）将货物贸易和任务贸易统一到一个分析框架中，阐述贸易利得的问题，并指出要素禀赋四大定理（H–O 理论、要素价格均等化理论、斯托尔帕—萨缪尔森定理、罗伯津斯基定理）可以为过去有关工序外包的文献提供理论支撑。企业在进行生产决策时将各环节生产所需要的要素比例和各国的要素价格差异纳入考虑，基于此，发展中国家在劳动力成本上的优势决定了其承担低端装配制造等劳动力密集型工序。Grossman 和 Rossi-Hansberg（2012）在对比不同工序外包成本时发现，当国家间要素禀赋结构和技术水平相似时，产出水平高且工资水平高的国家将倾向于从事转移成本高的环节生产。Baldwin 和 Venables（2013）指出，企业在进行生产决策时既要考虑各环节生产所需要的要素比例和各国的要素价值差异，又要考虑各工序环节的协调成本。王岚和李宏艳（2015）在分析融入全球价值链路径时，从生产阶段要素密集度差异、要素禀赋结构、离岸成本和运输成本四个角度分析了一国融入全球价值链的影响因素，通过对上述因素的分析，该文回答了国际分工布局决定因素问题。一方面，不同生产阶段要素密集度差异以及要素禀赋结构差距决定了发展中国家主要嵌入价值链中的劳动密集环节，通常为最下游环节；同时离岸成本和运输成本的降低也使得发展中国家从事加工装配环节的可能性增大。类似地，Costinot 等（2013）从国家技术水平角度、Alviarez（2019）从跨国生产的行业异质性角度、Carluccio 等（2019）从劳动力技术密集度角度在国家比较优势和分工布局的关联上也进行了有益探索。另一方面，交易成本和跨国不完全契约。最终的均衡分工格局并非仅由国家间要素禀赋的差异决定，也会受到各环节间协调成本的影响（鞠建东和余心玎，2014）。Jones 和 Kierzkowski（1990）通过建立外包模型，指出外包会带来生产效率的提升和协调成本的增加。在生产过程国际分散化的大背景下，各国制度环境差异和跨国契约的不完全性是造成协调成本上升的重要原因。对于全球生产的组织形式是在跨国公司内部进行生产还是市场支配问题，现有研究多从交易成本经济学和不完全契约理论角度对其进行解释。Antràs（2003）将不完全契约理论引入 Melitz（2003）异质性企业模型，阐述企业在全球化时契约环境对企业生产组织的影响，发现产业转移对象国的契约环境对跨国企业选择不同的生产组织模式有着重要影响。Costinot（2005，2009）指出在不完全契约所产生的不确定风险下，价值链的参与主体需要权衡规模收益和交易成本，决定了各国不同产业的规模分布以及价值链的分工情况。Acemoglu 等（2007）分析不完全契约下的技术互补和技术运用的关系，研究表明契约环境影响企业与供应商之间的技术溢出，当中间投入品具有互补性时，这种影响尤为明显。Antràs 和 Chor（2013）基于 Acemoglu 等（2007）的研究，假定在契约不完全的情况下，分析了在全球价值链框架下企业边界最优选择问题。Alfaro 等（2019）考察了不完全契约下的企业边界问题，验证了 Antràs 和 Chor（2013）有关企业在全球生产决策的理论，认为跨国公司全球组织形式的选择取决于最终产品的需求弹性，契约摩擦对企业的组织形式选择具有重要影响。Gereffi 等（2005）指出即使垂直整合程度最高的企业也很少将所有的技术管理能力完全内部化，交易成本经济学使用频次来解释这一现象，即一个很重要的中间投入品，如果使用频次很低，企业就很可能将该中间品的生产外部化。此外，学者们在研究企业全球生产决策中还考虑了企业生产率异质性（Antràs & Helpman，2004）、所有权分离（Arndt & Kierzkowsk，2001）、特定投资关系（Nunn，2007）、链条匹配（Bernard et al.，2018，2019）、企业范围不经济（Fally & Hillberry，2018）等因素的影响。

二 国际分工嵌入的影响效应

分散化生产和工序跨国转移对国内要素价格、劳动力需求和技术水平的影响是学界关注的热点，且对三者的影响通常具有关联性。学者对价值链嵌入和工序跨国外包影响国内要素价格和劳动力等方面已有较为丰富且有益的研究成果（Feenstra，1998；Autor et al.，2014；Carluccio et al.，2019）。在分散化生产影响国内技术水平方面具有代表性的研究有：Young（1991）、Head 和 Ries（2002）、Halpern 等（2015）、Manisha（2017）以及 Burstein 和 Vogel（2017）等。也有学者的研究融合了劳动力影响和技术影响：Grossman 和 Rossi-Hansberg（2012）建立解释"任务贸易"的离岸外包模型框架，指出离岸生产通过劳动供给效应、相对价格效应、生产率效应三个渠道来影响国内要素收入和福利，研究发现非技术任务离岸成本的降低可能有利于非技术工人。同时指出企业以低成本将工序转移海外可以从中获益，其生产率的增长类似于发生了一次技术进步。Acemoglu 等（2015）在扩展的李嘉图模型中研究离岸外包对技术变革的作用，研究表明在短期内工序的转移外包与技术变革呈替代关系，但是在长期内是互补的。此外，不同的价值链参与可能会对国内技术水平产生差异性影响，如 Carluccio 等（2019）在 Melitz（2003）异质性企业模型和中间品贸易的基础上建立模型，侧重于研究外包模式及其对国内企业水平的技能强度的影响，研究发现国内技能强度随着从劳动力丰富国家进口强度的增加而增加，随着从技术丰富国家进口强度的增加而减少。

第三节　全球价值链升级内涵、影响因素及路径

一　价值链升级的内涵

价值链升级由 Gereffi（1999）最先提出，他认为发展中国家企业的升级将延续高速路径，最终在技术和知识含量高的全球价值链环节发挥作用。Gereffi 和 Korzeniewicz（1994）提出价值链"二元驱动"模型，明确了价值链的两个主导环节：一个是处于价值链上游

的研发设计环节，另一个是处于价值链末端的销售、流通环节。Gereffi（2005）根据全球价值链的协调能力高低，将全球价值链升级的协作方式分为市场型、模块型、关系型、领导型和层级型五种类型，在五种类型中市场型和层级型分别处于协调能力的最高和最低层次。目前，Humphrey和Schmitz（2002）所提出的价值链框架下的四种类型的产业升级已得到广泛认可，包括工艺流程升级、产品升级、功能升级和链条升级。其中，工艺流程升级，指以更有效的方式将投入转换为产出，即通过提高生产率来降低成本提高产品竞争力；产品升级，指产品范围的扩大和延伸，具体表现为通过扩展原有产品功能或开发新产品来提高产品的获利能力；功能升级，指价值功能的提升，表现为从价值链的低附加值环节向高附加值环节的转变；链条升级，指将应用于原有生产部门的知识和技术转移应用于新的生产部门（Gereffi & Lee，2016）。总的来说，更高效的生产和生产附加值更高的产品是价值链升级的应有之义（魏龙和王磊，2017）。

二 全球价值链升级的影响因素

探寻实现全球价值链攀升的有效对策，必须建立在正确识别影响因素的基础之上，现有对影响因素的研究主要聚焦于价值链的治理模式（Humphrey & Schmitz，2002；Elisa et al.，2005）、多价值链条参与（Lizbeth，2011）、本土人力资本培育（杨高举和黄先海，2013；张幼文，2015；苏杭等，2017；戴翔和刘梦，2018；周茂等，2019）、创新能力和技术进步（黄群慧和贺俊，2013；张宗庆和郑江淮，2013；诸竹君等，2018；马丹等，2019）、制造业服务化（刘斌等，2016；许和连等，2017；成丽红和孙天阳，2020；黄玉霞和谢建国，2020）、生产性服务业发展（黄永春等，2013；杨玲，2017）、对外直接投资（刘斌等，2015；杨连星和罗玉辉，2017）、外商直接投资（张鹏杨和唐宜红，2018；罗伟和吕越，2019）、贸易自由化（毛其淋和许家云，2019；马盈盈，2019）、产业集聚（陈旭等，

2019)、价值链嵌入程度和嵌入位置（彭支伟和张伯伟，2018；高翔等，2019)、本土市场需求（戴翔等，2017)、金融契约环境（吕越等，2015；马述忠等，2017；盛斌和景光正，2019）以及外部产权强度（王海杰和李延朋，2013）等方面。

三 中国嵌入全球价值链的实践及升级路径

中国的国际分工嵌入实践。改革开放使中国历史性地抓住了第三次全球化浪潮（1980年至今）带来的巨大机遇。在几十年的经济高速发展中，中国凭借低端要素成功嵌入发达国家引领的全球价值链（罗长远和张军，2014；葛顺奇和罗伟，2015），其嵌入路径遵循承接来自发达国家的低端环节工序转移，再将组装的产品返销发达国家。依托外需导向和"体外循环"式加工组装，以数量方法解决质量和技术问题的低端工业化模式，奠定了中国在国际分工体系中的"世界工厂"地位（刘志彪，2012）。在嵌入发达国家主导的全球价值链的过程中，中国制造业通过吸收和内化高端技术以及不断地自我创新，实现了技术进步（何宇等，2020）。中国在国际分工网络的地位逐步提高，已由"边缘国"逐步发展为"重要枢纽国"（张辉等，2017；洪俊杰和商辉，2019）。然而，国内学者通过研究发现中国参与国际分工"大而不强"的问题突出（裴长洪，2017；周茂等，2019），出口"装配厂"的角色是中国成为贸易枢纽大国的直接推动力，且制造业面临被发达国家"封堵"于低附加值环节的困境（张杰和郑文平，2017；杨继军，2019），中国本土出口企业产品增加值率低、缺乏核心技术和自主品牌的困境并没有得到根本扭转，对发达国家企业存在单向技术依赖（黄先海和宋学印，2017；吕越等，2018）。可见，若长期尾随发达国家会使得中国开放型经济高层次发展受制于外力，应积极构建自己主导的全球价值链，开拓发展"新蓝海"。

中国制造业的全球价值链升级路径。国内学者根据中国在发达国家主导的全球价值链中的嵌入脉络及演进趋势，纷纷针对中国作为后发国为实现价值链升级目标而应遵循的路径问题进行了有益的探索。归纳现有学者的观点，实现价值链升级的根源是培育比较优势，尤其是具备内生性培育动态优势的能力。而这种优势的塑造与培育路径主要有以下三种：第一，培育竞争环境。产业升级归根结底源于竞争，恰当的竞争环境有利于推动企业向资本密集型和技术密集型升级（桑瑜，2018），同时在国内市场建立进入退出的竞争机制，可以集中国家优势推动产业关键技术与共性技术的研发，从而有利于推动全球价值链升级（邓向荣和曹红，2016）。第二，构建国内价值链。基于全球价值链，建立自主发展型国内价值链，立足自身市场拉动产业发展，重塑中国参与国际分工的比较优势，培育国内产业核心竞争力，是摆脱发达国家对中国企业的升级俘获，实现价值链升级的重要途径（潘文卿和李跟强，2018）。第三，发挥产业集群优势。以产业集群形式抱团嵌入全球价值链比单个企业孤立嵌入全球价值链具有更多优势，在集群内部企业间可形成先进的生产和技术网络，植根于地方创新和生产系统提供保障，可以有效克服单个企业面临的升级困难，由此，以产业集群为主体参与全球竞争可为企业的价值链升级提供坚实后盾（刘志彪和吴福象，2018；苏丹妮等，2020）。

第四节 关于全球价值链核算方法的相关文献

一 全球价值链分工地位的测算

现有研究主要使用上游度、国内增加值率、出口产品技术复杂度和产品价格等代理指标表示国家、行业或企业层面的全球价值链分工地位。第一，基于上游度测算。Fally（2011）、Antràs 等（2012）构造了反映行业下游化、上游化的指数。刘斌等（2015）通过计算企业产品与最终产品间的加权平均距离来表示价值链位置，认为在价值链中，企业越居于生产链条的上游，所获得的贸易利益就越多，则企业的分工地位越高。刘斌等（2015）的观点与 Ju 和 Yu（2015）的观点近似。Ju 和 Yu（2015）在 Melitz（2003）模型的基础上加入价值链分析框架，以资本投资代替企业所处的价值链位置，企业在价值链较上游的位置，企业的固定资本投入也就越高，相应的，企业的生产率和利润率也就越高。第二，基于国内增加值率测算。王岚（2015）认为"以价值增值"为统计口径，可以更加真实地反映一国国际分工地位以及贸易利益。佘群芝（2015）认为明晰各国的增加值贸易可以反映一国在全球价值链中的地位，还原全球价值链中各个国家之间真实的依赖关系。黄先海和杨高举（2010）、杨高举和黄先海（2013）运用出口国内增加值率和劳动生产效率衡量国际分工地位。刘斌等（2015）基于出口增加值结构分解，将中间品出口中的国内增加值率作为中国在全球价值链中分工地位的衡量指标。马述忠等（2017）运用企业国内增加值来衡量企业的全球价值链地位。第三，基于出口产品技术复杂度和产品价格测算。施炳展（2010）从中国出口产品价格与世界价格的对比角度，分析了中国的国际分工地位。马述忠等（2016）使用农产品出口技术复杂度表示一国农业价值链分工地位。

二 有关出口的国内增加值测算的文献

世界市场整合程度的提高，带来跨国公司之间的非整合趋势发展，因为企业发现将非核心制造和服务活动外包有利于企业的发展，从而导致配件和其他中间产品贸易的迅速发展。中间品贸易的兴起造成了各国贸易的重复核算，总量的核算方法不能反映经济体之间真实的贸易情况，需要进行增加值的核算。佘群芝（2015）指出不同于传统贸易指标，基于增加值的统计方法测算的各国增加值，可以真实体现全球贸易产品的增加值分布，明晰各国的增加值贡献度大小。同时，张杰等（2013）也指出准确核算一国的出口附加值，可以精确反映一国参与国际分工的程度，也可以了解一国真实的贸易利得。

中国对加工贸易的相关优惠政策（如税收政策）、贸易和投资自由化水平的提升及国内自身劳动密集型禀赋结构使得中国与各发达国家间的中间品贸易盛行，中国从事低端简单的装配制造所获得的国内增加值与表面上的贸易顺差相差甚远，贸易额中包含着大量的国外增加值，这并不会对中国产生多余的经济和社会福利。如 Johnson 和 Noguera（2012b）的研究表明当以增加值贸易分析中美贸易时，两国在 2004 年的贸易不平衡会减少 30%—40%。

可见，准确测算各国增加值贸易，明晰出口中的国内增加值具有很大的政策意义，对于发展中国家而言更是如此。发展中国家的政策目标之一就是实现价值链的攀升，用国内增加值替换现有出口中的国外增加值。发展中国家可以通过真实的增加值贸易了解到现有出口对国内就业和投资的拉动状况。此外，有研究指出，一国货币升值对该国出口的影响在一定程度上取决于该国出口中的国内增加值比重，国内增加值比重越小，货币升值对该国出口的影响越小（Koopman et al., 2014）。Autor 等（2014）指出美国从中国的日益增长的进口对美国失业、低工资以及低劳动力市场参与造成了显著性压力；类似地，Pierce 和 Schott（2016）研究表明美国部分行业受中国产品进口冲击的影响造成了低就业增长率等现象。但是中美两国间的贸易对美国收入和就业的影响大小在一定程度上也取决于中国向美国出口产品的复杂程度以及是否是非熟练劳动密集型产品。Koopman 等（2014）指出类似研究没有考虑中国出口中所含的国内增加值。

由于测算方法的不同，不同学者对中国出口中的国内增加值测算的结果大小略有不同（Upward et al., 2013；Koopman et al., 2014；Kee & Tang, 2016），但是，这些研究都表明中国的国内增加值呈现上升趋势，中国制造中间投入品行业竞争力的增强使得加工贸易商使用国内产品替代进口产品、国内生产成本提升等原因可以解释上述现象。

(一) 根据研究数据类型分类

在国内增加值测算过程中,根据其使用的数据类型可将其归纳为两类,下面就两种方法现有研究状况及其各自优缺点进行辨证解读:第一类是基于非竞争性投入—产出表(I-O表)的宏观估算方法;基于非竞争性I-O表来分析价值链的方法以Hummels等(2001)的HIY方法和Koopman等(2014)的KWW方法为代表。Hummels等(2001)提出垂直专业化概念,并基于进口的中间投入同比例用于出口产品和国内销售产品生产的假定测算出口中的国外增加值(垂直专业化程度)。但是,Koopman等(2014)指出HIY方法的假定不符合加工贸易的现状,会高估一国出口中所包含的国内增加值。尤其对中国而言,中国出口贸易中加工贸易占据了较大比重,而这些加工贸易往往使用更多的国外中间投入品(吕越等,2015)。刘遵义等(2007)在分析中国I-O表时考虑了加工贸易出口,但是并没有涉及用于加工贸易出口、一般出口和国内销售产品生产的投入产出系数。Hagemejer和Ghodsi(2014)、程大中(2015)、Miller和Temurshoev(2017)基于WIOD数据库跨国投入—产出分析价值链上、下游化指数。基于I-O表测算出口中所包含的国内和国外增加值可以考虑一国内部各行业之间以及各国家之间的联系;但同时具有如下劣势:(1)构建I-O表主要包含大中型企业,而通常情况下,相对于小型企业来说,大中型企业通常具有较高的进口—销售比,这样的样本选择问题会低估出口中的国内增加值(Kee & Tang, 2016);(2)I-O表的分析往往停留在国家—行业层面,无法考虑企业层面异质性对增加值的影响;(3)I-O表中的国家覆盖范围有限。第二类是基于企业数据的微观测算方法。Ahmad等(2013)使用土耳其企业层面数据进行增加值测量,并考虑到企业出口密度、进口中间品投入比例以及企业所有制性质。Upward等(2013)使用中国海关数据库和中国工业企业数据库从企业和产品层面分析了中国企业出口增长状况,并将企业出口分解为组内效应和组间效应,而后测算了企业层面的增加值。Kee和Tang

(2016)同样使用中国海关数据库和中国工业企业数据库分别测算了在一般贸易和加工贸易形式下的国内增加值，并进一步从进口品价格、汇率、上游中间品投入供应商所面临的关税水平和外商投资角度分析了国内增加值的影响因素。

（二）对于中间投入的界定

在增加值贸易分析中辨别国内和国外中间品投入的使用或生产过程以及中间投入是用于国内销售产品的生产还是出口产品的生产至关重要。具体到实际数据操作中，实现上述问题就需要明晰中间品来源、使用及其去向。现有文献中有三种方法解决这类问题：第一种方法通过海关数据库中的 HS 编码辨别中间品使用（Yeats，1998；Kimura & Ando，2005），通过 HS 编码可辨别产品是否是中间投入品，但是此方法对于某些产品的区分是不精确的，有的产品通过 HS 编码不能清晰的辨别其是中间投入品还是最终产品，如汽车备用轮胎，既可以作为中间投入品生产新的汽车，又可以作为最终产品替换旧汽车上的轮胎；第二种方法是通过投入—产出表追踪中间品使用（Hummels et al.，2001；Yi，2003；Bems et al.，2010；Johnson & Noguera，2012a，2012b），但是这种方法只是落脚到行业层面，不能观测到产品层面；第三种方法是基于贸易类型进行区分。在中国海关数据中，贸易类型主要包括加工贸易（加工贸易又细分为进料加工贸易和来料加工贸易）和一般贸易，而且中国海关规定加工贸易形势下的进口品只能用于出口产品的中间品投入，Koopman 等（2008）使用该方法进行辨别中间投入品。

第五节 国际分工网络演化机制及测度方法

一 国际分工网络格局及演化机制

对于国际分工格局的界定，阿根廷经济学家 Prebisch（1959）所提出的"中心—外围"式国际分工布局理论受到国内外学界的普遍认可，这也是本书研究的重要理论基础之一。该理论将世界经济体系分成了两个部分：一部分是由发达国家组成的工业生产"中心"；另一部分是由发展中国家组成的为工业生产中心供应原材料的"外围"。"中心"具有生产结构同质性和多样化的特点，即先进的生产技术贯穿于中心国家整个经济体系，经济结构多样性主要是从中心国家所能生产的产品范围较广的角度来说的，覆盖了资本品、中间品和最终消费品；而外围国家的经济结构则呈现异质性和专业化特征，即落后技术和先进技术同时存在，且主要从事于初级产品的生产。20 世纪 60 年代以来，以特奥托尼奥·多斯桑托斯（1992）、萨米尔·阿明（2000）、费尔南多·恩里克·卡多佐（2002）和保罗·巴兰（2014）为代表的著名马克思主义政治经济学家从发达国家和发展中国家之间存在的不平等交换和分配体系出发，分析发达国家和发展中国家经济发展出现两极分化、分工呈现"中心—外围"格局的内在原因，他们指出发达国家凭借生产工具的创新发展在国际分工中居于主导地位，向外输出专业化分工，占有绝大多数经济剩余并将经济剩余从发展中国家转移回本国；而发展中国家在分工中处于被支配地位，服务于发达国家的生产体系，占有较少的经济剩余，较少的经济剩余对于发展中国家进一步提升技术水平具有一定的限制。

　　随着网络分析方法的发展，不少学者基于网络分析方法对国际分工格局进行了定量分析。Mahutga（2006）发现新的国际分工和全球化进程使得网络结构变得更加不平衡。Fagiolo 等（2009）从网络的中心度、集聚度、层次性、连接性等角度分析国际分工网络结构，发现分工网络结构在 1981—2000 年非常稳定。Reyes 等（2008）通过分析 1980—2005 年分工网络"中心—外围"格局的演变发现，样本期间相较于拉丁美洲经济体，亚洲经济体在分工网络中的中心度提升较快，趋向于中心位置。杨晨等（2017）从网络整体特征、网络个体特征、网络空间聚类特征三个维度出发，选取包括网络密度、网络关联度、度数中心性度、接近中心度等在内的多个指标对亚太网络地区服务贸易网络的结构特征进行全方位、多层次的分析。姚星等（2019）指出国际服务贸易增加值网络存在小世界特征，服务国内增加值的发展集中在贸易深度上并呈现出稠密化趋势，服务国外增加值的发展在贸易深度和广度上都有所体现；该网络可以划分为以德国、美国和中国为代表的欧洲、北美洲和亚太三个服务贸易群。

对于国际分工网络特征驱动因素的研究，现有文献多从地理距离、国家经济发展水平、贸易协议、历史因素等方面分析网络外部驱动因素对国际分工网络结构特征的影响。Garlaschelli 和 Loffredo（2004，2005）通过研究发现国家 GDP 在分工网络的拓扑结构中起到重要作用，在国际分工网络中存在着富者愈富机制。杜运苏和彭冬冬（2018）使用 2000—2014 年世界投入产出表构建全球增加值的分工网络，研究发现一国制造业服务化水平的提升有利于促进一国在分工网络中的中心度。Thushyanthan 等（2011）分析了 1980—2000 年国际贸易结构的演变，在"分散"分工网络中，即分工网络中包含很多国家，国家间的要素禀赋差异有利于增加该网络的双边贸易额；但是在"集中"分工网络中，即分工网络中只有少数国家，要素禀赋差异并不能发挥重要作用。Thushyanthan 和 Tilman（2005）基于无标度网络框架下，测算可反映分工网络结构的特征参数，发现 1976—2002 年世界经济一体化趋势明显，且经济全球化降低了贸易产品的价值。Luca 和 Lucia（2011）运用网络分析方法对世界分工网络结构和贸易模式进行了分析，同样发现世界贸易一体化水平不断提升；同时，文章就多边或区域贸易自由化政策对贸易模式的影响也进行了分析，研究发现：区域贸易协定导致贸易网络不对称，有利于轮轴国，不利于辐条国。Barigozzi 等（2011）通过分析 1992—2003 年特定商品贸易网络结构发现，地理因素对网络结构的作用要大于区域贸易协定。Massimo 等（2013）通过分析发现，与数字服务贸易相比，地理距离在构成实体商品贸易网络中发挥着更加重要的作用。Mariya（2018）通过分析分工网络对称性与国家的研发，指出在非对称的中心和辐条网络中，研发集中于中心国家，而在对称的分工网络中，各国的研发水平相对中等。Berthou 和 Ehrhart（2017）从历史角度分析一国的古代殖民贸易联系能否促进其与其他国家创建新的贸易往来，以此分析国际分工网络的形成。研究发现，前殖民地与邻近前殖民者或者与前殖民者有贸易往来的国家存在更多的贸易，而且，殖民地进出口贸易受到贸易伙伴与前殖民者的地理邻近程度以及经济一体化程度的显著影响。许和连等（2015）指出 FTA 网络、接壤网络和临近网络对"一带一路"高端制造业分工网络均产生明显影响，其中 FTA 网络的影响最强；在制度因素中，贸易、金融和货币自由以及政府效能对高端制造业贸易具有显著正向促进作用。杨晨等（2017）指出地理距离、经济距离、技术距离等因素对亚太地区服务贸易网络的结构变动表现出较为显著的决定作用，制度距离因素在更依赖"人"的服务贸易网络中具有较强的显著性。刘林青等（2021）指出贸易依赖网络的形成和演化表现出路径依赖特征，受到网络内生机制的影响显著，如互惠效应、偏好依附效应、连通效应、传递闭合效应以及时间依赖效应等。张倩红和艾仁贵（2019）分析近代早期港口犹太人呈现的以贸易网络形态大规模扩展的商业社会形态的特征及历史意义，指出搭建的贸易网络成为开展跨洲交往的重要载体，在欧洲殖民扩张以及全球经济交往中发挥了不可忽视的作用。

二　社会网络分析方法在国际分工研究中的应用

"社会网络"最早出现于 20 世纪 30 年代，用于定义社会个体成员之间因互动而形成的相对稳定的关系。"节点"和"联系"组成社会网络，"节点"通常是指个人或组织；"联系"表示节点之间的关系，如朋友关系、生意伙伴关系、上下级关系等。以节点之间的联系为出发点研究社会网络结构是社会网络分析方法的核心。

随着世界市场整合程度的提高，国家之间的生产分工及相应产生的中间品和最终品贸易使得全球分工成为一个网络。国家是"节点"，国家间的贸易关联是"联系"。全球分工网络已具备了社会网络的本质特征，将社会网络分析方法应用于国际分工网络结构的分析具有科学性和可行性。全球价值链可以被表示为一个有点（国家）有边（国家间的贸易流动）的有向性网络（Amador & Cabral，2017）。Baldwin 和 Venables（2013）指出全球生产网络结构可分为序贯式、网状式和混合式结构，序贯式生产网络结构表现为从上游至下游的一次生产模式；网状式生产网络结构表现为以某一工序为核心环节，其余的生产环节均与核心环节相连；而在现实中的生产网络结构多为序贯式与网状式相结合的混合式结构。

  基于网络结构的复杂性考虑，传统贸易指标很难从全局捕捉全球分工及贸易分布特征。Abeysinghe 和 Forbes（2005）的研究认为，对双边贸易数据的分析只能从表面对产生贸易行为的国家间的直接关联进行反映，却忽略了国家间的间接贸易关联以及国家间的联动性。应用社会网络分析方法剖析国际分工网络结构，可以对分工网络进行更为科学的整合分析，弥补传统贸易指标的不足。Garlaschelli 和 Loffredo（2005）将有向加权网络引入对全球分工网络动态演变的分析。Fagiolo 等（2008）使用 1981—2000 年 159 个国家双边贸易数据构建一个加权的有向性贸易网络，并对该网络结构及其演变进行了深入分析，研究表明：全球分工网络存在明显的中心—边缘化结构，虽然大多数国家间的贸易联系较为微弱，但部分国家间存在较强的贸易关联，且该网络结构随时间变动的痕迹并不明显。Bosker 和 Westbrock（2014）建立多国多阶段的生产网络，利用社会网络分析方法分析各国在国际分工网络中的重要性，起重要作用的少数国家通过他们的增加值环节将其他国家联系在一起。随着经济全球化的发展，全球分工网络更加紧密，通过第三国进行间接性贸易的重要性已经逐步下降（Han & Hugh，2010）。Aller 等（2015）运用社会网络分析方法界定分工网络中重要贸易伙伴国，并分析分工网络对国家环境质量的影响。Amador 和 Cabral（2017）以网络分析法分析一国出口对该国进口国外增加值的依赖程度，由此分析全球主要国家间生产网络的结构及演进，文章使用 WIOD 中一国出口的双边外国增加值数据研究 1995—2011 年国际分工的网络性质，并以可视化技术显示国家间的增加值流动。Federica 等（2014）通过世界投入产出表构建全球多区域投入产出表，从全球、区域和地区三个层面分析投入产出网络特征及其演化，认为基于网络分析方法的测度可对关键行业的辨别提供有价值的见解。Giudici 等（2018）分析了分工网络结构的动态演变及不同时期分工网络对亚洲经济波动传播强度的影响。

  本书运用社会网络分析方法对全球分工网络进行分析，而中心度的分析是社会网络分析中的重要研究领域，Caie 等（2015）和 Alatas 等（2016）将网络中心度指标应用于人际网络知识技术溢出问题研究，Carvalho（2014）将其应用于风险传递问题研究，也有学者将网络中心度应用于国际分工和贸易网络特征分析。马述忠等（2016）基于 1996—2013 年国家农产品贸易数据，刻画了全球农产品贸易网络的中心性、联系强度和异质性特征。全球分工网络的中心度可以反映国家在分工网络中的枢纽地位和对资源获取与控制的程度，中心度高的国家在分工网络中扮演着枢纽角色，具有较强的引领能力。Diakantoni 等（2017）使用 2011 年 61 个国家的双边中间品贸易关联测算了各国的网络中心度，并分析了网络中心度与贸易便利化的关系。Criscuolo 和 Timmis（2018）基于 1995—2011 年 OECD – ICIO 数据，从产业关联角度测算国家和行业层面的前向和后向中心度，以揭示全球价值链的结构变动。吕越和尉亚宁（2020）基于国家间贸易数据和企业出口数据测度企业在国际分工网络中的中心度，发现中国企业在国际分工网络中的地位逐步处于枢纽位置。

第六节　简要述评

综上所述，学术界对于全球价值链和国际分工网络有着既广泛又长期的研究，已取得丰硕成果，但本书在文献整理和思路梳理过程中发现已有研究仍存在以下不足以及可能拓展的方向。

一　对国际分工新格局的理论分析框架有待完善

已有国际分工模型主要聚焦于分析发展中国家（后发国）如何通过学习发达国家（先行国）的技术而实现价值链升级和经济发展等问题，鲜有研究对国际分工网络布局演变过程及影响因素进行理论推演，探究新兴市场经济体在国际分工格局中的作用及升级路径。世界正面临百年未有之大变局，加之新冠肺炎疫情在全球大流行，"东升西降"趋势越发明显，新兴市场经济体的快速发展作为大变局的核心变量和重要推动力量，国际分工网络演变背后的理论逻辑、新兴市场经济体在国际分工网络中起到的作用、新兴市场经济体实现价值链升级的路径及内在机理等问题的研究有待进一步补充和完善。

二　鲜有研究从中国视角识别、量化国际分工格局，中国参与全球价值链的基本框架有待科学性量化

现有研究对于国际分工网络重要指标测度及分工布局演变已进行了诸多有益探索，但是鲜有研究从中国视角对其参与的国际分工格局进行量化识别。在价值链重构关键时期，准确认识和判断国际分工格局以及中国角色演变轨迹，是厘清国际循环的赋能作用、提升中国对全球价值链控制力和影响力、加快构建新发展格局的重要前提。对中国在国际分工网络中的演进历程、提升巩固枢纽地位及升级路径的识别和量化，对中国参与全球价值链的基本框架的呈现

亟须进一步跟进。

三 探究中国角色演变与升级背后的机理和规律、中国枢纽地位的影响因素

改革开放以来，中国在国际分工网络中的地位、影响力发生了巨大变化，那么，何种因素推动中国在国际分工中枢纽地位的提升和影响力的扩大？在构建以国内大循环为主体、国内国际双循环相互促进的新发展格局战略下，在"十四五"规划部署中关于增强内生发展能力重要思想的指导下，研究中国角色演变与升级背后的机理和规律，探究提升和巩固中国枢纽地位的有效路径，立足国内自身、嵌入国际循环，是增强中国制造业分工韧性的根本。

四 现有研究对中国参与的全球价值链没有做明确的区分，也鲜有文献探讨中国制造业在不同价值链下的升级路径的差异性

既往针对中国制造业价值链升级路径的研究主要集中于发达国家主导的价值链，忽略了在现已显现的发展中国家价值环流中升级路径的探究。随着中国开放型经济的发展，基于中国制造业在不同价值环流中分工角色差异的现实考虑，有必要考察中国制造业在发达国家价值环流和发展中国家价值环流的升级路径差异。故而，制造业如何实现价值链的中高端攀升、如何实现发达国家价值环流和发展中国家价值环流的良性互动等一系列问题亟须得到科学性的解答。

第 三 章

"共轭环流"式国际分工格局的存在性

本章运用马克思主义政治经济学的思想阐述价值环流内涵以及国际分工的形成；在马克思主义思想的指导下，运用国家间贸易数据搭建有向的国际分工网络，并借助社会网络分析方法，测算国家在国际分工网络中的枢纽地位，以此对"共轭环流"式分工格局的存在性进行论证。该章主要回答了两个问题：发达国家价值环流和发展中国家价值环流是否存在，以及中国是否已经成为连接发达国家价值环流和发展中国家价值环流的重要枢纽国。研究发现：在国际分工网络中，存在发达国家价值环流和发展中国家价值环流，且中国在两个价值环流中逐渐居于枢纽地位。本章是本书的核心章节，本章所验证的"共轭环流"式国际分工格局的存在为后续章节提供了研究框架；所测度的国际分工网络的枢纽地位为后续章节的实证检验提供了分析数据。

第一节 引言

在发达国家价值链的"低端锁定"、中国巨大体量形成以及中国对发展中国家价值链引领能力提升等三重叠加的背景下，中国在国际分工体系中的作用和地位已不再是传统价值链分析模式下的"世界工厂"那么简单，中国的未来发展需要积极构建以我为主的全球价值链。基于现实背景，准确识别和量化全球价值链关系网络中的分工格局，探索刻画中国参与国际分工的基本框架，是中国在新时代推动形成全面开放新格局的行稳致远的学理依托，为研究嵌入国际循环的有效路径提供分析框架。

与本章相关联的文献包括两类：一类是有关国际分工格局结构的研究。20世纪五六十年代以来，以Prebisch（1959）、特奥托尼奥·多斯桑托斯（1992）、萨米尔·阿明（2000）、费尔南多·恩里克·卡多佐（2002）和保罗·巴兰（2014）等为代表的著名马克思主义政治经济学家基于发达国家和发展中国家在国际分工中的发展不平衡的现象，探究国际分工体系呈现"中心—外围"格局的根源，研究得出"中心—外围"格局源于发达国家与发展中国家之间的不平等交换体系：发达国家掌握核心技术并向外输出专业化分工，获得大部分经济剩余并将其转移回本国，在国际分工中处于中心区位置；而发展中国家向发达国家提供原材料和廉价劳动力，获得较少经济剩余，其发展受制于发达国家。伊曼纽尔·沃勒斯坦（2013）提出的"中心—外围"间的劳动分工思想与本书所提出的"共轭环流"相近，他指出，世界经济体是由中心区、边缘区和半边缘区三个部分联结成的一个整体结构，三个区域分别扮演不同的经济角色，其角色的不同取决于不同的劳动分工。其中，中心区和边缘区的角色类似于上述学者所提出的观点，不同的是半边缘区介于中心区和边缘区之间：对中心区充当边缘区的角色，对边缘区充当中心区的角色。裴长洪（2016）认为"中心—外围理论"的思想与马克思所提出的少数工业国家利用技术优势将落后国家长期困于不利分工地位的思想相类似，他指出随着"亚洲四小龙"经济体的出现，传统的国际分工格局被打破，世界呈现多极化发展趋势。虽然，经济学家赤松要提出的"雁阵模型"以及小岛清提出的边际产业转移理论，反映了比较优势在国家间的转移以及与此相关的产业转移，将国家区分为先行国和后发国，强调后起国如何通过引进先行国技术、实现进口替代、增加出口等阶段实现工业化，但是未将新兴市场经济体在国际分工格局中同时作为承接国和转移国的双重角色存在的特殊性纳入分析，而且，分析框架并未细化到产品内分工层面。同时，国内已有学者对中国在国际分工网络中的角色进行了有益的探索。张辉（2015）、张辉等（2017）指出中国在世界经济中处于承上启下的位置，与发达国家和发展中国家的价值链合作使资源在更大空间得到最优化配置。他们认为全球经贸体系呈现了以中国为枢纽国的"双环流"形式，即中国与欧美等发达国家之间的环流以及中国与亚非拉等发展中国家之间的环流。刘伟和郭濂（2016）指出在发达国家引领的价值链环流中，发达国家向中国进行产业转移和技术转移；同时，中国利用低成本优势生产组装中间品并出口发达国家；在发展中国家价值链环流中，中国向东南亚、非洲、拉美等发展中国家转移产能；同时，东南亚、非洲、拉美国家向中国出口初级产品。韩晶和孙雅雯（2018）也指出全球呈现出一种新型价值链体系，即以中国主导的"双环流全球价值链"，中国凭借经济贸易地位及产业水平发挥着枢纽作用。

另一类文献是有关在国际分工体系中中国角色及作用演变的研究。基于改革开放以来中国开放型经济的快速发展，除现有的针对中国在全球价值链分工地位及升级的研究以外，学者们也开始从分工网络的视角分析中国的角色演变。林桂军和邓世专（2011）通过分析亚洲零部件贸易依存比率，发现中国已成为亚洲工厂的核心国家，亚洲工厂对中国市场的依赖程度远高于对美国市场的依赖。许和连等（2015）通过构建"一带一路"沿线65个国家的高端制造业贸易网络，运用出度和入度中心性、介数中心性、出接近和入接近中心性等指标分析网络特征，研究表明中国在"一带一路"高端制造业分工网络中发挥着重要的桥梁作用。邢孝兵等（2020）从点出度、点入度、出强度、入强度以及核心度等多个维度刻画国际分工网络，通过分析发现中国已经从世界分工网络中的边缘国家成长为核心国家。上述研究对于国际分工格局以及中国在国际分工网络中的角色演变均进行了有益的探索，但是现有文献没有将"枢纽地位"进行量化，未能将双环流模式可视化，且现有国际分工网络的量化指标仍有可改进的空间。需要注意的是，从表面看伊曼纽尔·沃勒斯坦提出的世界体系中的半边缘区与本书所提出的"共轭环流"相类似，但是"共轭环流"在以下三点与之不同：第一，在发展中国家价值环流中，中国与其他发展中国家的分工是平等互助的，中国试图构建与其他发展中国家共享利润、互惠共赢的新型国际合作模型。第二，"共轭"刻画了中国作为衔接二元价值环流的"枢纽"作用，同时也体现了中国在全面开放新格局中通过两个价值环流的良性互动实现"双轮驱动"和"共建互融"的美好愿景。第三，"环流"一词体现了商品的流入和流出，使国际分工更加具象化。

本章从马克思主义政治经济学视角探讨价值环流及国际分工形成的理论机理，引入社会网络分析方法量化国际分工网络，通过测算国际分工网络中国家的枢纽地位来刻画国际分工网络的演变轨迹，试图描绘出中国参与国际分工的基本框架形态。本章创新点如下：第一，在马克思主义政治经济学思想的指导下，借助对分工以及国际分工的阐述，介绍价值环流的内涵以及国际分工格局的形成。第二，引入社会网络分析方法，基于国家双边贸易数据，构造衡量分工网络中国家枢纽地位的指数，测算各国在全球分工网络中的枢纽地位及其演变历程，验证了发达国家价值环流、发展中国家价值环流的存在，并发现中国已事实上成为"共轭环流"的枢纽。本章剩余部分的结构安排如下：第二部分基于马克思主义政治经济学思想，从分工角度分析价值环流的形成及内涵，以及国际分工格局的形成；第三部分详细介绍了在国际分工网络中枢纽地位指标的选取及测算，并采用国家间贸易数据描述国际分工布局的特征事实；第四部分研究国家枢纽地位的演变，以证明"共轭环流"式分工布局的存在性；第五部分为本章小结。

第二节　基于马克思主义政治经济学的分析

一　分工与价值环流

分工是劳动的社会存在形式。马克思指出，分工和交换是人的活动和本质力量的明显外化的表现。① 马克思将分工分为社会内部的分工和每个生产机构内部的分工两种类型，其中，社会内部的分工是生产机构内部分工存在的前提。社会分工的存在使得不同部门之间具有相对独立性和依赖性，"因社会分工而孤立起来以致各自生产一种独立的商品、但又作为一个总过程的各阶段而紧密联系在一起"②；即使对于生产机构内部的分工，"许多人同时协同完成同一或同种工作，但是每个人的个人劳动，作为总劳动的一部分，仍可以代表劳动过程本身的不同阶段"③。

复杂的产品需要依次经历不同的生产过程，表现为为了使产品获得使用价值的最终形式而所必须经历的形态变化的各个阶段，从整个生产过程来看可以看作产品不同形态的生产和再生产过程。④ 如若不同生产阶段发生在不同部门或者不同生产者之间，那么，产品形态的演变背后就是部门之间或者生产者之间的交换行为。马克思指出，"交换和分工互为条件"⑤。"如果没有分工，不论这种分工是自然发生的或者本身已经是历史的结果，也就没有交换"⑥。"不同的劳动的联系是以产品作为商品的交换为中介的"，社会内部的交换推动产品生产的分散化过程，"社会分工是由原来不同而又互不依赖

---

① 《马克思恩格斯文集》（第1卷），人民出版社2009年版，第241页。
② 《资本论》（第1卷），人民出版社2018年版，第440页。
③ 《资本论》（第1卷），人民出版社2018年版，第379页。
④ 《马克思恩格斯文集》（第8卷），人民出版社2009年版，第572页。
⑤ 《马克思恩格斯文集》（第8卷），人民出版社2009年版，第52页。
⑥ 《马克思恩格斯文集》（第8卷），人民出版社2009年版，第23页。

的生产领域之间的交换产生的",① 交换表现为商品的流通。"商品依次从一个生产阶段转入另一个生产阶段,而且是更高的阶段,也就是经过更多中介的并使商品更接近于它的最终形式的阶段,直到它达到了自己的最终形式,在这种形式上,它或者是进入消费,或者是在自己的最终形式上作为劳动资料(已经不是作为劳动材料)进入新的生产过程。"②每一个生产过程都是价值增值的过程,生产阶段之间的商品流通过程可以视为产品的价值流动过程,买和卖的行为所体现的价值的流入和流出构成了价值环流。

国际分工是国际交换和国际贸易的基础。在国际分工体系中,每个国家所承担的分工角色不同,产品生产在不同国家之间的分工布局以及随之产生的产品贸易,构成全球分工网络。如果将一般化的分工具象到国际分工,那么由分工所产生的一般的、抽象的价值环流也可以具象为国家之间的商品贸易流,贸易流动可视为产品的价值流动,则产品的流入与流出组成了分工网络中的价值环流。

此外,交换并没有造成生产领域(或生产阶段)之间的差别,而是使不同的生产领域或生产阶段发生关系,从而使之相互依赖相互制约,后一阶段的生产是前一阶段的生产延展并受到前一阶段的制约。③

二 国际分工格局的形成

马克思指出,资本输往国外可以获得更高的经济剩余,"如果资本输往国外,那么,这种情况之所以发生,并不是因为它在国内已经绝对不能使用。这种情况之所以发生,是因为它在国外能够按更高的利润率来使用"④。基于资本的逐利性和流动性考虑,在世界分

---

① 《资本论》(第1卷),人民出版社2018年版,第408页。
② 《马克思恩格斯文集》(第8卷),人民出版社2009年版,第571页。
③ 《马克思恩格斯文集》(第8卷),人民出版社2009年版,第571页。
④ 《资本论》(第3卷),人民出版社2018年版,第285页。

工中基于国家或者部门所能提供的利润率来分配资本。①

生产工具的创新发展推动着国际分工格局的形成。生产工具的发展在增强生产力的同时，也使得社会分工更加细化，因为生产工具使得产品的生产分割在技术上成为可能，马克思指出，"只要任何物品的生产中有可能用机械制造它的某一部分，这种物品的生产就立即分成两个彼此独立的部门"②。生产工具的创新发展促进了工业化的进行，工业化的发展增加了对生产资料和市场的需求，为了节约生产成本、获得更多的经济剩余，资本开始向外扩张。在世界市场中所交换的产品更加细分化和多样化，"不仅有更多的外国消费品同本国的产品相交换，而且还有更多的外国原料、材料、半成品等作为生产资料进入本国工业"，分工的空间范围已经超越本国范围，对世界市场、国际交换和国际分工产生依赖。③

由于生产工具的差别，不同国家在国际分工中所扮演的角色和所处的位置不同。发达国家凭借对技术和资本的垄断成为国际分工的主导者，向外输出专业化分工；而发展中国家参与分工多处于被支配的地位，服务于发达国家的分工体系发展。技术的差距造成了经济剩余分配不平等，发达国家通常占据更多的经济剩余，有利于进一步的生产性资本积累；而发展中国家仅获得较少的经济剩余，较少的经济剩余限制了发展中国家在国际分工体系中的资本积累和技术水平的提升。从位置上看，率先完成工业现代化的发达国家，通常处于国际分工的中心国位置，而发展中国家则处于相对边缘国的位置，从而形成了中心—外围式的国际分工格局。改革开放初期，中国嵌入发达国家主导的全球价值链参与国际分工，多从事低附加值的组装加工环节，获得的剩余价值相对较少，处于边缘国位置。但是，随着不断吸收内化发达国家外溢的高端技术以及不断地自我

---

① 《马克思恩格斯文集》（第8卷），人民出版社2009年版，第533页。
② 《马克思恩格斯文集》（第1卷），人民出版社2009年版，第627页。
③ 《资本论》（第1卷），人民出版社2018年版，第512页。

创新，中国的技术水平获得了巨大提升，一方面，中国在发达国家主导的全球价值链中的地位获得逐步提升，由相对外围国家上升为相对中心国的位置；另一方面，为中国企业"走出去"、加强南南国际产能合作提供了强大支撑，使得中国引领发展中国家价值链的能力得到了提升。

第三节 "共轭环流"及枢纽

一 枢纽地位指标选取

全球产品生产的分散化以及产生的中间品或最终品贸易组成了全球生产网络。参与全球价值链的国家可以视为全球生产网络中的"点"，国家之间的贸易流可以视为生产网络中的"边"，而有向的流动可以将各国的分散化生产构成一个有向性网络（Amador & Cabral，2017）。为透析全球分工网络结构，本章搭建了有向加权贸易网络图 G，可表示为：

$$G = (V, E, w) \tag{3—1}$$

其中，$V = \{v_1, v_2, \cdots, v_n\}$ 为节点集合，$v_i \in V$ 表示生产网络中的国家（$i = 1, 2, \cdots, n$）；$E = \{e_1, e_2, \cdots, e_m\} \subseteq V \times V$ 为边集合，$(v_i, v_j) \in E$ 表示国家 v_i 向国家 v_j 的出口关系，$w(v_i, v_j)$ 表示有向边 (v_i, v_j) 的权重，即国家 v_i 向国家 v_j 的出口额。全球生产网络结构复杂，传统贸易衡量指标难以科学、全面的分析分工结构和贸易分布状况。在生产网络中，国家的中心度可以反映一国的重要性和枢纽地位，中心度高的国家对资源有较强的获取和控制能力，扮演着枢纽的角色。

Baldwin 和 Venables（2013）指出全球生产网络结构可分为序贯式、网状式和混合式结构。在有向网络中，通过测算出入节点度、特征向量、接近度和 PageRank 等指标可体现网络中心度。不同的中心度测度方法适用于不同的网络结构分析。Criscuolo 和 Timmis

(2018)指出出入节点度的分析方法一般适用于序贯式的生产网络结构，只能捕捉国家的直接贸易关联；接近度中心度主要分析通过某国家连接网络中任意两国的最短路径；特征向量中心度测度的某国的中心度比较容易受到其伙伴国的中心度高低的影响（Borgatti, 2005）。而 PageRank 中心度指标可以同时反映国家间直接和间接的贸易关联，也弱化了伙伴国的中心度的影响。PageRank 中心度源于 Google 的网络排名指数测算，用于体现网页的相关性和重要性。故而，基于国际分工网络的复杂性考虑，使用 PageRank 算法更能准确地衡量国家在分工网络中的中心度。本书选取 PageRank 算法来测算各国在分工网络中的中心度，以此衡量一国的枢纽地位。

二 枢纽地位指标测算

Google 网络排名遵循马尔可夫链。本章在国际分工网络框架下，对 PageRank 指标进行解释。在国际分工网络中存在 N 个国家，每个国家都处于一种状态 v_i（$i=1,\cdots,N$）。假设在分工网络外存在一个国家，该国处于事前启动状态 v_0，即与任何国家进行贸易往来的概率收敛。与国家 v_i 进行贸易的概率越高，国家 v_i 的中心度越高。国家 v_i 中心度和他国与 v_i 进行贸易的概率之间的比例系数为 $1/\alpha$，α 为阻尼系数，表示在任意时刻，每两个国家间继续维持贸易往来的概率，$1-\alpha$ 表示每两个国家间终止贸易关系，重新寻找贸易伙伴的概率。

在给定状态 v_j 的情况下，进入状态 v_i 的转移概率是 p_{v_j,v_i}，对于 v_j，满足 $\sum_{v_i} p_{v_j,v_i}=1$。

$$p_{v_j,v_i} = \frac{\alpha}{d_{out}(v_j)} \cdot A \qquad (3—2)$$

其中，A 是表示 v_i、v_j 之间贸易关系的矩阵，当两国存在贸易往来时，$A(\cdot)=1$；当两国不存在贸易往来时，$A(\cdot)=0$，则 $p_{v_j,v_i}=0$；$d_{out}(v_j)$ 表示国家 v_j 出口目的国数量。

假定状态 v_i 的定态概率是 π_{v_i}。根据马尔科夫链定理，该概率满足以下线性方程：

$$\pi_{v_i} = \sum_{j=0}^{N} \pi_{v_j} p_{v_j, v_i} \quad i = 0, 1, \cdots, N \quad (3\text{—}3)$$

$$\sum_{i=0}^{N} \pi_{v_i} = 1 \quad (3\text{—}4)$$

当 $i = 0$ 时，

$$\pi_0 = \sum_{j=0}^{N} \pi_{v_j} p_{v_j, 0} = \sum_{j=0}^{N} \pi_{v_j} (1-\alpha) = (1-\alpha) \sum_{j=0}^{N} \pi_{v_j} = (1-\alpha) \quad (3\text{—}5)$$

$$\pi_{v_i} = \pi_0 p_{0, v_i} + \sum_{j=1}^{N} \pi_{v_j} p_{v_j, v_i} = (1-\alpha) \frac{\alpha}{N} + \sum_{j=1}^{N} A_{j,i} \pi_{v_j} \frac{\alpha}{d_{out}(v_j)} \quad (3\text{—}6)$$

式（3—6）两边同时乘以 $\frac{1}{\alpha}$：

$$\frac{1}{\alpha} \cdot \pi_{v_i} = \frac{(1-\alpha)}{N} + \sum_{j=1}^{N} A_{j,i} \left(\frac{1}{\alpha} \cdot \pi v_j \right) \frac{\alpha}{d_{out}(v_j)} \quad (3\text{—}7)$$

令 $C_p(v_i) = \frac{1}{\alpha} \cdot \pi v_i$，得到：

$$C_p(v_i) = \frac{(1-\alpha)}{N} + \sum_{j=1}^{N} A_{j,i} C_p(v_j) \frac{\alpha}{d_{out}(v_j)} \quad i = 1, 2, \cdots, N \quad (3\text{—}8)$$

PageRank 中心度指数的计算公式如下：

$$C_p(v_i) = \alpha \sum_{j=1}^{N} A_{j,i} \frac{C_p(v_j)}{d_{out}(v_j)} + \frac{1-\alpha}{N} \quad (3\text{—}9)$$

其中，$C_p(v_i)$ 表示国家 v_i 的 PageRank 值；$d_{out}(v_j)$ 表示国家 v_j 出口目的国数量；N 表示贸易网络中的国家数量；$A_{j,i}$ 为邻接矩阵（$N \times N$），表示国家间的贸易状态；α 为阻尼系数，本书采用 PageRank 算法中 α 的经验值 0.85。$\sum_{i=1}^{N} C_p(v_i) = 1$，一国的 C_p 值越高，表明该国在全球分工网络中越趋于"中心"位置，枢纽地位也就越高。

三 价值环流的存在性

本章选取 UN Comtrade 数据库中 2000—2019 年同时存在双边贸易的 96 个经济体（包括 34 个发达国家）出口数据作为分析样本，测算了发达国家（发展中国家）内部贸易在发达国家（发展中国家）总贸易额中的占比（如图 3—1 所示）。图 3—1 左侧图显示 2000—2019 年，发达国家中间品的内部贸易占比呈现下降趋势，尤其是 2007 年之后下降趋势更为明显，中间品贸易存在向发展中国家分流的现象；加入中国之后，该下降幅度明显减小，内部贸易占比于 2019 年高达 70%，表明发达国家价值环流确实存在，且中国在发达国家环流中发挥着越来越重要的作用。在样本期间，发展中国家中间品的内部贸易占比呈现上升趋势，加入中国后，发展中国家内部贸易占比得到明显提升，该比重在 2019 年约为 36%，表明发展中国家价值环流越发明显。图 3—1 右侧图显示了基于 96 个经济体总出口数据的分析结果，仍然支持了发达国家价值环流和发展中国家价值环流的存在性。

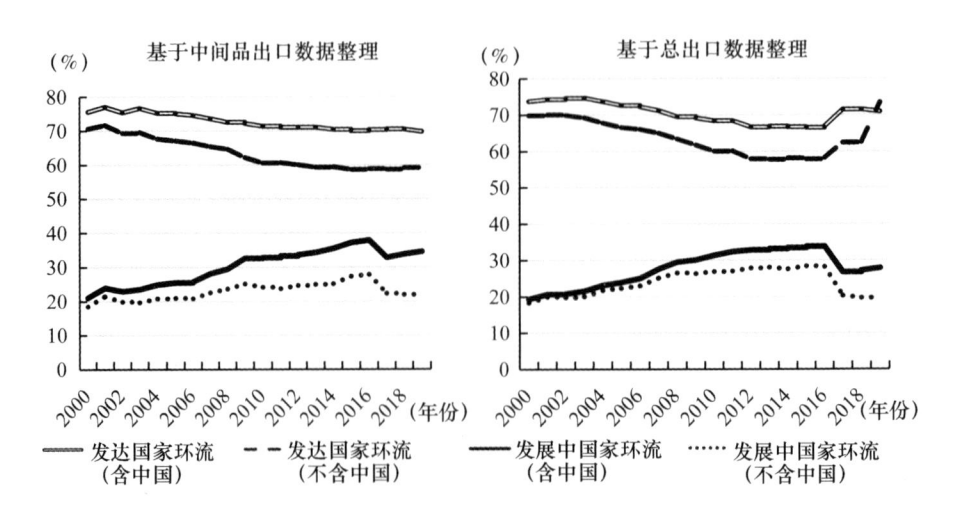

图 3—1 2000—2019 年二元环流内部贸易占比趋势

资料来源：笔者根据 UN Comtrade 数据库的贸易数据进行整理所得。

第四节　枢纽地位的演进

一　基于中间品出口数据的分析

中国是否已经成为连接发达国家价值环流和发展中国家价值环流的重要枢纽国？本章分别基于 2000 年和 2019 年 96 个经济体的双边中间品贸易额测算了发达国家价值环流和发展中国家价值环流中各国的枢纽地位（如图 3—2 所示）。图 3—2（a）左侧显示 2000 年美国在发达国家环流居于"中心"位置，中心度指数为 0.1303，而中国的中心度指数仅为 0.0366，明显属于边缘国家；图 3—2（a）右侧显示 2000 年中国已是发展中国家环流的枢纽国，印度、巴西、土耳其、泰国和俄罗斯等国是第二梯队。图 3—2（b）左侧显示 2019 年中国和德国已跻身发达国家价值环流中高中心度的第一梯队；第二梯队有英国、法国、加拿大、比利时、日本和荷兰等国。图 3—2 的左侧展示了中国嵌入发达国家价值环流的过程，右侧展示了中国引领发展中国家价值环流的演变过程。虽然在样本期间中国在发展中国家环流中始终是第一大中心国，但是通过发展中国家价值环流中其他国家的枢纽地位越发呈现平均化的趋势可以看出，中国对发展中国家价值环流的主导能力得到显著提升。综合来看，中国已成为"共轭环流"的重要枢纽。

为了更直观地比较主要国家间枢纽地位的相对变化，本章选取中国、德国、日本和美国四个重要国家，对比四国在 2000—2019 年枢纽地位的演变（如图 3—3 所示）。由图 3—3 枢纽地位指数及其时序变化显示，在整体上，德国、日本和美国的枢纽地位均呈现下降趋势。图 3—3 左侧图显示，基于中间品出口数据测算的中国的枢纽地位指数于 2001 年超越日本；有学者指出 1995—2011 年日本在亚洲地区价值链的中心度存在明显的下降现象（Criscuolo & Timmis, 2018）。中国的枢纽地位指数于 2009 年进一步超越德国，成为全球

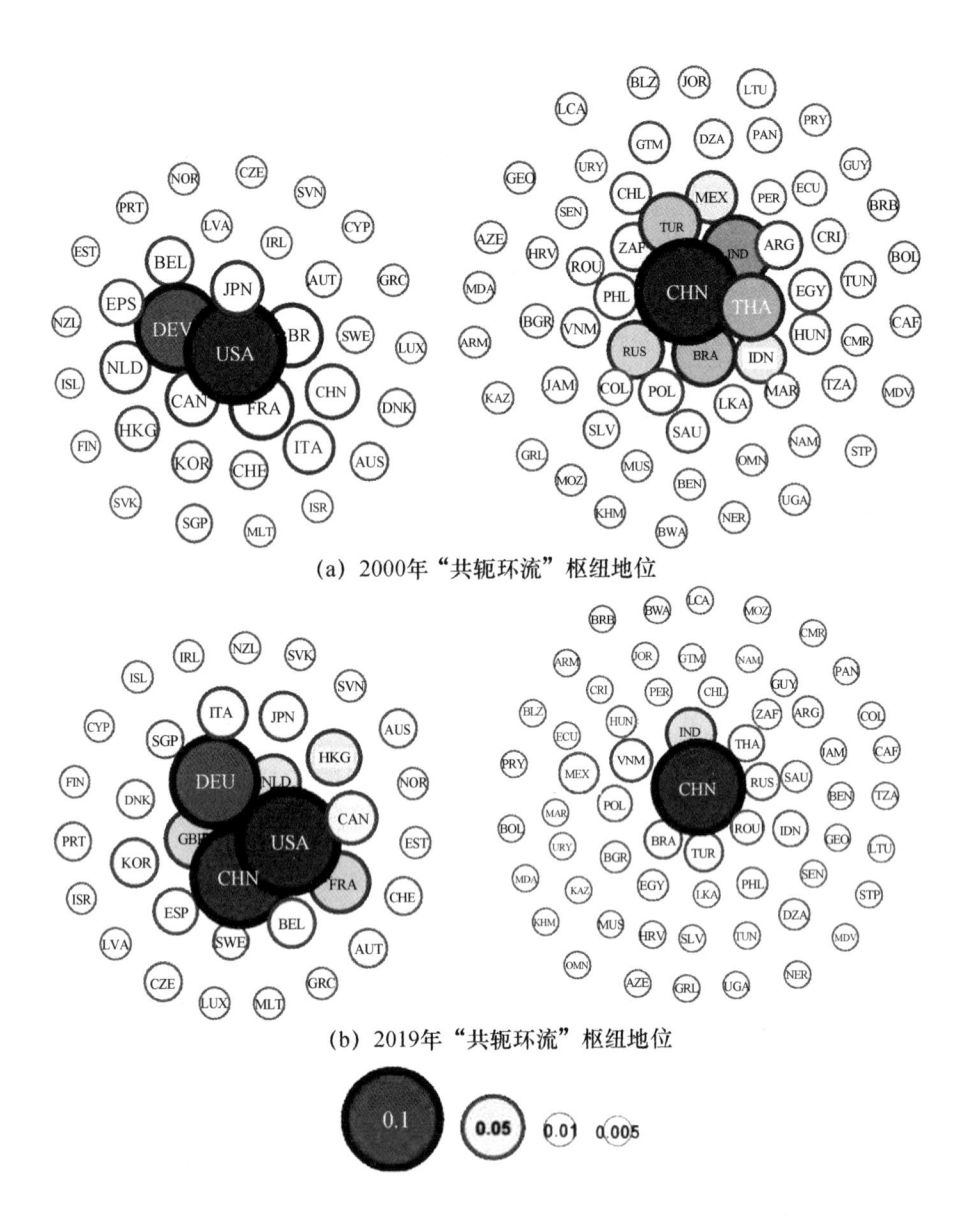

图3—2　"共轭环流"枢纽地位演变（基于中间品出口数据测算）

注：图3—2左侧图"发达国家价值环流枢纽地位"是分别基于2000年和2019年35个国家（34个发达国家和中国）双边中间品贸易数据进行测算的；图3—2右侧图"发展中国家价值环流枢纽地位"是分别基于2000年和2019年62个国家（中国和其他61个发展中国家）双边中间品贸易数据进行测算的。

资料来源：笔者根据UN Comtrade数据库的贸易数据进行整理所得。

分工网络中的第二大中心国。为保证研究的稳健性，本章又基于总出口数据重新测算各国的中心度指数，图3—3报告了四个国家的中心度变化趋势，结果显示，在总出口贸易网络中，中国分别在2003年和2011年超越了日本和德国，这比在中间品贸易网络中滞后了2年。

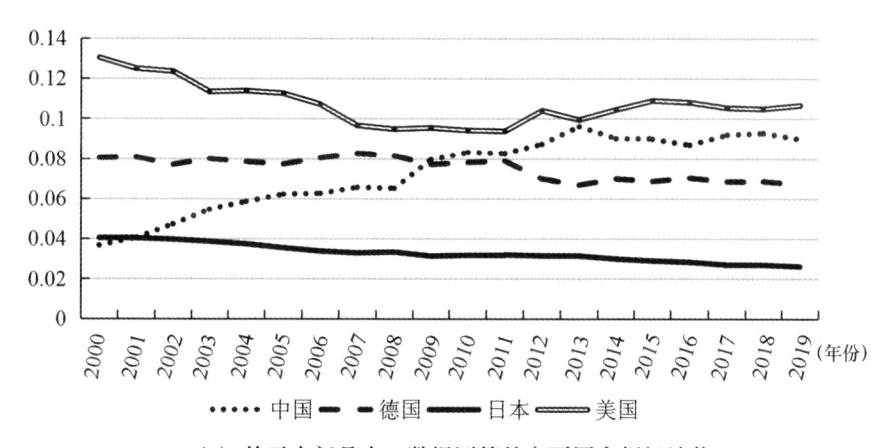

(a) 基于中间品出口数据测算的主要国家枢纽地位

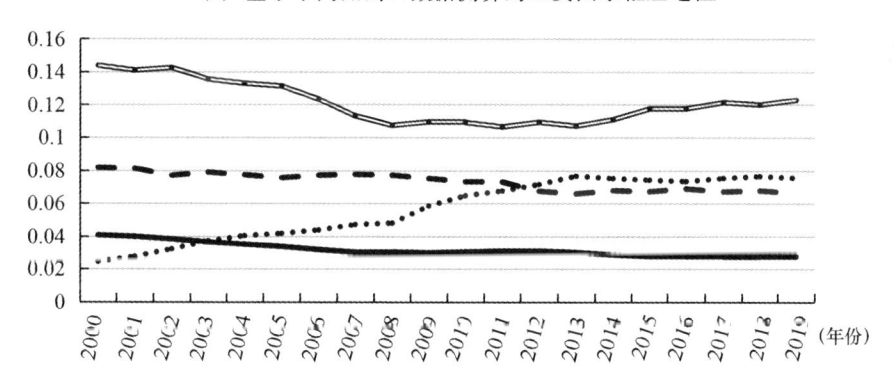

(b) 基于总出口数据测算的主要国家枢纽地位

图3—3　2000—2019年主要国家枢纽地位趋势

注：国家枢纽地位是基于2000—2019年同时存在双边贸易的96个经济体（包括34个发达国家）出口数据测算的。

资料来源：笔者根据UN Comtrade数据库的贸易数据进行整理所得。

上文阐明了在全球价值链分工网络中，存在发达国家价值环流和发展中国家价值环流，且中国在两个价值环流中逐渐居于枢纽地位。本章将以中国为枢纽的发达国家价值环流和发展中国家价值环流，称为"共轭环流"。

二 基于总出口和总进口数据的分析

为更加全面的检验中国是否已成为枢纽国，本章使用总出口和总进口数据再次对"共轭环流"中各国的枢纽地位进行了测算与分析。选取 UN Comtrade 数据库中 2000—2019 年同时存在贸易往来的 96 个经济体的双边总出口数据和总进口数据作为样本，构建有向加权贸易网络，基于出口和进口两个角度分别测算出每年各国在分工网络中的枢纽地位。基于总出口和总进口角度描述的各国在"共轭环流"中的枢纽地位演变（2000 年和 2019 年），请分别参见图 3—4 和图 3—5。无论从总进口还是总出口的分析结果来看，在发达国家环流中（图 3—4 和图 3—5 的左侧图），中国都从 2000 年相对边缘化国家跻身成为 2019 年的第一梯队的中心大国；在发展中国家环流中（图 3—4 和图 3—5 的右侧图），其他发展中国家枢纽地位越发平均化的趋势印证了中国对该价值环流引领能力的提升。可见，以上结论与上文中使用中间品出口数据得到的分析结果均能表明中国已经成为"共轭环流"的重要枢纽国。

此外，本章基于不同产品技术含量将总出口产品贸易网络划分为高技术贸易网络和中低级技术贸易网络，并分别测算各国的枢纽地位。在高技术贸易网络中，1991 年，美国为全球第一中心大国，中心度指数为 0.1008；其次是德国、法国、英国、新加坡，其中心度指数分别为 0.042、0.0401、0.0396、0.0319；中国仅仅位于全球第 21 位；到 2019 年，中国已跃居全球第二大中心国，美国的中心度仍居世界第一位。在中低级技术贸易网络中，1991 年，全球前五大中心国家为美国（0.1050）、日本（0.0500）、德国（0.0411）、加拿大（0.0374）、英国（0.0343），中国的枢纽地位居全球第 16

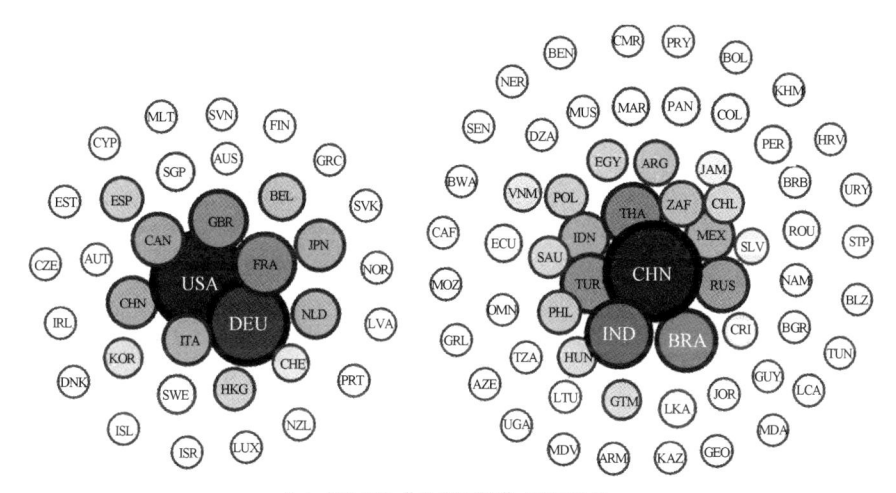

(a) 2000年"共轭环流"枢纽地位

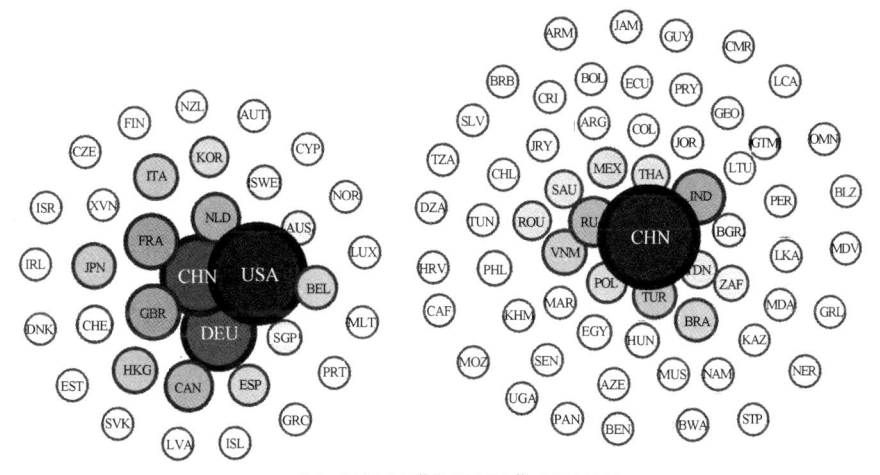

(b) 2019年"共轭环流"枢纽地位

图3—4 "共轭环流"枢纽地位演变（基于总出口数据测算）

注：图3—4左侧图"发达国家价值环流枢纽地位"是分别基于2000年和2019年35个国家（34个发达国家和中国）双边出口数据进行测算的；图3—4右侧图"发展中国家价值环流枢纽地位"是分别基于2000年和2019年62个国家（中国和其他61个发展中国家）双边出口数据进行测算的。

资料来源：笔者根据UN Comtrade数据库的贸易数据进行整理所得。

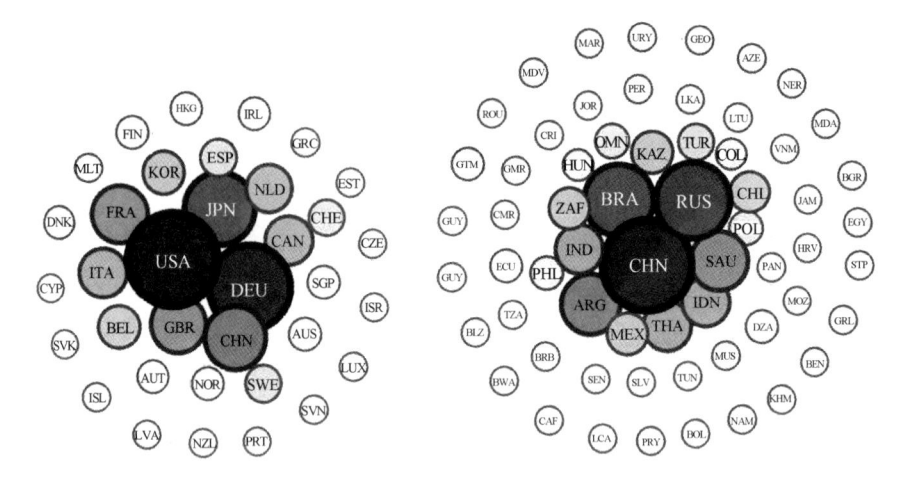

56 "共轭环流"：中国的角色演变与升级路径

(a) 2000年"共轭环流"枢纽地位

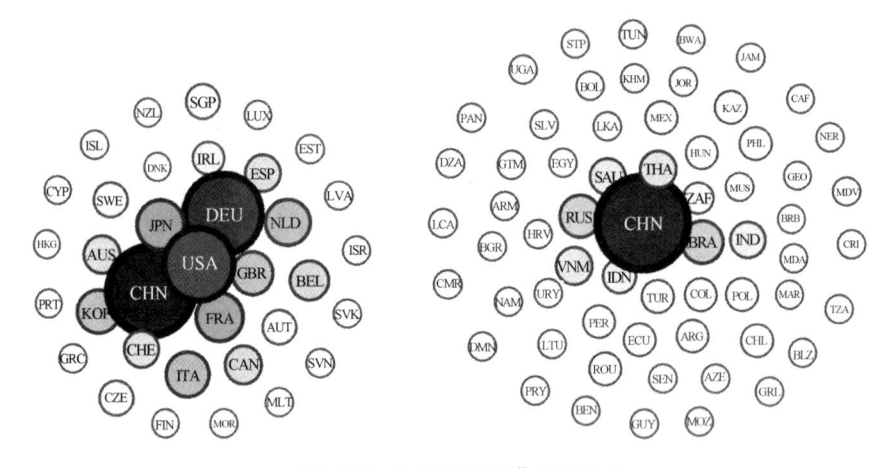

(b) 2019年"共轭环流"枢纽地位

图3—5　"共轭环流"枢纽地位演变（基于总进口数据测算）

注：图3—5左侧图"发达国家价值环流枢纽地位"是分别基于2000年和2019年35个国家（34个发达国家和中国）双边进口数据进行测算的；图3—5右侧图"发展中国家价值环流枢纽地位"是分别基于2000年和2019年62个国家（中国和其他61个发展中国家）双边进口数据进行测算的。

资料来源：笔者根据UN Comtrade数据库的贸易数据进行整理所得。

位；2019 年，中国已跃居全球第二大中心国。可见，即使在不同产品技术含量的贸易网络中，中国均已成为重要的枢纽国。

第五节　本章小结

以马克思主义分工理论为指导，探讨价值环流内涵及国际分工网络形成的理论机理。基于理论探析，根据国家间产品生产分工以及随之产生的贸易流构建成一个有向加权贸易网络，并运用社会网络分析方法全面捕捉国际分工及贸易分布特征。引入 PageRank 算法对国际分工网络中的国家中心度进行测算，并将其作为枢纽地位的代理指标，通过对国家枢纽地位的相对演变分析，试图刻画出中国参与国际分工的基本框架。研究表明：第一，改革开放以来，中国已经由最初的国际分工网络中的边缘国家，逐步成长为重要的枢纽国；第二，国际分工网络可以分为发达国家价值环流和发展中国家价值环流两部分，且中国在这两大价值环流中均日益处于枢纽地位，形成"共轭环流"式的分工格局，表明"共轭环流"式分工格局已构成中国参与全球价值链的基本框架。

"共轭环流"是从中国的角度定义中国所参与的国际分工格局。中国已经由最初的国际分工网络中的边缘国家，逐步成长为重要的枢纽国，即"轭"。而中国的国际分工参与也逐渐呈现一种双重价值链格局，即同时参与发达国家价值链和发展中国家价值链；一方面，中国通过与发达国家的价值链合作提升技术水平，逐步提升枢纽地位；另一方面，中国也不断地与其他发展中国家进行产能和贸易合作，逐步显现出对发展中国家价值链的引领作用。由于中国在发达国家价值链和发展中国家价值链中所起到的作用存在很大差异，所以本书将中国所参与的国际分工网络划分为两部分：一个是中国与发达国家所形成的价值环流，另一个是中国与其他发展中国家所形成的价值环流。"环流"体现了分工的动态化，即分工的转移、技术的支持以及零部件、组装品或最终品的流入和流出;"共"字体现了以中国为重要枢纽国的发达国家价值环流和发展中国家价值环流的互动性,即中国嵌入发达国家价值链,通过吸收、内化高端技术和自我创新,依托自中华人民共和国成立以来形成的庞大的制造体系,造就"大国重器",为中国加强与其他发展中国家的国际产能合作提供强大支撑。本章关于"共轭环流"式国际分工格局存在性的验证,为本书后续关于国际分工格局的形成、国际分工网络枢纽地位决定机制、分工地位提升机制等问题提供了一个基本的分析框架。

第 四 章

"共轭环流"式国际分工格局的形成：中国开放型经济的发展脉络及角色演进

第三章论证了"共轭环流"式国际分工格局的存在性，本章以第三章的研究结果为基础，结合马克思主义分工理论和结构洞理论，沿循改革开放以来中国开放型经济发展脉络及角色演进的主线，探讨"共轭环流"式国际分工格局形成的理论机制及现实基础。本章研究基于马克思主义分工理论分析中国嵌入全球价值链带来的生产力效应，进而基于结构洞理论分析"共轭环流"式国际分工格局形成的理论机制。基于理论机制，本章回顾了改革开放以来中国开放型经济发展的历史脉络，从开放政策、制度环境、人口红利、技术支持和母国市场等角度分析中国开放型经济发展的内部动力，探究"共轭环流"式国际分工格局形成的现实基础；而后，分析中国融入世界经济体系的路程和取得的伟大历史成就，勾画出中国由"贸易小国"到"贸易大国"的演进过程，并结合中国开放型经济发展的"共轭环流论"，提出中国开放型经济由大到强的发展思路。当前，中国已逐步成为国际分工中的重要"枢纽国"、贸易流控制力的"居重国"，已从最初注重出口和引资的"单向开放"转变为注重平衡发展的"双向开放"。但是，中国依然缺乏引领全球价值链和国际分工的能力，究其原因主要源于制造业普遍存在的"大而不强"的现状和关键核心技术依然受制于人的困局。面对能力缺口和日益复杂的国际环境，我们应坚持以更高水平的开放来解决开放中遇到的问题，抓改革、补短板、通市场，逐步提升中国在全球价值链中的地位，实现贸易强国战略。

第一节　引言

由于各国经济发展阶段和要素禀赋的差异，全球价值链的发展和拓展通常存在一个传导过程。20世纪60年代，来自发达国家的劳动密集型加工环节开始流入亚洲地区，中国香港、中国台湾、新加坡、韩国通过承接劳动密集型转移工序参与经济全球化，成功实现了开放式工业化道路，被称为"亚洲四小龙"。20世纪80年代，发达国家主导的全球价值链逐步发展，但"亚洲四小龙"生产成本已高居不下，因此迫切需要一个新的市场承接劳动密集型产业。当时的党和国家领导人审时度势，顺应时代潮流做出了改革开放这一改变中国人命运的重大战略性举措。中国的对外开放在时间点上正好契合了以全球价值链的发展为主要推动力的第三次全球化浪潮。以渐进式为主要特点的对外开放和以市场化为主要特征的国内改革相辅相成，使得中国逐步融入全球经贸体系。

为更深入地参与国际分工并融入全球价值链，中国主动调整政策以适应变化，经历了由初步承认物质利益原则到确立社会主义市场经济体制目标再到全面深化市场体制改革的历程，从计划经济体制到计划经济体制主导下发挥市场调节作用再到市场主导经济、服务型政府的改革路径，从政策性开放到制度性开放的转变。这些转变浓缩了中国改革开放四十多年的历程。四十多年来，中国实现了由"封闭型"经济向"开放型"经济的完美转身，对国际分工参与的深化从广度和深度上均得到了极大拓展，中国的对外经贸发展取得了巨大历史性成就，在国际分工体系中发挥着愈发重要的作用。四十多年来，我们实现了从国际分工"边缘国"向重要"枢纽国"的转变，资源集聚和获取能力大幅度增强；四十多年来，我们由国际分工"居轻国"转变为"居重国"，对国际贸易和资源流动的影响力和控制力日益加强；四十多年来，我们实现了从"单向开放"到"双向开放"的转变，中国更加积极主动地参与全球价值链。但是，亮丽成绩的背后不可避免地隐藏着一些问题，中美经贸摩擦凸显了中国对全球价值链控制力依然不足、关键核心技术依然受制于人等严重短板。面对日益复杂的国际形势，梳理中国开放型经济的发展脉络、总结经验，立足国情实际和国际变局，厘清实现两个百年中国梦的征程中开放型经济发展思路和贸易强国的实现路径，具有重要的理论和现实意义。

本章的结构如下：第二部分探究"共轭环流"式分工格局形成的内在理论机理。第三部分回顾中国开放型经济的发展脉络；第四部分从开放政策、制度环境、人口红利、技术支持和母国市场等角度分析中国开放型经济发展的内在动力；第五部分通过指标测算和统计分析，研究中国在全球价值链中角色的转变，展现对外开放的主要成就，同时分析中国开放型经济发展中依然存在的主要问题；第六部分为本章小结。

第二节 "共轭环流"式分工格局形成的理论探析

基于马克思主义分工理论和结构洞理论探究"共轭环流"式国际分工格局形成的理论机制。基于马克思主义分工理论，侧重于从分工生产力效应分析嵌入国际分工赋能中国开放型经济发展的内在机理；基于结构洞理论，侧重于从分工网络的角度结合中国嵌入全球价值链的动态实际分析"共轭环流"式国际分工格局形成的理论机制。

一 基于马克思主义分工理论的分析

马克思提出的分工理论从生产力和生产关系分析具有二重属性，马克思从分工所产生的生产力效应角度充分肯定了协作和分工的积极作用。"协作提高了个人生产力，而且是创造了一种生产力，这种生产力本身必然是集体力"[1]，"劳动者在有计划地同别人共同工作中，摆脱了他的个人局限，并发挥出他的种属能力"[2]。"如果劳动过程是复杂的，只要有大量的人共同劳动，就可以把不同的操作分给不同的人，因而可以同时进行这些操作，这样，就可以缩短制造总产品所必要的劳动时间"[3]，分工合作可以生产更多的使用价值，减少生产一定效用所必要的劳动时间，表现为社会劳动的生产力或者劳动的社会生产力。这种生产力是由分工本身所产生的，因为分工协作可以"提高劳动的机械力"、扩大劳动"在空间上的作用范围""许多人的同种作业具有连续性和多面性""同时进行不同的操作""共同使用生产资料而达到节约""使个人劳动具有社会平均劳动的性质"，[4]而劳动生产力的提升是加快资本积累的重要途径。[5] 改革开放初期，中国凭借充裕的劳动力要素嵌入发达国家主导的全球价值链，参与国际分工体系中，承担较低附加值工序的生产工作，由分工所产生的生产力效应赋能中国开放型经济的快速发展。

参与国际分工是进行国际交换和国际贸易的基础。在嵌入国际分工体系的同时，中国不断推进贸易和投资政策改革，实施开放性贸易政策，从而在世界市场参与生产活动和交易。马克思指出："投

---

[1] 《资本论》（第1卷），人民出版社 2018 年版，第 378 页。
[2] 《资本论》（第1卷），人民出版社 2018 年版，第 382 页。
[3] 《资本论》（第1卷），人民出版社 2018 年版，第 380 页。
[4] 《资本论》（第1卷），人民出版社 2018 年版，第 382 页。
[5] 《资本论》（第1卷），人民出版社 2018 年版，第 697 页。

在对外贸易上的资本能够提供较高的利润率。"[1] 在世界市场上,企业可以获得价格低廉、效率较高的生产资料,这有利于企业提升利润率,提高国际竞争力,加快资本积累。积累的资本为中国进行自主创新、引进国外先进技术和设备提供了必要支撑,也进一步助力了中国开放型经济的发展。

二 基于结构洞理论分析

Burt(1992)提出了结构洞的概念,在社会关系网络中,如果两个主体间不存在直接联系,他们的联系需要通过第三方建立,则这两个主体之间存在结构洞;而第三方是作为"中间人"的身份占据结构洞。位于结构洞两端的个体对资源和信息的掌握存在异质性,占据结构洞的"中间人"可以获得来自双方的多样性资源和信息,同时通过对资源的控制,提升对结构洞两端个体的控制力和影响力,故而占据结构洞的主体拥有信息优势和控制优势(张红娟和谭劲松,2014)。

在现有文献中,结构洞理论多用于解释经济或社会参与体在其合作或联盟网络中的位置对参与体的经营或投资活动的影响。万良勇和郑小玲(2014)基于信息效应机制,分析得出企业在董事网络中占据结构洞位置有利于促进企业并购。陈运森(2015)的研究表明,基于企业占据结构洞所获得的控制优势和信息优势,占据的结构洞越多,企业的经营活动效率和投资活动效率越高。尹筑嘉等(2018)在研究董事网络影响融资约束的机制时指出,在董事网络中占据越多的结构洞位置,可获得信息效应,减少内外部信息的不对称,从而可以帮助企业缓解融资约束。Yin 和 Phillip(2016)认为企业占据结构洞有利于促进其创新活动,但该影响受到公司内部知识积累和知识消化能力的影响。刘善仕等(2017)通过对人力资本社会网络与企业创新的研究表明,在人力资本社会网络中,企业占据

---

[1] 《马克思恩格斯全集》(第25卷),人民出版社1974年版,第264—265页。

的结构洞数目对其创新绩效有正向作用。

　　对结构洞的分析同样适用于对国际分工网络结构变迁的解释。在中国"入世"之前，美国在亚太地区居于经济中心位置，以德国为生产中心的欧盟与亚洲地区的贸易关联存在明显结构洞，中国参与的国际分工网络密度较低。《2017年全球价值链发展报告》指出，2000年欧洲地区与中国的价值链关联极其微弱，而美国与中国的价值链关联也主要是通过韩国、日本和中国台湾地区进行实现。可见，在"亚洲四小龙"飞速发展期，中国与欧盟和美国等主要发达国家之间存在贸易往来结构洞。"入世"后，中国一方面继续融入现有的全球价值链，加强与发达国家的分工联系，逐步建立起直接的投资和贸易往来；另一方面通过创建与分工网络边缘化国家（多为发展中国家）的贸易往来，占据结构洞，开发并拓展分工网络。由于发达国家和发展中国家的技术水平、经济结构的不同，导致其在国际分工中的角色和作用存在较大差异，中国通过逐步占据国际分工网络的结构洞，整合和最优化双方异质性资源，结合自身比较优势，在分工网络中逐步发挥重要作用。中国通过利用廉价而丰裕的劳动力优势嵌入发达国家价值链，获得技术溢出效应，通过不断吸收和内化来自发达国家的高端技术，获得克服经济发展的资金和技术瓶颈；同时，中国依托自中华人民共和国成立以来形成的庞大的制造体系造就了"大国重器"，这极大地促进了企业"走出去"以及中国与其他发展中国家国际产能合作的开展，使中国具备了主导发展中国家价值链的能力。

　　占据结构洞可以获得多元而分散的信息和资源，汇聚和获取资源的能力以及多方协同能力较强，有利于提高国家在分工网络中的中心度和重要性（张光曦，2013）。经过四十多年改革开放的努力，得益于全球产品内贸易发展以及中国在开放政策、母国市场、人口红利、制度环境、技术进步、产业链完备性等综合性优势，中国通过不断地建立和深化与他国的经贸关系，占据国际分工网络结构洞，逐步从"边缘国"成长为重要"枢纽国"。同时，占据结构洞有利于提高国家的国际资源流和贸易流控制能力,一国在国际分工网络中的贸易流控制能力不仅受到该国贸易伙伴国数量的影响,还受到该国的贸易伙伴国的枢纽地位缺失程度,即边缘化程度(Neal,2011)的影响。自"入世"之后,中国对国际贸易流的影响力和控制力得到不断的提升,自2009年起,中国成为世界第二大影响力大国(洪俊杰、商辉,2018)。

第三节 中国开放型经济发展脉络

后发经济体要实现阶段性赶超必须依托对外开放。改革开放总设计师邓小平同志曾指出,"要摆脱贫困,在经济政策和对外政策上都要立足于自己的实际,不要给自己设置障碍,不要孤立于世界之外"。[①] 优先发展对外贸易、积累贸易顺差,是中国融入全球贸易体系的最初逻辑。由于当时中国缺乏可借鉴的成功经验和总体发展蓝图,为了更快和更深地参与全球价值链、分享国际分工利益,中国以解决时局紧迫问题和追求直接效果为出发点制定开放政策。实行阶段性和渐进性开放政策,配合经济体制改革,将释放和整合的优质要素投入经济增长和对外开放中,是中国开放型经济的发展脉络。

一 阶段性政策与开放型经济发展

自1978年改革开放以来,中国的对外经贸发展存在明显的阶段性特征,且与中央相继提出的重大改革措施相契合(见图4—1)。1978年中国的进出口贸易总额仅占世界总贸易额的0.78%,出口额在世界排名第34位;国家外汇储备资源告急,1979年外汇储备年余额仅为8.4亿美元。中国明显处于全球经贸体系的边缘,亟须融入

[①] 《邓小平文选》(第三卷),人民出版社1993年版,第202页。

全球价值链，发展开放型经济。

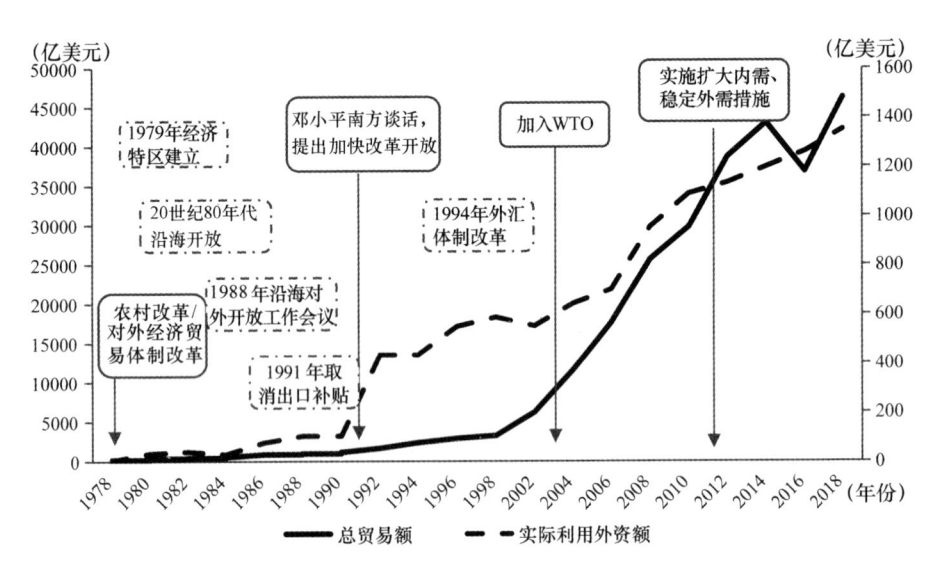

图4—1　中央重大举措与对外经贸发展阶段

资料来源：笔者根据历年《中国统计年鉴》中的数据整理所得。

参与经济全球化离不开要素投入和市场需求，但当时中国的资金、技术和劳动力均存在严重的供给缺口，对海外市场的未知也造成了发展的瓶颈，打破供给和需求瓶颈是中国参与经济全球化的前提条件。改革开放始于农村改革，农村的经济体制改革解决了劳动力的供给问题。在农村实行家庭联产承包责任制，农民可自由支配劳动，解放了大量剩余劳动力。全球价值链的广泛参与既解决了国内廉价且丰裕的劳动力就业问题，也助力企业生产出具有价格竞争力的产品。由此，潜在的资源禀赋转化为中国参与全球化的比较优势，换取了资本，兑现了三十余年的人口红利（蔡昉，2018）。同时，通过对外经济贸易体制改革，对加工贸易和引进外资实行特殊安排和灵活政策，我们成功借助这两种外源性力量解决了资金、技术供给缺口和需求瓶颈的问题。鼓励外资向中国进行产业转移，外资的进入带来了技术和资金，而且中国所承接的劳动密集型产业也成为加工贸易发展的直接动力,"大进大出、两头在外"的国际代工模式解决了生产资料来源和销售渠道两大问题。出口导向的加工贸易模式奠定了中国在国际分工体系中"世界工厂"的地位。

第一阶段:1978—1991 年,建立经济特区,改革旧外贸体制,沿海开放,抓住第三次全球化浪潮机遇。改革开放初期,中国存在严重的资金和技术缺口。中国处于全球经贸体系的边缘,亟须融入全球价值链,发展外向型经济。1979 年,建立经济特区,实行放权和引进外资的外贸体制改革,开启改革开放的征程。中国的改革开放抓住了第三次全球化浪潮(1980 年至今)的巨大机遇。20 世纪80 年代,世界跨国公司大举进军亚洲,全球价值链也随之在亚洲快速发展。中国逐步扩大沿海地区开放程度,促进经济全球化的广泛参与。从农村经济体制改革起步,到利用外商投资和加工贸易两种外源性力量参与全球化,中国在成功解决了资金、技术和劳动力缺口的同时,凭借廉价且丰裕的劳动力,搭上了第三次全球化的快车。

第二阶段:1992—2000 年,深化外贸体制改革,由政策性开放转为制度性开放。改革开放初期,中国对对外贸易经济体制改革的探索多停留在政策层面,而更高层次的发展需要制度性的开放。1992 年是中国改革开放的关键节点,邓小平同志在南方谈话中提出要加快改革开放,而上海浦东新区的建立和社会主义市场经济体制目标的提出是制度性开放的重要标志(石广生,2013)。此举极大鼓舞了外商进行直接投资的信心,引进外资登上新的台阶。1992 年之后的一段时间,外资出现迅速增长态势,进出口贸易额的增长幅度也明显提升。1994 年实行的外汇体制改革是改革开放的又一大里程碑,当年出口额突破千亿美元,在世界贸易中的占比又重新回到了1925 年 2.3% 的历史最高水平。

第三阶段:2001—2007 年,加入世贸组织,释放制度性红利。2001 年中国加入世贸组织,这是中国开放型经济发展的重要里程碑,中国融入世界经济体系的步伐加快。从 1996 年到 2005 年,中国加权平均关税的降幅为 75.4%，远高于中国从主要贸易伙伴，包括澳大利亚、巴西、加拿大、欧盟、日本、韩国和美国等，获得的 50% 的关税减让幅度。"入世"后，中国出口呈现高速增长态势，截至 2011 年，中国 80% 以上的出口量均是"入世"以后实现的。同时，为兑现"入世"承诺，中国不断深化改革，对法律法规中不符合世界贸易组织规则和中国加入世界贸易组织承诺的，坚决予以废止或修订，集中清理了 2300 多部法律法规和部门规章。仅 2001 年，国务院、国家发展计划委员会、外贸部等相关部门废止法律、行政法规、部门规章及规范性文件、司法解释约 993 件，其中外经贸部分三批废止部门规章 356 件，废止内部文件 178 件。同时，逐步健全了贸易促进、贸易救济和保护知识产权等法律法规体系，推动对外经济贸易法制化建设。2001 年全国人大及其常委会、国务院审计、发布和批准的法律行政法规 124 件，其中，市场经济方面法律涉及外商投资、税收征收、信托、反倾销、商标等方面；外经贸部颁布 14 个配套部门规章，涉及进出口许可证、配额、机电产品进出口管理等（张德霖，2002）。"入世"后的高质量、高标准体制框架以及由此引致的制度性红利对中国的贸易发展产生了巨大的促进作用，推动了中国经济与世界经济在更高层次上的融合。

第四阶段：2008—2019 年，果断应对国际金融危机，稳增长、促贸易。2008 年国际金融危机爆发后，中国果断采取措施，尽量将外部冲击对国内经济的影响降到最低，在困境中率先实现经济发展和贸易增长，推动全球经贸格局发生进一步变化。在此期间，中国的外贸和外商投资仅出现短期的略小下滑，2009 年中国吸引外商投资额仅下降 2.56%，远低于全球 39% 的下降幅度；而且 2010 年中国外贸和外商投资就迅速恢复了增长。中国在 2013 年成为世界第一大货物贸易国，标志着我们嵌入发达国家主导的全球价值链这一步走得非常成功，实现了由"贸易小国"向"贸易大国"的转变。

第五阶段：2020 年至今，步入新发展阶段，构建新发展格局。

面对百年未有之大变局,加之新冠肺炎疫情在全球大流行,"东升西降"趋势越发明显,但"西强东弱"的态势依然存在。在复杂的国际国内形势下,党中央适时提出加快构建以国内大循环为主体、国内国际双循环相互促进的新发展格局,这是一个站在全局角度做出的重大战略部署,致力于统筹发展和安全两件大事,实现高水平的自立自强。

二　中国开放型经济发展思路

在对外开放进程中,如何在风险可控的前提下,让更多群体、更多地区受益于经济全球化是摆在我们面前的一道难题。我们的策略是通过对外开放的试点工作、经验总结和推广以及经济体制改革的配合,释放出更多的市场经济活力,将更多优质要素经过有效整合后投入经济发展和对外开放之中。在开放型经济的发展进程中,我们采取了渐进式的对外开放策略,并以开放促改革促发展。

(一)渐进式开放

"内联外引"发展模式的形成。由于缺乏可借鉴的经验,也考虑到管控风险的必要,中国在对外开放中实行试点复制推广的模式。首先在深圳、珠海、厦门、汕头设立经济特区,将其作为开放"窗口",对外经济贸易体制改革从特区起步,在贸易和投资相关制度安排上给予特殊政策和特权,率先打破了计划经济时期的经济管理和外贸管制的体制障碍。深圳经济特区在开放初期提出了"建设资金以吸收和利用外资为主,企业产品以出口外销为主"的发展方针(张思平,2018),切合中国当时的发展实际,为全国其他地区参与国际分工提供了宝贵经验。而经济特区和沿海开放城市的优惠政策在吸引外资的同时也吸引了大批内地企业前来投资办厂,在全国形成了"内联外引"的发展模式。经济特区在引进外资、加工贸易国际代工模式方面为全国其他地区参与国际分工、助力国内生产能力提升提供了宝贵经验。经济特区的发展得到了党中央的充分肯定,中国基于经济特区的成功经验相继开放上海浦东、沿海沿江沿边城市，对外开放成功地找到了突破口，逐渐形成由点到线及面的开放格局，自此中国开始全面融入世界经济体系。

开放步伐在空间上的推广。我们以外商直接投资的地理布局演变来展示中国开放步伐在空间上的推广。深圳、厦门等经济特区的建立使得广东、福建等沿海地区率先具备了产业承接条件，改革开放初期，引入的外资主要集中于广东和福建两省。1985年，广东省引进外资额占全国的46.2%，福建省占10.7%。随着沿海城市的开放发展，经济特区的成功发展经验也在不断地被复制推广，而外商投资的空间分布也开始向北和向东进行分散和蔓延，1991年广东省的引资占比下降为38.8%，辽宁省以9.68%的占比位居第二位，福建省、山东省和上海市分别以8.56%、5.60%和4.96%的占比紧随其后，参与国际分工的地区范围在不断地扩大。2000年外商投资在东部地区的分布更加均匀，广东省和江苏省引资占比分别为28%和15.9%，福建、上海、山东等地占比均分布在8%左右。"入世"后，随着中西部地区的开放发展以及中央实行西部大开发和东北振兴等战略，外商投资逐步向西部地区和东北部地区拓展，更多地区从国际分工中获益。

（二）市场化改革

渐进式开放策略配合经济体制改革，可以释放出更多的市场经济活力，将更多优质要素经过有效整合后投入经济发展和对外开放之中。劳动者和企业是经济全球化的参与主体，只有提高改革开放带来的收益，才能调动他们的积极性，激活开放型经济发展的动力。改革开放四十多年来，中国经历了从计划经济体制到计划经济体制主导下发挥市场调节作用再到市场主导经济、服务型政府的改革路径。这一过程是逐步明晰产权和进行市场化改革的过程，其实质在于政府和市场的边界调整。在中国开放型经济的发展过程中，政府逐步让位于市场，由"介入"变为"有限介入"，市场在资源配置中逐步发挥决定性作用。对外经济贸易体制改革最初的目标和方向是削弱与经济全球化参与存在不可协调矛盾的旧体制障碍，增加市场调节，促进公平竞争（石广生，2013）。市场化改革从企业与政府的关系入手，20世纪80—90年代，政府开始实行政企分开、逐步放权政策，建立自负盈亏的外贸经营新体制，解决了市场参与主体的激励问题。1993年后，外资企业开始建立并推广现代企业制度，实行股份制试点；鼓励非国有制经济发展，经济体制由单一的公有制经济转变为公有制经济为主私有制经济并存，通过引入竞争机制促进国有企业提升效率，提高生产经营的积极性和创造性（蔡昉，2018）。

2013年中国在上海等自由贸易试验区先行先试准入前国民待遇加负面清单的外资管理模式，并坚持逐年更新缩短负面清单，从2013年的190项特别措施减少到2018年的45项；2018年"全国版"的负面清单也由2017年的63项措施减少到48项，扩大开放领域覆盖农业、制造、能源、基础设施、金融等。负面清单外资管理模式在全国的普遍推广，表明政府治理理念的转变，逐渐将外资进入的权利交予市场。实践表明，市场在资源配置中发挥决定性作用、政府更好发挥作用是中国特色社会主义的重要内容。

中国改革开放的方式虽然是渐进的，但步伐是坚定的。自1978年以来，为融入全球贸易体系，中国对原有的经济发展模式进行了改革，释放了市场活力，为对外开放提供了各项必备的支持。另一方面，开放促改革促发展，通过开放试点"窗口"探索参与经济全球化，明晰外商需求和促进国际代工发展方式，而后通过改革国内制度和经济体制对开放需求加以追认。中国"入世"更是开放促改革的有利论据，为了履行"入世"承诺和义务，我们在加"入世"贸组织后对所有相关国内法律进行了梳理、修改和完善，使国内法与国际法保持一致，极大地促进了国内体制机制改革。改革与开放在方向上的一致性释放了大量的制度红利和要素红利，造就了中国开放型经济发展的奇迹。

以开放促改革促发展。在经济体制改革的过程中，旧外贸体制的三大支柱（高度集中的财务体制、外贸计划、外贸垄断）逐步被打破。改革开放初期，实行政企分开、逐步放权政策，并建立自负盈亏的外贸经营新体制；20世纪90年代现代企业制度逐步推广，这意味着旧体制的第一大支柱高度集中的财务体制退出历史舞台；1992年，邓小平南方谈话意味着第二大支柱外贸计划的退出；2004年，外贸经营审批制度的废除意味着最后一个支柱外贸垄断被彻底打破，民营企业获得成长空间，促进和鼓励了非国有制经济的快速发展。经济体制的改革提高了开放所带来的收益，调动了劳动者和企业参与经济全球化的积极性，激活了开放型经济发展的按钮。以上这些实践体现了中国政府治理理念的转变。市场在资源配置中发挥决定性作用、政府更好发挥作用是中国特色社会主义的重要内容。

随着中国对外开放事业的进一步发展，现阶段全球呈现"共轭环流"式分工格局。一方面，中国继续嵌入发达国家主导的价值链；另一方面，中国开始以国际产能合作、国际工程承包等方式引领发展中国家价值链。中国在国际分工网络中越发居于枢纽地位，从总量上看，我们在发达国家价值环流和发展中国家价值链环流中均处于枢纽地位，而且逐步显现出对发展中国家价值环流的引领作用。在发达国家价值链中，中国多从事中低端附加值环节。由于缺乏对价值链的控制力和话语权，加之体量巨大，我们难以在发达国家价值链中直接实现高端攀升；而引领发展中国家价值链，通过两大环流的良性互动，有助于进一步释放经济潜能，提升我们在全球价值链中的地位。因此，现阶段我们既要继续积极参与发达国家主导的全球价值链，也要做好加强引领发展中国家价值链的工作。力争在2035年中国基本实现社会主义现代化强国时，发展成为引领全球价值链的国家之一；在2050年中国实现两个百年中国梦之时，成为全球价值链的主要引领国家，实现贸易强国目标。

第四节　中国开放型经济发展的内在动力

刘伟和郭濂（2016）提出用"位势论"分析国际分工中价值环流的形成，他指出在国际分工中各国的位势不同，对资源的吸引力亦不同，高位势国家对资源更强的吸引力引致资源从低位势国家向高位势国家流动，高位势国家通过吸收、内化和整合资源，提升国家竞争力，从而向更高位势移动；而低位势国家凭借低廉要素资源与高位势国家合作，也提升了其分工地位。本节将从开放政策、制度环境、人口红利、技术支持和母国市场等角度分析资源如何实现跨国流动，进而诠释中国开放型经济发展的内在动力，探究"共轭环流"式国际分工格局形成的现实基础。

一　开放政策

自改革开放以来，中国成功实施的一系列对外开放政策是其嵌入发达国家价值链并迅速发展的重要因素。当时，国内资金和技术存在"双缺口"，加之多数国内企业对国际市场供给和需求状况尚未熟悉，同时，发达国家生产成本上升，亟须向外进行劳动密集型产业转移，这使得借助加工贸易和引进外资等外源性动力成为促进中国突破"内向型"经济、嵌入全球价值链的必然选择。中国实行"以进养出"发展模式，利用外国资源，将国内丰富廉价的劳动力凝结为具有竞争力的制造产品，以达到出口创汇和提高国内生产能力的目的。中国通过鼓励加工贸易、引进外资等积极融入发达国家主导的全球经贸体系并进行相应的经济体制改革，取得了巨大的成效。

中国以出口导向的加工贸易模式奠定了"世界工厂"的地位（杨高举和黄先海，2013）。20 世纪 70 年代末至 80 年代，加工贸易经历了"三来一补"的初级发展阶段，国务院相继颁布的《开展对外加工装配业务实行办法》《发展对外加工装配和中小型补偿贸易办法》《以进养出试行办法》《关于〈广东、福建两省会议纪要〉的批示》，打破了计划经济时期的经济管理和外贸管制的体制障碍，使广东、福建和上海等沿海地区率先具备了产业承接条件，其承接的劳动密集型产业是加工贸易的直接发展动力，"三来一补"的引入为吸引外商投资的顺利起步创造了条件；20 世纪 80 年代末，国务院出台一系列鼓励"大进大出、两头在外"的改革和措施，进一步放宽对加工贸易范围和监管的限制，逐步形成包含来料加工装配和进料加工的"大加工贸易"概念及独特的加工贸易理论和政策操作体系，推动了外向型经济大发展（邓娜和侯少夫，2012）；20 世纪 90 年代以来，国务院加大对加工贸易的监管力度，出台了《国务院关于进一步深化对外贸易体制改革的决定》，这一时期中国成功抓住第二次国际产业转移机会，加工贸易呈现劳动密集型产业和资本密集型产业并重发展态势，中国企业从起初简单的"来料加工"逐步发展成能够生产部分中间品，同时关键零部件国产化程度也不断提升（王孝松，2014）。"入世"后，政府出台一系列政策以引导加工贸易进行转型升级，推动制造业向中高端渗透。例如，党的十六届三中全会通过的《中共中央关于完善社会主义市场经济体制若干问题的决定》指出，"继续发展加工贸易，着力吸引跨国公司把更高技术水平、更大增值含量的加工制造环节和研发机构转移到中国，引导加工贸易转型升级"。

外资优惠政策吸引了大量跨国企业入驻中国，使得中国参与国际分工形式呈现多样化。20 世纪 80 年代至 90 年代初期，《国务院关于鼓励外商投资的规定》《中华人民共和国外资企业法》等相关法律法规的相继出台为引进外资奠定了制度保障，吸引大量外资进入中国；从 90 年代初开始，外商投资方式呈现多样化、产业结构逐渐改善，信息技术、生物制药等资金技术密集型项目大幅度增加；"入世"后，政府相继发布《外商投资产业指导目录》，不断放宽行业准入标准。2013 年以来，中国在上海等自由贸易试验区先行先试准入前国民待遇加负面清单的外资管理模式，进一步放开市场准入并探索相应的政府职能转变，取得了积极成效。这一新的外资管理模式于2018年在全国推广。

二 制度环境

各国制造业相对成本的动态变化，直接影响国际分工布局。传统上，中国的资源结构特征表现为资本匮乏、劳动力和资源相对丰富，具有比较优势的产业和技术结构以劳动力和资源相对密集使用为特征（林毅夫和孙希芳，2003）。改革开放以来，中国遵循按照比较优势发展经济原则，依托廉价劳动力、资源和环境成本承接发达国家低附加值生产环节的转移。但随着"刘易斯转折点"的到来，人口红利的消失，中国制造业劳动力成本优势将逐步消失（汪进和钟笑寒，2011）；粗放型发展模式下产生的高耗能和高污染现象也使资源和环境成本优势逐渐消失殆尽（蔡昉，2007）。与亚非拉等发展中国家相比，中国已不具备劳动力、资源和能源等直接成本优势；但是，除直接成本外，制度成本等隐性成本也是影响一国价值链参与的重要因素，隐性成本的优势可能抵消直接成本上升带来的影响（徐明君和黎峰，2015）。

现有文献有关制度环境影响国际分工的研究对上述观点提供了支持。Levchenko（2007）的研究表明知识产权保护、契约执行质量和投资者法律保护程度等制度环境影响一国比较优势和国际分工；宗芳宇等（2012）和李新春等（2017）均提出当母国制度环境对企业发展存在较大限制时，企业容易产生逃逸性投资，以规避母国制度和市场风险。戴翔和郑岚（2015）对中国的研究表明制度质量的完善程度对其全球价值链攀升具有显著正向影响。《2018年全球竞争力报告》指出，稳定、有效的国家制度对一国经济发展效率至关重要，对国家竞争力产生直接影响。本章采用Political Risk Services（PRS）集团出版的《国家风险指南》（*International Country Risk Guide, ICRG*）中的贪污腐败控制指数、法律秩序指数和社会经济治理指数的均值作为制度环境的衡量指标。如图4—2所示，中国的制度环境指标虽有所波动,但制度质量仍明显高于其他发展中国家,相较于其他发展中国家而言,跨国公司到中国进行投资的风险明显较小。图4—2也显示出中国的制度环境还有较大的改善空间。

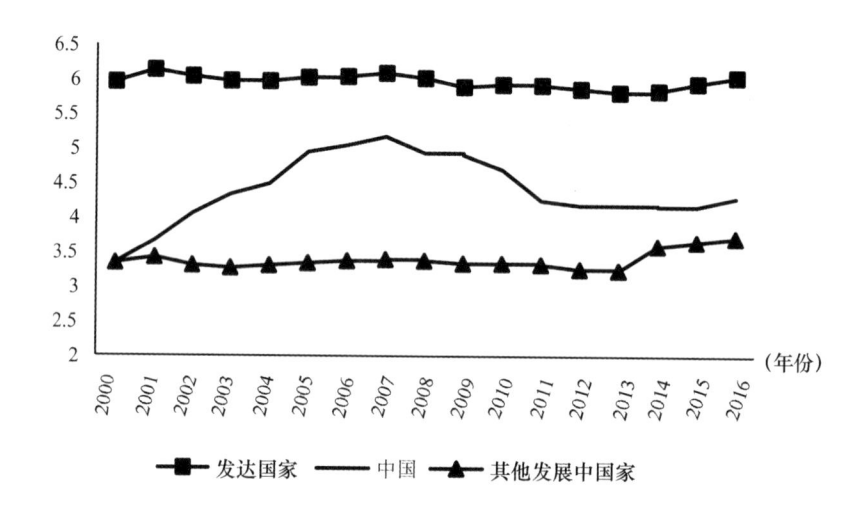

图4—2 制度环境指数对比

资料来源:笔者根据PRS集团出版的国家风险指南数据整理。

三 人口红利

有学者将人口红利描述为:在一定的政策作用下,一国在经济转型期的劳动年龄人口占比提升对经济增长的促进作用(Williamson,1998)。人口结构对经济增长的作用主要表现在两个方面:第一,有利的人口结构保障了新劳动力的不断涌入,无限的劳动力供给可以抵消资本边际报酬递减效应。后发国家在赶超过程中,主要通过新劳动力的不断增加改善国家整体的人力资本,从而促进经济发展。第二,有利的人口结构通过劳动力从低的生产率部门(农业)向高的生产率部门(非农业)的转移获得资源优化配置效率,从而提升生产率,促进经济增长,这是亚洲经济体结构变化的一个典型特征，有利的人口结构发挥积极作用，体现人口红利，是"东亚模式"下各经济体实现成功赶超的关键因素（蔡昉，2016）。

蔡昉（2017，2018）指出一国拥有有利的人口结构并不一定能够实现人口红利。通过透析改革开放以来中国二元经济的发展机理，分析了将人口结构转换为"人口红利"的路径。他指出，传统体制形成之初，中国农村存在大量剩余劳动力，形成了二元结构社会和资源配置格局。但是，传统计划经济体制禁锢了劳动力的产业转移和地区转移，长期的无效激励机制阻碍了二元经济发展。1978年中国改革开放的实施，农村实行的家庭联产承包责任制，废除了束缚劳动力的旧体制，释放了农村大量剩余劳动力。Taylor（1993）的研究显示，20世纪80年代中期，中国农村剩余劳动力高达1亿—1.5亿人，其占农村总劳动力比重为30%—40%。在开放经济特区和沿海城市的背景下，1992年后沿海地区劳动力密集型企业逐步兴起，基于市场配置作用，劳动力向东部沿海地区和第二产业发生大规模转移，形成最初的"民工潮"。廉价且丰裕的劳动力供给为中国参与经济全球化提供了必要的优势要素投入，解放农村劳动力的改革措施与当时国内参与经济全球化对劳动力的需求相契合，中国经济增长和全球价值链的参与享受了30余年的人口红利。中国的人口结构在2012年之前都保持了快速上升（陶新宇等，2017）。Wang & Andrew（2008）以人口抚养比作为人口红利的代理指标，研究发现，1982—2000年人口红利对中国经济增长的贡献为15%。黄宗晔和游宇（2018）在分析农业技术发展与经济结构变迁关系时指出，传统农业所释放出来的剩余劳动力，如需进入现代化产业需要资本的积累，从而增加了对资本品的需求，促进工业部门扩张，引发工业化过程。李建伟（2018）指出，改革开放初期，作为典型的城乡二元经济结构，中国经济持续高速增长是充分发挥劳动力等资源丰富要素的比较优势的过程，1978—1989年中国经济增长的驱动要素以劳动力要素投入为主，1990—2000年经济的增长主要是劳动力和资本共同驱动的。

四 技术支持

技术进步是国家经济增长的源泉。一国实现技术进步的基本脉络体现在其在技术进步过程中技术引进和自主创新研发的选择上。由于发展中国家和发达国家在技术水平上存在较大差距，且与自主研发创新相比，引进国外先进技术进行模仿具有成本低、风险小的优势，故而选择技术引进和合作创新是发展中国家赶超发达国家的可行路径（林毅夫，2002）。

20世纪70年代，中国大陆经济百废待兴，"亚洲四小龙"工业化道路的实践和成就警醒了当时落后的中国大陆，要实现赶超，发展科技、创造生产力是应有之义。党中央颁布的《1978—1985年全国科学技术发展规划纲要》提出了"科学技术是生产力"的重要论断。改革开放初期中国的经济发展存在技术缺口，中国主要依靠引进国外先进设备，通过知识技术外溢和模仿实现技术进步。自20世纪80年代以来，对国外先进技术的引进和模仿在中国的技术进步活动中占据了重要地位（刘小鲁，2011）。1985年颁布的《中共中央关于科学技术体制改革的决定》标志着中国开始实行科技体制改革，完善促进科学技术应用于生产制造的激励机制；1995年提出实施科教兴国战略；2006年颁布《国家中长期科学与技术发展规划纲要（2006—2020年）》，并提出建设创新型国家战略（肖国芳和李建强，2015）。中国经历了由依靠外资外源性的技术转移和知识扩大，到推动技术创新内在机制的技术进步模式的过程，而且中国的技术创新的主导力量也逐步由政府转向了微观企业，企业的研发决策成为国家技术进步和经济增长的关键因素（傅晓霞和吴利学，2013）。中美经贸摩擦凸显出了技术进步在中国经济发展中的重要性。构建新发展格局最本质的特征是实现高水平的自立自强（习近平，2021），而进行科技创新、突破产业瓶颈是实现自立自强的必然要求。

五 国内市场规模

庞大的国内市场规模是中国经济发展的最强动力，中国庞大的市场空间，为各种资金、技术和创新的进入留有充足的空间，预示着无限可能。1979—2017 年，中国 GDP 年平均增长率接近 9.5%，人均 GDP 从 1978 年的 156.4 美元增加到 2017 年的 8826.99 美元（李建伟，2018），成为仅次于美国的世界第二大经济体。《2018 年全球竞争力报告》指出庞大的市场规模可以激发新的想法和创新，报告以国内生产总值和进口额占 GDP 占比指标来衡量市场规模，在 140 个国家或地区中，中国在市场规模方面的表现最佳，位居世界首位。内需与中国经济增长存在着直接的重要关联，学者们的研究也对上述观点提供了支持。江小涓（2010）指出改革开放以来，基于大国优势，中国总需求以内需为主，为经济增长的贡献总体上也以内需为主，按照支出法计算，1978—2009 年内需占总需求比例高达 90%，而内需对经济增长的贡献超过 80%。同样地，刘瑞翔和安同良（2011）通过分析 1987—2007 年中国经济增长动因发现，期间中国经济增长的主要来源是最终需求。郭克莎和杨阔（2017）认为现代经济增长理论对需求因素的分析有所忽略，但是不同国家发展阶段的特征事实均表明需求与经济增长有重要关联。以日本、韩国和中国台湾为例，内需增长下行是三者经济发展阶段变化后长期增速大幅回落的主要原因。同时，他们指出中国不同阶段的经济发展特征也与内需因素存在直接联系，在中国经济进入新常态之前，中国经济的高速增长主要源于需求扩张；经济进入新常态之后，中国经济的长期增长趋势则主要取决于内需增速的变动。李建伟（2018）指出改革开放以来，外需在总需求中的占比呈现先升后降的趋势，中国经济增长的需求拉动模式也从早期的内需拉动为主转变为内需和外需共同拉动，2010 年后再次转向以内需拉动为主。如今，面对国际国内两个大局、发展和安全两件大事，党中央提出加快构建新发展格局的重大战略。习近平总书记（2019）指出，市场是当今世界最稀缺的资源，建立扩大内需的有效制度、释放内需潜力，加快培养完善内需体系，充分利用和发挥国内市场规模的巨大优势，形成构建新发展格局的雄厚支撑。

六 产业链完备性

产业链完备性也是中国成为"共轭环流"枢纽国的重要原因之一。如今，企业竞争优势的建立不仅局限于企业自身资源和能力，也源于产业链完备性和协同性。完备的产业链有助于提升企业专业化水平、各工序生产技术配合的有效性以及各类中间品的投入能力，降低企业交易费用、提高资源利用效率。具体而言，产业配套的完备性可对企业参与国际分工产生带动作用：一方面，企业可就近采购原辅材料，节省大量时间和运输成本，减少原材料库存和资金占用，提高竞争力；另一方面，上游产业配套能力齐全可以使得企业将其零部件生产外包给本地上游企业，将自身资源集中于核心技术和产品的研发和生产，提高企业专业化程度，进而提高分工收益率。发展中国家直接生产成本相对较低会对发达国家的产业转移产生一定的吸附作用，但是零部件和中间品能否得到及时有效的供给是跨国公司在建立海外生产链条或外包工序时必然考虑的因素。产业配套能力不足是制约发展中国家承接产业转移的突出问题。由于发展中国家产业规模较小，产业链通常不完整，上下游距离过大并缺乏若干必要产业环节，所以发展中国家通常无力承接产业链长且加工程序复杂的项目。在发展中国家进行投资生产，如无法在本地获得关键零部件或核心技术，则产业链中断的风险性较大，中间产品供求脱节会进一步导致物流成本提高或者产生额外的关税和其他成本（吴金明等，2005）。早在中华人民共和国成立之初，中国就开始着力建设独立自主的工业体系，投入了大量资源以建立完备的工业生产体系。以工业体系完整度来算，中国已拥有 39 个工业大类，191 个中类，525 个小类，成为全世界唯一拥有联合国产业分类中全部工业门类的国家。完备的产业链和工业生产体系，让中国对发达国家的产业转移产生了巨大的吸引力。

在不同的历史时期，开放政策、制度环境、人口红利、母国市场和完备的生产链曾产生过程度各异的作用。但是，这几大因素整合而成的综合性竞争优势是促进中国开放型经济发展、助力中国成为"共轭环流"枢纽的核心因素。它使中国在改革开放后快速融入发达国家主导的全球价值链，并跃升为全球最大的贸易体；也是推动"一带一路"建设，在沿线发展中国家和地区打造中国主导的全球价值链的重要推动力。

第五节 中国在国际分工格局中的角色演变与现存问题

改革开放以来，中国已逐步由国际分工网络的"边缘国"变为重要"枢纽国"，资源集聚和获取能力大幅度增强，形成"共轭环流"式国际分工格局。与此同时，中国也由国际分工"居轻国"转变为"居重国"，对国际贸易和资源流动的影响力和控制力日趋增强；由"单向开放"向"双向开放"转变，中国更加积极主动地参与全球价值链。但自改革开放以来，相对简单直接的技术获取方式，使得中国出现"能力缺口"，对国际分工网络的影响力也多以"组装者"身份呈现。

一 中国在国际分工格局中的角色演变

改革开放初期，中国通过嵌入发达国家主导的价值链，参与经济全球化。当时，中国参与经济全球化的模式仅为单一式环流，即中国与发达国家价值环流。发达国家向中国转移组装加工环节、出口高端零部件或提供技术支持，中国向发达国家出口中间品或最终品，是发达国家制造业的供给侧要端。随着中国技术的提升，中国逐渐开始承接更复杂、更高技术的生产环节。受益于传统价值环流，发展中国家之间逐渐拥有全球诸多产业和产品较为完整和深度整合的价值链，发展中国家区域经济表现出越来越强的内生性，中国与发展中国家价值环流逐渐显现与发展。

在嵌入发达国家价值链的过程中，中国经济生产力和创造力不断增强，并依托相对独立的工业体系，以此造就的"大国重器"为中国企业"走出去"、加强南南国际产能合作提供了强大支撑，使得中国有能力引领发展中国家价值链的扩张。同时，中国较低端产业也开始向其他发展中国家分流，腾挪发展空间。此时，中国参与国际分工方式不再单一化，中国与发展中国家的价值环流逐渐显现。发展中国家向中国出口初级产品和中间品，中国以国际产能合作、国际工程承包等方式引领发展中国家价值链。

图4—3利用中国与全球主要国家的贸易额反映了中国在全球贸易价值环流分工中的整体格局。1998年中国位于前几位的贸易伙伴国多为发达国家，发展中国家在各个数值阶段的分布基本呈相对均匀分布，可见中国对发达国家的贸易依赖性较强；但是，自中国"入世"以来，至2020年中国与发展中国家的进出口额逐年增大，发展中国家在中国前几大贸易国中的分布越来越密集，这体现出中国与发展中国家的贸易关联在增强。

（一）从"居轻国"到"居重国"

借鉴Neal（2011）提出各城市对城市间的资源流动控制力指标的测算方法[①]，基于同时存在贸易往来的80个经济体双边年度出口数据搭建国际分工网络，并据此分析各国在分工网络中对贸易流的控制力和影响力，映射各国在国际分工中的角色分配，看清中国在国际分工中角色的变化。在2000年总出口贸易网络中，美国是最具有控制

[①] 控制力测算公式：$RP_i = \sum_j R_{ij}/DC_j$，其中，$i$和$j$表示国家，$RP_i$表示国家$i$对分工网络的控制力，$R_{ij}$表示国家$i$和国家$j$的连接强度，$DC_j$表示国家$j$在分工网络中的贸易伙伴国数量。

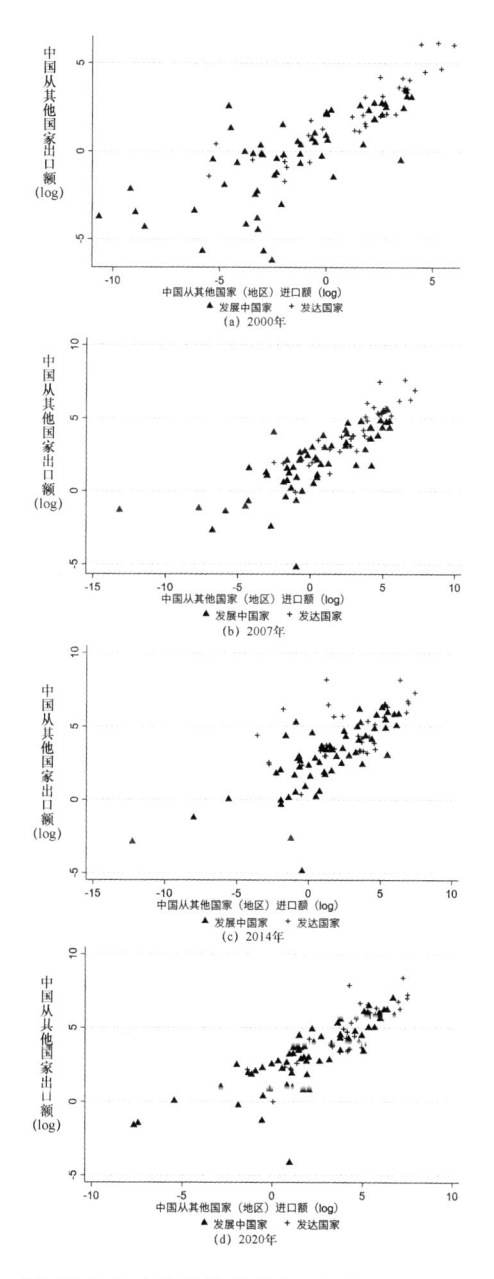

图4—3 中国参与全球价值链的进出口额情况（单位：亿美元）

资料来源：中国与全球其他国家的贸易数据来源于 UN Comtrade 数据库。图4—3 中的趋势分析是分别基于 2000 年、2007 年、2014 年和 2020 年中国与 34 个发达国家以及 61 个其他发展中国家的进出口数据整理得出的。

力和影响力的国家，中国的影响力位于第9位，且区分中间品贸易网络和最终贸易网络后发现，中国对最终品贸易窗缝财力物力小于其在中间品贸易网络中的控制力。在前几大贸易流影响力的国家中，亚洲地区主要有日本、韩国，欧洲地区主要有法国、德国、英国和荷兰，美洲地区主要是美国、加拿大和墨西哥。随着"入世"后对价值链的广泛和深入参与，中国对贸易流的影响力不断提升。自2009年起，中国成为仅次于美国的贸易影响力大国，尤其对中间品贸易流的影响力已居于首位，在国际分工网络中发挥着举足轻重的作用。

（二）从"单向开放"到"双向开放"

随着中国经济实力和国际分工地位的变化，中国从最初注重出口、引进外资的"单向开放"，逐步转向注重进出口平衡、引进外资和对外投资平衡的"双向开放"（见表4—1）。一方面，中国不断扩大进口，贸易顺差的增长呈现了逐步收窄的趋势。2000—2019年，中国货物进口年均增长率远远高于世界进口年均增长率。究其原因，改革开放以来中国出口贸易迅速发展，外汇储备已足够大；中国作为"世界工厂"，在国际分工中的作用越发重要，需要优质和充足的资源和中间品供给。此外，2008年国际金融危机以来，面对发达国家贸易保护主义不断抬头的国际形势，吸纳出口的国际市场紧缺，中国积极实施扩大进口措施，主动体现大国的担当与责任。另一方面，中国企业"走出去"步伐不断加快，对外直接投资与引进外资额呈现越来越平衡的趋势。中国对外直接投资规模的扩大，不仅是中国开放型经济发展的重要成果，也是更深入参与全球价值链的需要，为实现产业升级和价值链的地位提升，需要对外投资以获取发展所需的资源和知识等优质要素。中国逐渐发展起来的具有国际竞争力和比较优势的行业助力了中国的对外投资，如高铁、建筑与基础设施建设、电子与通信等行业。2014年中国对外投资额首次超过利用外资额，表明中国进入了引进外资和对外投资并重发展的新阶段，2014年之后中国对外投资额也整体呈现增长趋势。中国可以借助对外投资,在更大的空间上挖掘全球生产要素的巨大潜能,整合全球价值链中的优质资源要素,推广和贡献中国智慧(吴福象和段巍,2017)。

表4—1　　　　改革开放以来对外经贸发展情况　　　　(单位:亿美元)

年份	出口额	进口额	差额	年份	利用外资额	对外投资额	差额
1978	97.5	108.9	-11.4	2007	783.39	265.06	-518.33
1980	181.2	200.2	-19.0	2008	952.53	559.07	-393.46
1985	273.5	422.5	-149.0	2009	918.04	565.29	-352.75
1990	620.9	533.5	87.5	2010	1088.21	688.11	-400.1
1995	1487.8	1320.8	167.0	2011	1176.98	746.54	-430.44
2000	2492.0	2250.9	241.1	2012	1132.94	878.04	-254.9
2005	7619.5	6599.5	1020.0	2013	1187.21	1078.44	-108.77
2010	15777.5	13962.5	1815.1	2014	1197.05	1231.20	34.15
2015	22734.7	16795.6	5939.0	2015	1262.67	1456.67	194
2016	20976.3	15879.3	5097.1	2016	1260.01	1961.49	701.48
2017	22633.5	18437.9	4195.5	2017	1310.35	1582.90	272.55
2018	246866.8	21357.3	3509.5	2018	1349.66	1430.40	80.74
2019	24994.8	20784.1	4210.7	2019	1381.35	1369.10	-12.25

资料来源:历年《中国统计年鉴》。

二　中国参与国际分工中的现存问题

"世界工厂"地位助力了中国在国际分工中的枢纽地位和控制力的提升,如今的中国可以更好地在全球获取和集聚资源,但是却缺乏与之相匹配的强大的国际市场影响力和规则制定话语权,这是国际市场较量的结果,很大一部分原因来自中国开放型经济发展中不容忽视的弊端:价值链低端锁定、出口产品技术复杂度低、核心技术对外依赖度高等"大而不强"的发展矛盾禁锢了中国向价值链高端攀升的步伐。中国虽然建立了完备的工业体系,国内生产能力和效率均获得了提高，但与发达国家相比，中国总体上仍存在第一产业占比较高、制造业大而不强、中高端产品有效供给不足等问题。

（一）价值链低端锁定

在全球价值链不断深化背景下，各国的利益分配和分工布局可部分由贸易顺差和逆差状况映射出来。由中国对主要发达国家在中间品和最终品的贸易状况可知，中国对发达国家的中间品出口存在明显逆差，而最终品出口却存在较大顺差，例如，2019 年中国对德国的最终品贸易顺差为 73.2 亿美元，但中国对其中间品贸易逆差为 485.56 亿美元；2019 年中国对日本的最终品贸易顺差为 613.3 亿美元，但中国对其中间品贸易逆差为 896.2 亿美元。存在这种现象的主要原因在于，自改革开放以来中国扮演着承接发达国家简单加工环节的出口"装配厂"角色（路风和余永定，2012）。近几年，中国制造业被锁定于发达国家价值链的低附加值环节的问题引起了学界的关注，学者主要从国内增加值率和创新能力等角度对这一问题进行了印证。王直等（2015）发现在中日电气和光学设备产品贸易中，由于中国位于产业链下游，主要从事简单最终品组装，其产品单位出口增加值率远低于日本。张杰和郑文平（2017）的研究则对存在这一现象的原因给出了解释，他们指出发达国家主导的价值链对发展中国家的企业具有价值链俘获效应，使其长时间处于价值链底端，并在生产和技术上对发达国家已经构建好的价值链条逐渐形成路径依赖，阻碍了创新，不利于发展中国家实现价值链中高端攀升；而中国本土企业尤其是民营企业也正在遭受这种价值链俘获效应。

（二）出口产品技术复杂度低

据统计，1992 年中国出口商品占比排名前五的商品分别是：男式/女式西服套装和便服套装等（6.2%）、石油原油（3.38%）、带轮玩具（2.5%）、皮革制鞋靴（2.25%）、针织或钩编衫（1.97%）；2001 年排名前五的商品分别是：自动数据处理设备及部件（5.14%）、办公室用机器零附件（3%）、女式西服套装和便服套装等（1.95%）、无线电发送设备和摄像机等（1.92%）、针织或钩编衫（1.92%）。2016年排名前五位的商品分别是：电话机等通信设备（8.36%）、自动数据处理设备及部件（6.33%）、集成电路（2.65%）、灯具（1.51%）、机动车零附件（1.42%）。2019年排名前五位的商品分别是：电话等通信设备（8.15%）、数据处理设备（4.14%）、集成电路（3.68%）、线路电话或电报设备（1.94%）、自动数据处理设备及部件（1.48%）。由中国出口商品占比排名的时序变化可知，主要出口商品已由初级产品转向工业制成品，出口产品的复杂度在整体上呈现上升趋势。据统计，1992年中国高技术产品出口占比为4.67%，2016年占比为15.72%。[①] 虽然中国的出口产品技术复杂度高于发展中国家的平均水平，但相较发达国家而言，中国出口复杂度仍然处于较低位置，与发达国家仍有较大差距（见图4—4）。如2016年美国出口商品排名前五位的是：石油制品（4.89%）、载人机动车辆（4.16%）、机动车零附件（3.42%）、电话机和交换机等通信设备（2.61%）、集成电路（2.19%），2019年美国出口商品排名前五位的是：石油制品（6.20%）、石油类（3.19%）、集成电路（3.00%）、航空飞机（1.99%）、生物产品（1.93%）。

（三）核心技术对外依赖度高

改革开放尤其"入世"后，中国科技水平得到迅速发展，但是近些年增速下滑，对经济贡献度下降。在核心技术和高端制造方面，处于"外围"的中国对核心技术的控制力还远不及发达国家，科技创新整体上仍处于跟跑阶段。现阶段，中国在生物制药、集成电路、机器人等行业与发达国家差距较大，有30.8%的产业对外依赖度极高，80%左右的关键技术、多数高端装备以及核心零部件和元器件

[①] 借鉴范爱军和常丽丽（2010）对高科技产品的划分方法，将生物技术、生命科学技术、光电技术、电子技术、计算机集成制造技术、材料技术、航空航天技术、计算机与通信技术和其他技术9类列为高科技产品类别。

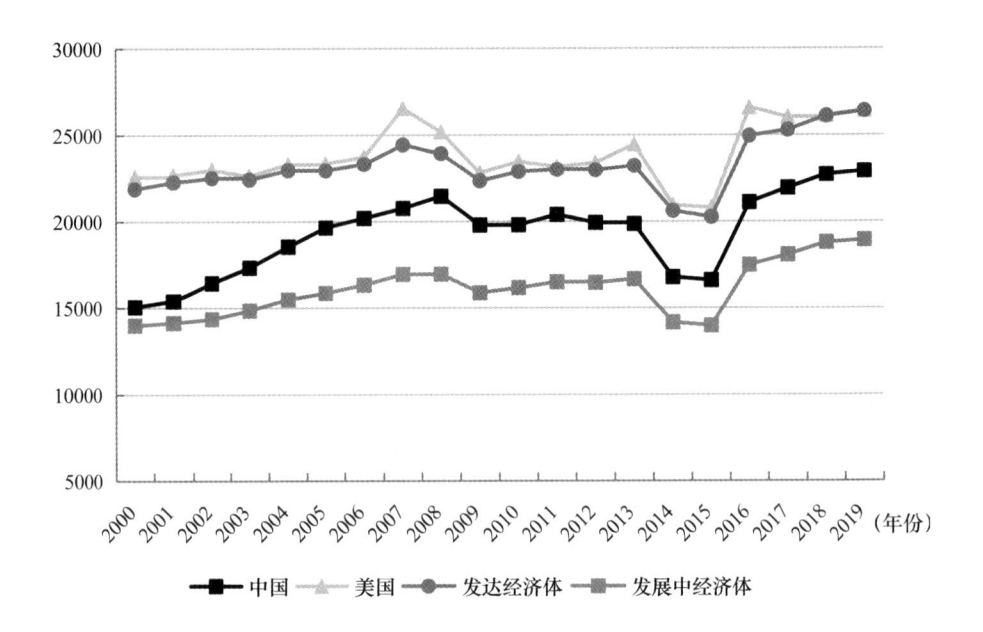

图4—4 出口产品技术复杂度对比

资料来源：笔者根据 UN Comtrade 数据库的贸易数据进行整理。

依赖进口，缺乏核心技术的"中国制造"在国际分工网络中已延续了几十年，中国对全球价值链的控制也多以"组装者"的身份存在。中国是发达国家的高科技中间品需求商，自1992年以来，发达国家向中国出口的高科技产品中，中间品占比在多数年份均高于50%，2001—2011年该比重高达60%—70%。1992—2016年中国从发达国家进口的高科技中间品中，1992年通信设备的进口占高新技术中间品进口的20.04%，2001年集成电路为主要进口的高技术中间品，2016年无线电发送设备、摄像机、投影机等设备零件成为主要进口对象，比例高达29.89%。虽然各中间品进口比值发生了相对变动，但进口占比位于前几位的商品几乎没有发生较大变化且大部分中间品的进口额均有大幅度提升。

究其原因，在中国对外贸易由弱变强的过程中，基于最初的发展逻辑，把引进外资和技术当作提高和发展国内生产能力的主要手段，虽然方法简单直接、见效快，但是简单的"拿来主义"却使中国在一些领域逐步丧失了自主创新的知识和能力，尤其是在一些需要长期投资和积累的领域，短板越拉越大。当然，上述问题是一个高速发展的经济体在过程中难免会遇到的问题，也是中国下一步在贸易强国之路上要着力解决的问题（裴长洪和刘洪愧，2017）。

第六节　本章小结

本章以马克思主义分工理论和结构洞理论为基础，沿循改革开放以来中国开放型经济发展脉络及角色演进的主线，探讨"共轭环流"式国际分工格局形成的理论机制及现实基础，分析中国开放型经济发展中遇到的问题。研究发现：第一，马克思提出的分工带来的生产力效应、结合中国嵌入全球价值链实践的结构洞理论为分析"共轭环流"式国际分工格局的形成提供了理论基础。第二，改革开放以来，中国的对外经贸发展存在明显的阶段性特征，且与中央相继提出的重大改革措施相契合；渐进式开放和市场化改革是中国开放型经济发展的思路。第三，开放政策、制度环境、人口红利、技术支持、母国市场和产业链完备性是改革开放以来助力中国开放型经济发展的重要内生动力。第四，通过融入世界经济体系，中国在国际分工中的角色发生了巨大变化，已逐步成为国际分工中的重要"枢纽国"、贸易流控制力的"居重国"，已从最初注重出口和引资的"单向开放"转变为注重平衡发展"双向开放"。第五，虽然中国在国际分工网络中的地位和影响力越发重要，但是中国制造业普遍面临价值链低端锁定、出口产品技术复杂度较低以及核心技术对外依赖度高等"大而不强"的问题。

在全球价值链时代，一国能否管控和协调价值链、能否在价值链中占据主导地位、能否有效地在全球范围内配置资源，都是判断一国是否成为贸易强国的重要标准。基于中国在国际分工网络中日益提高的枢纽地位和控制力、日益主动的参与方式，表明中国已经完成了由贸易小国到贸易大国的转变。面对能力缺口和日益复杂的国际环境，我们应对内继续深化改革，建立有效市场和有为政府；着力加强创新发展，突破"卡脖子"的关键技术；坚持以更高水平的开放来解决开放中遇到的问题，逐步提升中国在全球价值链中的地位，力争从贸易大国迈向贸易强国。

第 五 章

"共轭环流"式国际分工格局：
枢纽地位的提升机制

本章从马克思主义政治经济学和西方经济学两个维度，探讨国际分工网络中国家枢纽地位演变的背后机制。基于马克思提出的分工理论、劳动价值论以及贸易政策等相关理论，着重从国内市场规模、技术进步、劳动力数量、贸易开放等方面分析其影响国家枢纽地位的理论机理，进而运用西方经济学理论分析国家特征影响其枢纽地位的内在机理。基于理论分析，运用第三章使用 PageRank 算法所测度的国家在国际分工网络中的枢纽地位数据，并结合国家层面统计数据，从横向和纵向两个维度分析国际分工网络中国家枢纽地位的决定机制。在横向维度，从开放程度、制度支持、技术支持、母国市场和人口结构等国家特征角度，分析国际分工网络中国家枢纽地位的影响因素；并基于各国的分工角色和不同贸易网络的异质性，区分发达国家和发展中国家、高技术产品贸易网络和中低级技术产品贸易网络，详细分析国家异质性和产品贸易网络异质性的影响差异。在纵向维度，分析国家特征在枢纽地位决定机制中重要程度的演变。研究发现：在样本期内，一国比较优势的改善有利于提升其枢纽地位，但母国市场、技术进步、制度支持、人口结构等优势要素对其枢纽地位的影响作用要大于开放程度等传统优势要素，且国家异质性及产品贸易网络异质性存在一定的影响差异。进一步地，通过分析优势要素重要性演变发现，制度质量、技术进步、母国市场和人口结构等优势要素的重要性逐步提高。上述发现为中国开放型经济发展构建新的综合优势提供了必要的政策依据。

第一节　引言

各国凭借劳动力、资源禀赋、技术水平等要素参与国际分工，嵌入全球价值链中的不同生产环节，将参与国家从事的各生产环节连接起来，构成了国际生产网络。国际分工网络形成原因的假设前提和理论框架可由李嘉图的比较优势理论、赫克歇尔—俄林的要素禀赋理论和波特的竞争优势理论这三大理论进行解释（Gereffi，1999；张杰和刘志彪，2007）。各国贡献的要素稀缺程度不同，决定了其在生产网络中的嵌入位置的重要程度和所承担角色的不同，有利于增加国际分工网络中的双边贸易额（Thushyanthan et al.，2011）。而刘伟和郭濂（2016）提出"位势论"来解释国际分工中价值环流的形成，指出在国际分工中各国的位势不同，对资源吸引力亦不同，高位势国家对资源更强的吸引力引致资源从低位势国家向高位势国家流动，高位势国家通过吸收、内化和整合资源，提升国家竞争力，从而向更高位势移动。流经一国贸易流和资源流的增加，表明该国对国际贸易和资源的影响力和控制力增强，其在国际分工网络中的中心度提升。洪俊杰和商辉（2019）的研究表明，2000—2016年国际分工网络中各国的中心地位格局发生较大变动，而中国枢纽地位的提升尤其迅速，中国从2000年的相对边缘化国家到2016年已成为第一梯队的中心大国，对国际资源的获取和控制能力也相应增强。

基于第二章对现有文献的整理分析来看，现有研究为理解和分析国际贸易格局的演变机制提供了重要的参考和借鉴，但鲜有文章从国家特征或比较优势角度剖析国际分工网络中国家枢纽地位演变的背后驱动因素。经过改革开放四十多年的发展，中国已在事实上成为国际分工网络中的重要枢纽国。当今以美国为主的发达国家的贸易保护主义盛行，为中国开放型经济的发展造成了巨大的不确定性。只有厘清国家在国际分工网络中枢纽地位的驱动因素，才能对当前经济格局的形成和发展有较为准确的认知和判断。各国枢纽地位演变背后的机制值得探究，本章研究对巩固中国的枢纽地位具有重要意义。

本章从国家特征角度探讨各国在国际分工网络中枢纽地位的形成和演变机制，主要回答以下几个问题：（1）分析开放程度、母国市场优势、技术创新、制度支持、人口结构等优势要素的改善是否有利于促进国家枢纽地位的提升？（2）发达国家和发展中国家实现枢纽地位提升的路径有何不同？一国在不同产品贸易网络中枢纽地位的提升路径有何区别？（3）基于纵向考虑，各优势要素对一国提升枢纽地位作用的重要性有何演变？本章的结构如下：第二部分基于马克思主义政治经济学，从多角度分析影响一国枢纽地位的理论机制；第三部分阐述国家比较优势影响其枢纽地位的机制，并提出理论假说；第四部分为模型设定、变量及数据说明；第五部分为实证结果分析；第六部分为本章小结。

第二节　基于马克思主义政治经济学的分析

基于马克思提出的分工理论、劳动价值论以及贸易政策等相关理论，着重从国内市场规模、技术进步、劳动力数量、贸易开放等方面分析其对国家在国际分工网络中的枢纽地位的影响。马克思在分析机器和大工业生产时借用傅立叶提出的"枢纽"（一切围绕着转的支点）一词来表示社会生产体系中小农业和城市手工业的地位。① 在国际分工网络中，国家的枢纽地位越高表明该国对资源获取与控制的能力越强。

　　市场规模与枢纽地位。资本积累是市场化的内在动力，扩大的积累需要扩大的市场。马克思指出，市场规模的拓展包含消费者数量的增加和相对独立的行业增多两个含义。② 消费者数量的增加可以增加产品的吸纳程度和能力，有利于促进产品交易的达成，使企业顺利实现价值，加快资本积累。同时，消费者数量的增加也意味着国内市场对多样化产品需求的增强，倒逼生产端的分工进一步细化。社会分工的发展和市场范围的扩大是同一过程的两个方面（谢富胜和李安，2009）。相对独立的行业增多意味着市场内部分工进一步细化，而分工的细化程度会直接影响商品交换的广度和深度。交换的深度体现在商品的使用价值和价值形式的脱离程度，交换的深度越深化意味着商品的使用价值和价值形式的脱离程度越高；而交换的广度拓宽意味着投入交换的商品品种和数量增多。交换深化产生的分工参与者之间的依赖性以及交换广度拓宽提高的可交换性均有利于促进企业在"惊险的跳跃"时顺利实现价值，完成价值补偿资金，有利于加快实现价值补偿，促进资本积累，提升在国际分工网络中的竞争力。

　　技术进步与枢纽地位。"科学和技术使执行职能的资本具有一种不以它的一定量为转移的扩张能力。"③ 技术的发展促进机器的应用，机器的使用"把巨大的自然力和自然科学并入生产过程，必然大大提高劳动生产率"。④ 社会劳动生产率水平的提高表现为在一定时间内，工人以同样的劳动力强度将更多的生产材料转化为产品。随着劳动生产率的提高，同时由劳动转移到产品上的旧资本的价值

---

① 《资本论》（第 1 卷），人民出版社 2018 年版，第 441 页。
② 《马克思恩格斯全集》（第 26 卷），人民出版社 1974 年版，第 296 页。
③ 《资本论》（第 1 卷），人民出版社 2018 年版，第 699 页。
④ 《资本论》（第 1 卷），人民出版社 2018 年版，第 444 页。

会增加，意味着新进技术的应用使得由劳动资料转来的价值在产品总价值上体现为增加，从而有利于促进资本积累。马克思指出，技术进步推动的社会劳动生产率水平的提升是加快资本积累的重要途径。① 劳动过程价值增值的提升、资本积累的加速为提升一国在国际分工网络中的枢纽地位提供了必要的助力。

贸易开放与枢纽地位。贸易开放意味着资本流动相对自由。②"一切生产部门的共同基础是普遍交换本身，是世界市场，因而也是普遍交换所包含的全部活动、交易、需要等等"③，一个国家"一旦它对世界市场有了依赖性，对自由贸易也就有了或多或少的依赖性"④。马克思指出，"投在对外贸易上的资本能提供较高的利润率"⑤，保护关税制度"对于任何一个有希望获得成功而力求在世界市场上取得独立地位的国家都会变成不能忍受的镣铐"⑥。贸易开放可以获得价格更低的生产资料和消费资料，一方面，生产资料成本的降低会使单位产品内的价值降低，如果在国际市场上按照国际价值进行交换，则会获得较高利润，有利于提升国际竞争力。另一方面，消费资料成本的降低导致消费的增加，最终品贸易流增加；同时，大量的消费要求大量的生产支持，贸易开放扩大了生产力，有利于提升国家在国际分工网络中的枢纽地位。

劳动力数量与枢纽地位。劳动者通过生产活动不仅可以补偿自身所需要的消费资料，并且还可以创造超过自身价值的价值。为实现价值增值，需要有充足的劳动力不断地并入资本，并作用于资本。"资本只有同劳动力交换"才能增加，资本的增加就是劳动力数量的

---

① 《资本论》（第 1 卷），人民出版社 2018 年版，第 697 页。
② 《马克思恩格斯文集》（第 1 卷），人民出版社 2009 年版，第 756 页。
③ 《马克思恩格斯全集》（第 46 卷）（下），人民出版社 1980 年版，第 19 页。
④ 《马克思恩格斯文集》（第 1 卷），人民出版社 2009 年版，第 758 页。
⑤ 《马克思恩格斯全集》（第 25 卷），人民出版社 1974 年版，第 264—265 页。
⑥ 《马克思恩格斯全集》（第 21 卷），人民出版社 1965 年版，第 431 页。

增加。① 此外，在资本数量不变、劳动力供应较多时，劳动价值会降低，"劳动力的价值，就是维持劳动力占有者所必要的生活资料的价值"②。当劳动力价值降低时，在相同的劳动强度下，会以更短的时间弥补预付工资，在一定时间内可以获得更多的经济剩余；当劳动力价值降低时，同一时间转移到产品中去的价值较低，产品总价值会较低，当按照商品国际价值进行交换时，会获得竞争优势有利于提升国家的枢纽地位。

基于以上分析，一国的国内市场规模的扩大、技术水平的提升、贸易开放程度的提升以及劳动力数量的增加均可以构成优势要素，助力该国提升其在国际分工网络中的枢纽地位，提高对价值链的引领能力。

第三节　机制分析

在国际分工网络中，贸易模式由各国的生产、交易和市场的相对比较优势决定，一国出口在生产、交易和市场上具有综合比较优势的产品。一国在国际分工网络中的枢纽地位与其自身所具备的比较优势紧密相关。本章从国家特征角度分析其所具备的生产、交易和市场比较优势，以解释国家枢纽地位形成和演变机制。

一　生产比较优势与国家枢纽地位

劳动力和技术属于生产投入要素。有利的人口结构可为一国参与全球化提供持久的新增劳动力。在全球化背景下，廉价的劳动力是发展中国家参与国际分工的直接成本优势，当发展中国家丰裕的劳动力转换成具有竞争力的出口商品时，将产生人口红利，促进经

---

① 《马克思恩格斯文集》（第 1 卷），人民出版社 2009 年版，第 727 页。
② 《资本论》（第 1 卷），人民出版社 2018 年版，第 199 页。

济增长和贸易发展（蔡昉，2018）；而技术水平决定了一国在国际分工中的嵌入高度、生产环节的主导性和所获得的增加值的高低。高技术水平国家占据价值链高端，对生产链尤其是对高端资源的控制力更强。

人口结构与国家枢纽地位。人口结构对国家枢纽地位的作用主要表现在两个方面：第一，有利的人口结构保障了新劳动力的不断涌入。后发国家在赶超过程中，主要通过新劳动力的不断增加改善国家整体的人力资本，抵消资本边际报酬递减效应，从而促进经济发展，增加产出，继而扩大出口、提升国家枢纽地位（田巍和余淼杰，2013）。第二，有利的人口结构将劳动力从低的生产率部门（农业）转向高的生产率部门（非农业）而获得资源优化配置效率，从而提升生产率，扩大贸易，提高国家中心度。蔡昉（2018）指出拥有有利的人口结构只有在全球化背景下将人口优势兑换成具有竞争力的商品时才能兑换成人口红利。有利的人口结构发挥积极作用，体现人口红利，是"东亚模式"下各经济体实现成功赶超的关键因素（蔡昉，2016）。

技术进步与国家枢纽地位。一国的技术进步方式会直接影响其动态比较优势和贸易模式，而实现技术进步的基本脉络体现在其在技术进步过程中技术引进和自主创新研发的选择上，而选择技术引进和合作创新是发展中国家赶超发达国家的可行路径（林毅夫，2002）。Stehrer 和 Worz（2003）在讨论技术趋同、动态比较优势和贸易模式的关系时指出，后发国赶超先行国的过程中所采取的技术趋同方式大致可分为三种："连续收敛法""阶梯式爬升法"和"跳跃式爬升法"，技术赶超方式会影响贸易结构和经济发展。后发国若遵循"连续收敛法"进行技术赶超，会增加国家各行业的进出口额；若实行"阶梯式"赶超法，则各行业市场份额将曲线上升；若实行"跳跃式"赶超法，则高技术行业的净出口会增加，但是低技术行业的出口额增加不明显。可见，一国技术进步方式的选择会影响一国的贸易模式，从而影响其枢纽地位。技术和知识投资可以创造比较优势促进贸易的观点也得到了众多研究的支持。例如，Andersson 等（2006）使用专利技术衡量技术专业化，发现一地区的出口专业化与技术专业化相对应，支持了技术和知识投资可以创造比较优势促进贸易的观点；Chung（2007）基于垄断竞争的新贸易模式下，研究技术进步对福利的影响，指出增加资本投入的技术进步有利于改善一国的贸易条件；Marquez-Ramos 和 Martinez-Zarzoso（2010）利用贸易引力模型分析技术创新对出口绩效的影响，提出技术成就指标，其由技术创造、旧创新溢出、新创新溢出和熟练劳动力四个子指标组成，通过研究发现技术创新对出口有正向且非线性影响，其影响因技术成果差异而不同。

二 交易比较优势与国家枢纽地位

新兴古典贸易理论认为交易效率的提升将增加分工网络中所涉及的商品种类数量，扩大分工网络规模。而一国的开放程度、制度环境会对一国参与国际分工的交易效率产生重要影响。

开放程度与国家枢纽地位。一国提升对外开放程度、降低关税水平，一方面有利于国内企业以更低成本和更高效率获得进口品，从而进一步促进出口贸易；另一方面有利于增加企业利润，促进出口增长（田巍和余森杰，2013），从而提升国家枢纽地位。Andrea 等（2016）在研究 1997—2000 年国家运输、关税对葡萄酒贸易的影响时发现，关税下降会带来葡萄酒贸易额的增加。盛斌和毛其淋（2017）通过研究发现减让中间品关税有利于提高企业出口产品技术复杂度。

制度支持与国家枢纽地位。《2018 年全球竞争力报告》指出，一国的制度质量是影响其在物质、人力资本和技术进步的重要因素，良好的制度环境可以保障一国生产率的提升和经济的长期增长。在契约不完全情况下，稳定、有效的制度质量可以在很大程度上降低市场不确定性和契约摩擦，降低协调成本，提高生产效率，有利于吸引转移工序的流入，促进国际投资和贸易，进而促进国家枢纽地位的提升（Antràs et al., 2008；Costinot, 2009）。许和连等（2015）指出政府效率等制度因素有利于促进高端制造业贸易的发展。Levchenko（2007）的研究表明知识产权保护、契约执行质量和投资者法律保护程度等制度环境影响一国比较优势和国际分工。戴翔和郑岚（2015）对中国的研究表明制度质量的完善程度对其全球价值链攀升具有显著正向影响。杜运苏和彭冬冬（2019）认为一国的制度质量通过影响企业专用性投资、交易成本以及创新影响其制造业分工地位。制度质量高的国家，有利于吸收资源和贸易流，从而提升国家枢纽地位。

三　母国市场优势与国家枢纽地位

市场规模决定了一国在国际分工中的接收程度和吸纳能力。如今在国际分工网络中占据中心位置的多为发达国家，要素禀赋差异可从表面解释各国在国际分工体系的不同角色，但从更深层意义上说，发达国家之所以可以主导全球价值链，不仅源于其对核心技术等高端要素禀赋的竞争优势，更为重要的是其对控制和垄断全球需求市场的诉求。母国市场规模是一国能否实现其生产要素投入价值和增值的重要影响因素（张杰和刘志彪，2007）。本土市场应是外贸发展的立足点和外贸优势的重要来源（Krugman, 1980；Weder, 2003），即使在产品内分工格局下本土市场的作用依然重要（易先忠和高凌云，2018）。同时，已有大量文献证明市场规模的扩大有利于企业创新能力和生产率水平的提升（Acemoglu & Linn, 2004，陈丰龙和徐康宁，2012），本土市场容量特别是高端市场容量，是决定该国企业创新能力能否培育而成的最根本因素（刘志彪，2016）。庞大的市场空间为各种资金、技术和创新的进入留有充足的空间，有利于提升一国产出水平，促进进出口贸易，提升国家枢纽地位。

技术进步、人口结构、开放程度、制度环境和国内市场规模等国家特征要素构成了一国参与国际分工的比较优势。国际分工存在一个传递和拓展的过程，在国际生产链条上，各国发展阶段和所承担角色各异。在不同历史时期，对于不同国家、不同产品贸易网络，各优势要素也会各自产生不同程度的作用。因此我们有如下假说：在国际分工网络中，一国所具备的技术进步、人口结构、开放程度、制度环境和国内市场规模等可以提升国际贸易的生产和交易比较优势，都有利于提升其分工网络的枢纽地位。同时，国家异质性及产品贸易网络异质性存在一定的影响差异，不同优势要素在不同阶段也会显示出其不同的重要性。

第四节　模型设定、变量及数据说明

一　模型设定

为了验证假说，本研究构建了中国在"共轭环流"枢纽地位的影响因素方程：

$$\ln Centrality_{st} = \alpha_0 + \alpha_1 \ln Tariff_{st} + \alpha_2 \ln RTA_{st} \\ + \alpha_3 \ln Institutional_{st} + \alpha_4 \ln Patent_{st} + \alpha_5 \ln Population_{st} \\ + \alpha_6 \ln Urbanization_{st} + \alpha_7 \ln Labor_{st} + \varphi_t + \varphi_s + \varepsilon_{st} \quad (5—1)$$

公式（5—1）中，s 代表国家，t 代表时间；因变量 $\ln Centrality_{st}$ 表示 s 国在 t 期的国家枢纽地位。$\ln Tariff_{st}$ 表示 s 国在 t 期的开放程度，关税在一定程度上可反映一国政府对外开放的政策宽松程度，本章运用所有产品加权平均关税税率来衡量。$\ln RTA_{st}$ 表示 s 国在 t 期所签署的 RTA（Regional Trade Agreement）数量；$\ln Institutional_{st}$ 表示国家制度环境，使用 ICRG 中各国贪污腐败控制指数、法律秩序指数、投资环境和政府稳定性的均值作为制度环境的衡量指标，一国的制度环境指数越高表明该国的制度质量越高。$\ln Patent_{st}$ 表示 s 国在 t 期的居民和非居民专利申请总数量，一国专利申请数量可在一定程度上反映该国的技术支持；$\ln Population_{st}$ 为一国人口总数，用以表示该国的市场规模；$\ln Urbanization_{st}$ 表示 s 国在 t 期的城镇化水平，使用城镇人口占总人口的比重进行衡量；$\ln Labor_{st}$

表示 s 国在 t 期的人口结构，使用劳动力年龄人口占总人口的比重进行衡量。

二　数据来源说明

测算国家枢纽地位的数据来源于 UN Comtrade 数据库；制度环境数据来自 ICRG；加关税税率、居民和非居民专利申请数量、国家人口总数、国家人口结构、城镇化水平数据来自世界银行数据库；国家所签署 RTA 数量的数据来自 CEPII 数据库。基于数据可获得性和质量的考量，本章最终选取 1995—2015 年 71 个国家的数据作为分析样本。本章主要变量的统计性描述见表 5—1。

表 5—1　　　　　　　　主要指标的描述统计

变量	解释	观测值	均值	标准差	最小值	最大值
ln$Centrality$	国家枢纽地位	1063	-4.6596	1.0220	-6.2670	-1.8511
ln$Tariff$	加权关税税率	1063	1.2685	0.9636	-4.6052	3.5118
lnRTA	国家所签署 RTA 数量	1063	2.9536	1.2275	0	4.5433
ln$Institutional$	国家制度环境	1063	1.8269	0.1844	1.1655	2.1486
ln$Technology$	国家技术支持	1063	7.9121	2.1705	0.6931	13.9125
ln$Population$	国家人口总数	1063	16.8886	1.6062	12.5022	21.0390
ln$Urbanization$	城镇化水平	1063	4.1949	0.3185	2.8038	4.6052
ln$Labor$	国家人口结构	1063	-0.7753	0.1655	-1.3897	-0.4882

第五节　实证结果分析

一　基准回归

表 5—2 报告了国际分工网络枢纽地位的影响因素回归结果，因变量是基于国家间双边总出口贸易网络所测算得到的国家枢纽地位。

模型（1）基于全样本，分析一国国家特征对其枢纽地位的影响，结果显示 ln$Tariff$ 系数为负，但是显著性较低。鞠建东和余心玎（2014）指出关税的降低主要发生在 1980 年以前，而国际贸易却在 1980 年后增幅更大，即关税降幅不足以解释同期国际贸易的增幅，此外 Yi（2003）指出只有关税降低到一定程度时才会促进国际贸易的产生。lnRTA 和 ln$Institutional$ 系数显著为正，说明区域贸易协定的签订以及国内的制度环境改善对提升该国的枢纽地位具有积极作用。国内的制度环境和区域贸易协定可以看作一国在国际分工网络中的国内和国外的制度支持，一国的制度支持增强可以吸引国内外资源和贸易流的流入，提升该国的资源汇聚和获取能力。城镇化水平 ln$Urbanization$ 的系数显著为正，表明城镇化水平越高越有利于提高该国枢纽地位。城镇化水平提高有利于促进国内市场需求，资源和贸易流倾向于向消费者购买力较强的国家和地区集聚。故而，一国城镇化水平的提高对提升该国枢纽地位具有积极作用。人口数 ln$Population$ 系数为正，但不显著。城镇化水平和国家人口数量可以看作一国的市场规模。ln$Labor$ 系数显著为正，劳动力人口占比提高为一国参与国际分工提供更多的劳动力和人力资本，有利于提升一国在国际分工网络中的重要性。

表 5—2　　　　　国际分工网络枢纽地位的影响因素分析

因变量：ln$Centrality$	（1）全样本	（2）发达国家	（3）发展中国家	（4）回归系数差异检验
ln$Tariff$	-0.0389* (-1.73)	0.0206 (0.65)	-0.0277 (-0.82)	0.0483** (0.0388)
lnRTA	0.0493** (2.26)	0.0268 (1.47)	0.0627** (2.06)	-0.0359** (0.0223)

续表

因变量：ln*Centrality*	(1) 全样本	(2) 发达国家	(3) 发展中国家	(4) 回归系数差异检验
ln*Institutional*	0.3303*** (3.55)	0.3151*** (3.07)	0.3999*** (4.05)	−0.0848* (0.0611)
ln*Technology*	0.0487* (1.81)	−0.0147 (−0.60)	0.0707** (2.37)	−0.0854* (0.0798)
ln*Population*	0.0013 (0.00)	−0.3333 (−0.69)	−0.5123* (−1.88)	0.1790* (0.0796)
ln*Urbanization*	1.3183*** (3.38)	−0.1845 (−0.40)	0.8618** (2.04)	−1.0463*** (0.0065)
ln*Labor*	0.9563*** (2.67)	1.7271*** (4.20)	−0.3417 (−0.93)	2.0688*** (0.0031)
截距项	−10.2510* (−1.96)	3.6766 (0.39)	−1.4353 (−0.31)	
年份固定效应	是	是	是	是
国家固定效应	是	是	是	是
样本量	1063	527	536	
拟合优度 R^2	0.321	0.993	0.976	

注：模型（1）—模型（3）中的括号内为 t 统计量，基于针对国家的聚类标准差得出；回归系数差异检验项括号内为 P 值，回归系数检验采用的是 Chow tests 检验。***、** 和 * 分别表示 1%、5% 和 10% 的显著性水平。

参照 Henderson 等（2018）的研究，为更加清晰地辨别在各国枢纽地位的决定机制中各类因素的贡献度大小，本章将国内的制度环境和区域贸易协定纳入国家的制度支持考虑，将人口数量和城镇化发展水平纳入母国市场大小的考虑，并分别从开放程度、制度支持、技术支持、母国市场和人口结构这五个角度分别进行回归得到拟合优度 R^2，表5—3中的模型（1）汇报了结果。结果显示：在总出口贸易网络中，年份和国家固定效应对国家枢纽地位差异的解释力度 R^2 为0.048。结果显示，母国市场、年份和国家固定效应的解释力度为0.204，表明母国市场因素为解释国家枢纽地位的差异贡献了15.6%，在总出口贸易网络的枢纽地位决定机制中，母国市场起到的作用最大。而技术支持、制度支持的贡献分别为7.5%和6.8%，母国市场的作用2倍于技术支持和制度支持的作用；人口结构为解释国家枢纽地位的差异贡献了3.3%；而开放程度的贡献度最小，仅为2.1%。在总出口贸易网络分工中，一国的市场优势、技术创新、制度支持、人口结构等优势要素对其枢纽地位的影响作用要大于开放程度等传统优势要素。

表5—3　各因素对国家枢纽地位差异的贡献度分析

R^2	（1）全样本	（2）发达国家	（3）发展中国家
所有变量	0.327	0.993	0.976
FE	0.048	0.344	0.325
开放程度+FE	0.069	0.348	0.338
制度支持+FE	0.116	0.399	0.442
技术支持+FE	0.123	0.349	0.398
母国市场+FE	0.204	0.359	0.439
人口结构+FE	0.081	0.445	0.339
样本量	1063	527	536

注：表中汇报了各变量分别对被解释变量 ln*Centrality* 回归时所得到的 R^2 值；FE 为年份固定效应和国家固定效应；开放程度用 ln*Tariff* 表示，制度支持用 ln*RTA* 和 ln*Institutional* 表示，技术支持用 ln*Technology* 表示，母国市场用 ln*Population* 和 ln*Urbanization* 表示。"开放程度+FE"表示在 ln*Tariff* 对 ln*Centrality* 回归时，同时控制了年份固定效应和国家固定效应，以此类推。以上所有回归均在国家层面进行了聚类。

二 异质性分析

（一）国家异质性

在国际分工网络中，由于各国在经济发展水平和发展程度等国家特征维度上存在较大的差异，由此不同国家特征对于不同国家枢纽地位的提升也会存在一定异质性。故而，本章分发达国家和发展中国家进行深入分析。表5—2中的模型（2）和模型（3）汇报了回归结果。结果显示，对于发达国家和发展中国家而言，制度质量均对两者提升枢纽地位有显著的正向影响。根据《2018年全球竞争力报告》，国家较高的制度质量是生产率和长期经济增长的基本动力，各国制度环境的差异是国家在技术、物质、人力资本等方面存在差异的基本原因。关税的降低对两者枢纽地位的提升均没有显著影响。

对于发达国家而言，劳动力人口比例的提升对提高其在国际分工网络中的枢纽地位有显著正向影响。发达国家的人口老龄化问题严重，人口抚养比较高，而提高劳动力人口比例、降低人口抚养比，可为国家制造业和经济发展提供更多劳动力，汇聚生产资料和资源，有利于提升国家在国际分工网络中的重要性。外部制度支持、技术发展、人口总量、城镇化发展水平等因素对发达国家提升枢纽地位并没有显著的影响；而对于发展中国家而言，其外部制度环境弱、技术水平较低、城镇化水平普遍较低，因而签订区域贸易协议、增加技术支持、加快城镇化水平都有利于显著提升一国的枢纽地位，且作用显著。而劳动力人口比例提高对提升发展中国家枢纽地位并没有显著影响，可能由于相较于发达国家，发展中国家的劳动力占比本身就较高。模型（3）显示：在分样本回归系数差异检验中，基本上所有国家特征变量的回归系数差异都对发达国家和发展中国家枢纽地位差异产生了显著影响。

表5—3汇报了在国际分工网络中，影响发达国家和发展中国家枢纽地位的各因素的贡献度结果。对发达国家而言，年份和国

家固定效应对国家枢纽地位差异的解释力度 R^2 为 0.344。人口结构在发达国家的枢纽地位决定机制中所起到的作用最大，人口结构对解释发达国家枢纽地位差异贡献了 10.10%；对发展中国家而言，制度支持和母国市场对其枢纽地位决定的作用最大。年份和国家固定效应对国家枢纽地位差异的解释力度 R2 为 0.325，制度支持、年份和国家固定效应的解释力为 0.442，表明制度支持为解释发展中国家枢纽地位的差异贡献了 11.7%，母国市场为发展中国家枢纽地位的差异贡献了 11.4%。另外，通过表 5—3 可以发现在影响发达国家和发展中国家枢纽地位的因素中，关税降低的贡献率和作用最小。

（二）构建不同产品贸易网络

由于各国要素禀赋和技术水平的差异，在不同产品和分工类别下，各国的枢纽地位及其所发挥的作用也会有所差异。故而，为更细致考察各国提升国际分工枢纽地位机制，有必要区分不同产品网络进行分析。不同技术含量的产品，对于国家分工角色和贸易的要求不同。基于此，本章将贸易网络按照产品技术含量的不同，划分为高技术产品贸易网络和中低级产品贸易网络。①

表 5—4 中的模型（1）报告了高技术产品贸易网络枢纽地位的影响因素分析结果。结果显示，在高技术产品贸易网络中，降低关税会对提升国家枢纽地位有重要的积极作用。中间品在参与分工的国家间的往返次数越多，越会放大降低关税、扩大开放所产生的效应（Yi，2003）。劳动力人口结构（ln*Labor*）对高技术产品贸易网络中的国家枢纽有显著的正向作用。发达国家通常不会在国内完成高技术产品的整个生产流程，而是将较低附加值的高技术产品组装加工环流转移或外包至发展中国家进行完成，有利于发展中国家将

---

① 借鉴范爱军和常丽丽（2010）对高科技产品的划分方法，将生物技术、生命科学技术、光电技术、电子技术、计算机集成制造技术、材料技术、航空航天技术、计算机与通信技术和其他技术 9 类列为高科技产品类别。

充足的人口资源转换为具有比较优势和竞争性的产品，从而兑换人口红利。而对于发达国家而言，劳动力人口占比提升有利于为高端制造业发展提供充足的劳动力供给，促进发达国家的高端制造业回流，从而进一步提高资源汇聚能力。制度环境的改善有利于降低当地生产和交易成本；技术支持的增加有利于提高国家科研技术水平；城镇化水平的提升在一定程度上代表了区域经济发展水平的提升，以上三个因素均对高技术产品贸易网络中国家的枢纽地位有促进作用。lnRTA 和 ln$Population$ 的系数均不显著，表明两者在高技术产品贸易网络中枢纽地位的决定机制中起到的作用不明显。不同于中低级产品，由于高技术零部件的设计与研发源于技术水平较高的发达国家，而其生产多分布在加工成本较低的发展中国家，导致高技术产品零部件的贸易流向多以技术水平和当地产品生产、交易成本为导向，对于市场导向性并不敏感。故而，增加 RTA 签订虽可促进贸易流动，但是对国家在高技术产品贸易网络中的枢纽地位的提升并没有显著影响。经济发展水平较高的国家如发达国家，它们一般从事全球价值链中的高附加值环节，如高技术产品的创新、设计、营销等。发展中国家在完成加工组装后，会将中间品或最终品运回至发达国家，因为多数高技术产品的最终需求市场仍以发达国家为主。人口数量影响最终品消费，其在高技术产品贸易网络中对国家枢纽地位的影响不明显。

表5—5中的模型（2）报告了高技术产品贸易网络中各影响因素的贡献度结果。年份和国家固定效应对高技术产品贸易网络中国家间枢纽地位差异的解释力度为 0.030，降低关税为解释国家枢纽地位差异贡献了 6.4%。在高技术产品贸易网络的枢纽地位决定机制中，全面降低关税、提高开放程度所起到的作用最大。但需要注意的是，一国在高技术产品贸易网络中的枢纽地位的提升，并不完全意味着他们对高技术产品分工的控制力增强，只能说明其高技术产品流和贸易流相对集中。

表5—4　　　不同产品贸易网络下国家枢纽地位的影响因素分析

因变量：ln*Centrality*	高技术产品贸易网络	中低级产品贸易网络
	（1）	（2）
ln*Tariff*	-0.1227***	-0.0238
	(-4.21)	(-0.86)
ln*RTA*	0.0224	0.0508**
	(0.82)	(2.38)
ln*Institutional*	0.1980*	0.3765***
	(1.90)	(3.93)
ln*Technology*	0.0677*	0.0444*
	(1.92)	(1.75)
ln*Population*	-0.2740	0.1523
	(-0.77)	(0.52)
ln*Urbanization*	0.7839*	1.1925***
	(1.84)	(3.28)
ln*Labor*	1.0994***	0.8273**
	(2.79)	(2.31)
截距项	-2.9590	-12.4466**
	(-0.49)	(-2.47)
年份固定效应	是	是
国家固定效应	是	是
样本量	1063	1063
拟合优度 R^2	0.211	0.325

注：括号内为 t 统计量，基于针对国家的聚类标准差得出；***、**和*分别表示1%、5%和10%的显著性水平。

表5—4中的模型（2）报告了中低级产品贸易网络枢纽地位的影响因素分析结果。不同于高技术产品，中低级产品的生产工序较短，完成中低级产品所需要的跨国次数较少，故而关税的降低对中低级产品贸易网络中国家的枢纽地位的提升并没有显著影响。ln*RTA*和ln*Institutional*的系数显著为正，表明一国国内和国外的制度支持

和环境的改善对于提升该国在中低级产品贸易网络中的枢纽地位具有积极作用，这可能是由于中低级产品的贸易性导向较强。ln*Technology*、ln*Urbanization* 和 ln*Labor* 对中低级产品贸易网络中的国家枢纽地位存在显著的正向影响。但 ln*Population* 对其的影响并不明显。在中低级产品贸易网络的枢纽地位决定机制中，母国市场所起到的作用最大 [见表5—5 中的模型（3）]。

表5—5 不同产品贸易网络下各因素对国家枢纽地位差异的贡献度分析

R^2	（1）总出口贸易网络	（2）高技术产品贸易网络	（3）中低级产品贸易网络
所有变量	0.327	0.211	0.325
FE	0.048	0.030	0.068
开放程度 + FE	0.069	0.094	0.080
制度支持 + FE	0.116	0.049	0.146
技术支持 + FE	0.123	0.085	0.136
母国市场 + FE	0.204	0.088	0.205
人口结构 + FE	0.081	0.062	0.097
样本量	1063	1063	1063

注：表中汇报了各变量分别对被解释变量 ln*Centrality* 回归时所得到的 R^2 值；FE 为年份固定效应和国家固定效应；开放程度用 ln*Tariff* 表示，制度支持用 ln*RTA* 和 ln*Institutional* 表示，技术支持用 ln*Technology* 表示，母国市场用 ln*Population* 和 ln*Urbanization* 表示。"开放程度＋FE"表示在 ln*Tariff* 对 ln*Centrality* 回归时，同时控制了年份固定效应和国家固定效应，以此类推。以上所有回归均在国家层面进行了聚类。

三 优势因素的演化

2008年国际金融危机爆发后，发达国家经济发展疲软，发展中国家经济发展陷入低迷，中国不断深化改革开放，以科技创新引领发展，不断释放出引领世界经济发展的动力，国际分工格局出现进一步变动。

为体现国际分工网络中国家枢纽地位决定机制中影响因素的演化，本章将全样本，以2008年国际金融危机为界，划分为1995—2007年和2008—2015年两个子区间分别进行回归分析。表5—6汇报了影响国家枢纽地位的因素的重要性演变分析结果，模型（1）和模型（2）的因变量是基于总出口贸易数据测算的国家枢纽地位。结果显示，内部制度建设、技术支持、母国市场和人口结构等优势要素对提升一国枢纽地位作用越来越强。而关税系数不显著，表明仅凭关税的降低不能带来枢纽地位的显著提升，制度质量、技术环境、母国市场（人口、城镇化水平）和人口结构是关键因素。巩固中国在国际分工网络中的枢纽地位、积极构建新的综合优势至关重要。

此外，本章进一步分析了中间品贸易网络中影响国家枢纽地位的因素变迁，表5—6中的模型（3）和模型（4）报告了结果，因变量是基于中间品出口贸易数据测算的国家枢纽地位。结果显示，实证结果基本稳健。

表5—6　　影响国家枢纽地位的特征因素变迁分析结果

因变量：ln$Centrality$	总出口贸易网络		中间品贸易网络	
	1995—2007年	2008—2015年	1995—2007年	2008—2015年
	(1)	(2)	(3)	(4)
ln$Tariff$	-0.0016 (-0.06)	0.0044 (0.35)	-0.0249 (-1.04)	0.0028 (0.22)
lnRTA	0.0460** (2.20)	0.0220 (1.09)	0.0323 (1.52)	0.0141 (0.97)
ln$Institutional$	0.3712*** (2.70)	0.2689*** (3.23)	0.3458*** (2.82)	0.2014** (2.49)
ln$Technology$	0.0289 (1.21)	0.0439** (2.44)	0.0189 (0.78)	0.0417** (2.36)
ln$Population$	-0.8211 (-1.62)	1.0806*** (2.69)	-0.6622 (-1.31)	0.7980** (2.19)

续表

因变量：ln*Centrality*	总出口贸易网络		中间品贸易网络	
	1995—2007 年	2008—2015 年	1995—2007 年	2008—2015 年
	（1）	（2）	（3）	（4）
ln*Urbanization*	1.1760**	2.0977***	1.2386***	2.0736***
	(2.34)	(3.53)	(2.81)	(3.27)
ln*Labor*	0.6631	1.0835***	0.3874	0.9988***
	(1.11)	(2.99)	(0.76)	(2.86)
截距项	3.9621	−31.7810***	1.0096	−26.8285***
	(0.46)	(−4.62)	(0.11)	(−4.17)
年份固定效应	是	是	是	是
国家固定效应	是	是	是	是
样本量	635	428	635	428
拟合优度 R^2	0.250	0.396	0.249	0.344

注：括号内为 t 统计量，基于针对国家的聚类标准差得出；***、**和*分别表示 1%、5% 和 10% 的显著性水平。

第六节　本章小结

本章主要从国家特征角度分析国际分工网络中的国家枢纽地位的决定机制，选取开放程度、制度支持、技术支持、母国市场和人口结构角度进行侧重分析。首先，基于马克思提出的分工理论、劳动价值论以及贸易政策等相关理论，着重从国内市场规模、技术进步、劳动力数量、贸易开放等方面分析其影响国家枢纽地位的理论机理。其次，运用西方经济学理论分析国家特征影响其枢纽地位的内在机理，在西方经济学机制分析中，将技术支持和劳动力人口结构归类为生产比较优势，将开放程度和制度支持归类为交易比较优势，从生产、交易和市场优势角度阐述国家比较优势对枢纽地位演进的影响。最后，运用第三章使用 PageRank 算法所测度的国家枢纽地位数据，并结合国家层面统计数据，从横向和纵向两个维度检验国际分工网络中国家枢纽地位的决定机制。研究发现：（1）在国际分工中，一国比较优势的改善可以带来其枢纽地位的提升，且市场优势、技术创新、制度支持、人口结构等优势要素对其枢纽地位的影响作用要大于开放程度等传统优势要素。进一步地，国家异质性和产品贸易网络异质性的影响存在差异。（2）改善制度质量、提高劳动力人口占比有利于促进发达国家提高枢纽地位，而改善制度质量、提升技术支持、扩大母国市场是发展中国家提升枢纽地位的关键因素。（3）在高技术产品贸易网络中，降低关税、提高开放程度对提升枢纽地位中的作用最大；而在中低级产品贸易网络中，扩大母国市场对提升枢纽地位中的作用最大。（4）通过分析国家枢纽地位影响因素重要性的演变发现，制度建设、技术支持、母国市场和人口结构等优势要素对提升一国枢纽地位作用越来越强。

本章的政策含义在于：（1）巩固中国在国际分工网络中的枢纽地位，积极构建新的综合优势至关重要，改善制度质量、提升技术水平、扩大母国市场是关键因素。在新的历史时期，我们需从制度环境、创新发展、发挥母国市场优势、提升冲击应对能力以及提高中国跨国公司竞争力等方面着力，构建国际贸易竞争新优势，实现贸易高质量发展。（2）"抓改革"：加强市场化改革，改善内部制度环境；支持多边贸易体制，促进自由贸易区建设，推动建设开放型世界经济。面对国际单边主义和保护主义，中国可以选择加大与其他国家和地区的经贸合作，特别是推动亚洲一体化和亚欧经济进一步融合。（3）"补短板"：通过创新克服核心技术瓶颈，以时不我待的精神补齐核心技术短板，提升技术水平。（4）"通市场"：消除地方保护主义，发挥巨大的母国市场优势。

第 六 章

"共轭环流"式国际分工格局：分工网络与价值链升级

第五章分析了国际分工网络中枢纽地位的提升机制，第六章和第七章将分别从分工网络视角和价值环流差异性视角分析中国制造业提升分工地位、实现价值链高端攀升的内在机理。本章基于中国开放型经济发展现状及需要，从马克思主义政治经济学和西方经济学两个角度分析一国在国际分工网络中的枢纽地位影响其价值链升级的内在机理，主要基于马克思所提出的"商品流通""劳动价值论"和"资本积累"等相关理论，基于西方经济学中贸易所带来的信息传递、规模经济等渠道，着重从枢纽地位的角度对国际分工网络特征影响一国价值链升级的内在机理进行理论推演，并提出相应假说。而后，运用第三章使用PageRank算法所测度的国家在国际分工网络中的枢纽地位数据，并结合国家层面及国家—行业层面统计数据，对假说进行实证检验。研究发现：国家在国际分工网络中枢纽地位的提高会显著促进其全球价值链分工地位的提升。为提高研究稳健性，本章采取更换研究样本、替换关键变量指标和删除有争议样本等方法进行稳健性检验。

第一节 引言

改革开放让我们抓住第三次全球化发展的历史机遇,中国秉承渐进式对外开放的战略,承接来自发达国家的转移工序,逐步融入国际分工大循环。在融入全球经济贸易体系的同时自身得到迅速发展,出口导向型经济发展模式奠定了中国在国际分工体系中的"世界工厂"地位,至今已连续多年成为世界第一大货物贸易国,推动中国由国际分工网络的"边缘国"转化为"核心枢纽国"。虽然,通过嵌入发达国家主导的全球价值链,通过吸收和内化高端技术以及不断地自我创新,中国制造业企业在全球价值链中的地位也得到了明显提升,但是,从整体分工来看,中国制造业仍处于全球价值链的中低端,居于从属地位。

第三次全球化浪潮的主要推动力是全球价值链贸易的发展,基础是生产的分割和全球分散化布局。从成本效益视角来看,当前产品分割已经接近极大化,国际分工深化基本进入尾声。当前,全球正处于百年未有之大变局,新冠肺炎疫情暴发并在全球快速蔓延,全球产业链、供应链均受到严重冲击,世界各国经济步入萧条,贸易保护主义日益盛行,世界经济和政治格局正在经历动荡,"东升西降"趋势明显,全球化进入深入调整期。值此关键时期,巩固和提高中国在国际分工网络中的枢纽地位是否有利于中国制造业实现价值链的高端攀升,对于该问题的回答为中国加快构建新发展格局提供必要的理论基础,为构建以我为主的全球价值链提供有效路径,为制造业企业更好的嵌入国际循环提供保障。

随着国际分工的不断细化,基于分散化分工产生的国际分工网络逐渐复杂多样,这引发了学者们更多地从网络化视角研究经济贸易关联、分工网络特征以及影响效应等。现有关于分工网络相关的文献大致可以分为两类:第一类文献是基于企业供应销售关联或上下游投入产出关联，分析经济传导机制及影响，比较有代表性的是Carvalho（2014）、Baqaee（2018），以上研究从网络化视角为经济总体波动的分解、微观波动或冲击沿循网络的传导机制及影响提供了新的见解。第二类文献是对分工网络特征及其影响效应的分析，该类文献与本书研究内容较为接近。现有研究主要从企业微观分工网络和宏观国家分工网络两个维度分析经济贸易关联、分工网络特征及其影响效应。对于企业微观分工网络的研究，一方面是基于企业供销网络的研究，如 Bernard 等（2019）探讨了买方—供应商关系和生产网络对企业绩效的影响，发现低搜索和外包成本使得企业可以搜索更多并找到更好的供应商，这有利于提升企业绩效。孙浦阳和刘伊黎（2020）基于 2009—2016 年上市公司数据，刻画了企业—客户之间的供销网络，深入研究企业客户分工网络结构变化对企业技术追赶的实际影响，研究发现企业分工网络的信息传导作用可以使企业获得更多信息渠道，有利于提升企业的创新能力；而客户的议价能力可以通过影响关系网络中信息的流向和大小，而成为影响企业实现技术追赶的关键因素。另一方面是基于企业跨国贸易数据构建企业分工网络分析其特征及影响效应，如吴群锋和杨汝岱（2019）研究企业自生贸易网络对其出口行为的影响，以企业网络邻近度作为企业网络搜寻力量的代理指标，研究发现企业网络搜寻强度的增加会通过减弱企业向国外市场出口面临的贸易信息壁垒的阻碍，从而对企业的出口概率、存活率和出口额存在显著促进作用。吕越和尉亚宁（2020）基于跨国贸易数据加权到企业层面构造企业贸易网络，研究发现企业贸易网络可以通过影响行业集中度、中间品投入和外资进入程度等途径提升其出口国内增加值。对于宏观国家分工网络的研究，现有研究主要使用贸易额数据或者基于贸易数据分解的增加值数据来构建宏观分工网络。马述忠等（2016）基于 1996—2013 年国家农产品贸易数据，刻画了全球农产品贸易网络的中心性、联系强度和异质性特征，研究发现一国在农业贸易网络中的中心度、联系强度和异质性的增加有利于其农业价值链分工地位的攀升。许和连等（2018）运用1995—2011年40个国家的服务贸易数据构建增加值的贸易网络，从网络联系广度、网络联系强度和网络中心性三个维度描述网络特征，研究发现，一国离岸服务外包网络联系广度、强度和中心度的增加均有利于促进其服务业的价值链攀升。陈丽娴（2017）研究发现一国生产服务贸易中心性和联系强度对其全球价值链参与度有显著正向作用，而生产服务贸易异质性对其全球价值链参与度存在反向作用。杨继军（2019）在增加值框架下，基于价值来源地和价值吸收地所搭建的国内、国外关联解释"贸易—经济"联动之谜，指出在分工网络中的轮轴国家发挥着枢纽作用。陈平和郭敏平（2020）指出进口来源地网络地位的提升通过质量价格效应和技术溢出效应作用于企业生产率。既有研究对本书在"共轭环流"式国际分工格局大背景下探讨价值链升级具有重要的指导和参考价值，然而现有研究对于网络特征对国际分工地位影响机制的分析可以归纳为技术溢出和信息传递两条主要途径，未能从马克思主义政治经济学思想对其内在机理进行深入分析。

本章基于马克思主义政治经济学思想的指导，聚焦于分工网络枢纽地位影响国际分工地位的理论分析，基于国家间贸易数据进行严谨论证，探索一国在国际分工网络中枢纽地位的提升对其国际分工地位影响的内在机理。理论分析发现，处于国际分工网络枢纽地位的国家，其可交换和可流通的范围较大，资源获取和控制能力较强，有利于促进资本积累，加快科学化生产趋势，有利于创造更多的价值。实证研究结果显示，国家在国际分工网络中枢纽地位的提高会显著促进其全球价值链分工地位的提升。本章的创新点如下：第一，在马克思主义政治经济学思想的指导下，对分工网络特征影响国家价值链升级的机理进行理论推演，丰富已有的国际分工理论分析框架。第二，运用国家间贸易数据检验"共轭环流"枢纽地位对全球价值链分工地位的影响，为中国开放型经济的"共轭环流论"提供有力支撑。本章结构如下：第二部分基于马克思主义政治经济学和西方经济学分析分工网络特征对价值链升级的影响机理；第三部分为模型设定、变量和数据说明;第四部分是对实证结果的分析;第五部分是本章小结。

第二节 理论分析

从马克思主义政治经济学和西方经济学两个角度分析一国在国际分工网络中的枢纽地位影响其国际分工地位的内在机理。

一 基于马克思主义政治经济学的分析

马克思指出,以物的依赖性为基础的人的独立性,是生产力和人类发展的第二大形式,在这种形式下,才形成普遍的社会物质交换、全面的体系、多方面的需要以及全面的能力的体系。[1] 在国际分工网络中,参与分工的国家既相互独立又相互依赖,生产者相互间的全面的依赖性是产品转换为交换价值的前提。[2] 正如马克思所说"交换和分工互为条件"[3],"如果没有分工,不论这种分工是自然发生的或者本身已经是历史的结果,也就没有交换"[4]。一般的抽象的分工和交换可以具象为国家分工以及由此产生的国际贸易。在商品生产环节细分下的分工,国家个别的劳动通常具有一般的性质、其生产具有共同性。而这里的个别劳动所具有的一般性质,即个别劳动是否可以转化为社会劳动,不是交换最先赋予的,而是国家个别劳动预先具有的共同性决定着对产品的参与,生产的共同性一开始就使产品成为共同的、一般的产品。[5] 不同国家从事产品生产的不同工序,最终产品的实现需要各国的协调和合作。不同

---

[1] 《马克思恩格斯文集》(第8卷),人民出版社2009年版,第52页。
[2] 《马克思恩格斯文集》(第8卷),人民出版社2009年版,第50页。
[3] 《马克思恩格斯文集》(第8卷),人民出版社2009年版,第52页。
[4] 《马克思恩格斯文集》(第8卷),人民出版社2009年版,第23页。
[5] 《马克思恩格斯文集》(第8卷),人民出版社2009年版,第66页。

国家间的协作产生了产品的交换。国家与国家之间的交换以贸易流的形式呈现，如果将参与国际分工的国家看作"节点"，将国家与国家之间的贸易流动看作"线"，那么各节点与各连接线就构成了国际分工网络。

而在国际分工网络中，交换的广度、深度和方式对生产的发展和结构产生重要影响。如果一国在国际分工网络的枢纽位置，就意味着可交换、流通范围扩大，而"流通本身已经表现为生产的要素"①。"既定量的已有资本和劳动力每年再生产出来的产品量是可变量，而不是不变量，这个量可以扩大或缩小。这种弹性或可变性同时形成积累的自然基础，自从有了这样的基础，再生产的扩大就成为可能。"②"以资本为基础的生产，其条件是创造一个不断扩大的流通范围，不管是直接扩大这个范围，还是在这个范围内把更多的地点创造为生产地点。"③ 在国际分工网络中的枢纽地位可以借助不断扩大的交换、流通范围，一方面提高已有资本和劳动的生产弹性，强化资本积累基础；另一方面促进产品价值的实现，从而促进和加快资本积累。

积累的资本可以用来追加固定资本和流动资本。对于追加的固定资本而言，固定资本表现为对象化生产力和对象化劳动的积累或者说是知识和技能的积累，"资本的趋势是赋予生产以科学的性质"。④ 生产过程从简单的劳动过程向科学过程的转化，表现为固定资本的属性。⑤ 追加的固定资本可以从两个方面增加产品价值，一方面，固定资本是对象化形式上的一定的劳动量，本身具有价值，在固定资本作为生产资料的过程中，追加的固定资本价值会分批次转移到新产品中去；另一方面，如果追加的固定资本表现为先进的机

---

① 《马克思恩格斯文集》（第8卷），人民出版社2009年版，第88页。
② 《马克思恩格斯文集》（第8卷），人民出版社2009年版，第559页。
③ 《马克思恩格斯文集》（第8卷），人民出版社2009年版，第88页。
④ 《马克思恩格斯文集》（第8卷），人民出版社2009年版，第186—188页。
⑤ 《马克思恩格斯文集》（第8卷），人民出版社2009年版，第191页。

器设备，那么劳动的生产力提高，使"劳动能在较短的时间内创造出更大量的维持活劳动能力所必需的产品，从而提高剩余劳动对必要劳动的比例"，或者，更简单点来说，可以使劳动力在一定时间内创造更大的增加值，提升国际分工地位。对于追加的流动资本而言，"流通时间的增减，长短，经过不同的流通阶段的难易"，会影响企业在一定时间内所能创造的价值量的大小，当流动次数增加时，预先存在的价值没有增多，而价值增长的速度会提升。[1]"如果有对外贸易加进来，而且是按照世界市场扩大的相应程度加进来，这些产品的流回甚至会部分地由于从国外进口产品而或多或少地加快。"[2]处于国际分工网络中枢纽地位的国家，其商品流通便利性较强，从而增加一定时间内流动资本的周转次数，加快产品流回，可以使国家在一定时间内创造更多的价值，提升国际分工地位。

二　基于西方经济学的分析

网络关系越强大，枢纽地位越突出，获得资源的能力也就越强。在产品内分工网络中，因分工产生的中间品贸易规模越大，一国相关联的网络联系强度越大，则该国的枢纽地位就越凸显。Deng（2016）通过对价值链中知识传播渠道的分解，发现跨国贸易更有利于知识传播。中间品贸易的扩大使得该国企业有更多机会接触国外同行业或跨行业买家和卖家，接触上游企业的高技术中间品投入，接收下游企业更高要求的订单。网络是传递市场信息的重要途径（吴群锋和杨汝岱，2019），经由枢纽国的中间品贸易的扩大，使枢纽国企业的资源获取和控制能力增强，有利于更快更优地吸收和内化先进技术，进而提高在全球价值链中的竞争力，提升分工地位。此外，以马歇尔为代表的新古典学派经济全球化理论对贸易利得思想进行了诠释，指出基于比较优势的国际分工可以使参与国通过贸

---

[1]　《马克思恩格斯文集》（第8卷），人民出版社2009年版，第192—194页。
[2]　《马克思恩格斯文集》（第8卷），人民出版社2009年版，第559页。

易获得本国所需资本和高级生产要素，贸易的扩大有利于加快一国的资本积累速度（马歇尔，2009）。物质资本（如先进机械设备）的积累，可以提高创造规模经济的可能性，有利于获得专业化分工利益，从而扩大国内生产能力。同时，开展贸易所获得的资本积累是一国的科研创新和技术进步的物质基础。新增长理论亦从沟通效应和配置效应等途径阐述了贸易对技术进步和长期经济增长的影响（苏志庆和陈银娥，2014）。一国的技术进步和生产能力的增强对一国国际分工地位的提升提供了必要的助力。由上可知，国际分工网络内一国贸易规模的扩大，有利于该国价值链分工地位的提升。因此，有假说如下：

假说：在全球分工网络中，一国枢纽地位的提升有利于促进其价值链分工地位的提升。

第三节 模型设定、变量及数据说明

一 模型设定

为验证上述假说，本章构建国家枢纽地位与其价值链分工地位的关系方程：

$$\ln DVAR_{sjt} = \alpha_0 + \alpha_1 \ln Centrality_{sjt} + \alpha_2 \ln Tech_{st}$$
$$+ \alpha_3 \ln FDI_{st} + \alpha_4 \ln E_{st} + \alpha_5 \ln GNI_{st}$$
$$+ \varphi_s + \varphi_j + \varphi_t + \varphi_{jt} + \varepsilon_{sjt} \tag{6—1}$$

其中，下标 s 代表国家，j 代表行业，t 代表时间；因变量 $\ln DVAR_{sjt}$ 表示 s 国 j 行业在 t 期中间品出口的国内增加值率的对数值，用该指标代表一国在价值环流中的分工地位。本章使用 Wang Z. 等公布的运用 TiVA 数据库计算的 2000 年、2005 年、2008—2011 年 ISIC Rev. 3 行业分类下的各国中间品出口的国内增加值率作为代理指标；核心解释变量 $\ln Centrality_{sjt}$ 表示 t 期 s 国 j 行业的网络中心度，代表了其在"共轭环流"中的枢纽地位，本章使用国家—年份枢指数并以行业出口额为权重得到国家—行业—年份的枢纽指数。$\ln Tech_{st}$ 表示国家技术水平，选用国家研发支出占 GDP 的比重的对数值作为一国技术水平的代理指标（吉亚辉和祝凤文，2011）；$\ln FDI_{st}$ 为外商净投资额占 GDP 的比重的对数值，外资企业对东道国本土企业产生产业关联效应，下游外资企业的出口需求提高了对上游东道国企业提供的中间产品的产量和质量的要求，进而影响国内增加值率（Kee，2015）；$\ln E_{st}$ 表示以 2010 年为基期的 t 期 s 国的实际有效汇率对数值，汇率波动一方面会影响出口中的直接增加值，另一方面会通过影响国内企业对进口品和国内产品的替代选择，改变生产国内产品的中间投入结构，从而影响出口中的间接增加值；$\ln GNI_{st}$ 为以 2010 年为基期的国民收入对数值，用以表示一国经济发展水平；φ_s 表示国家固定效应；φ_j 表示行业固定效应；φ_t 表示时间固定效应；φ_{jt} 为行业—年份固定效应；ε_{sjt} 为随机扰动项。

二 行业层面分工地位指标测算

本章将选用出口国内增加值率、上游度和出口产品技术复杂度作为国家—行业的国际分工地位的代理指标。

（一）出口国内增加值率

国家层面的出口国内增加值率来自 Wang Z. 等运用 TiVA 数据库对国家—行业层面贸易流的分解数据。

（二）上游度

借鉴 Antràs 等（2012）提出的上游度测算指标：

$$Y_i = F_i + \sum_{j=1}^{N} d_{ij} F_j + \sum_{j=1}^{N} \sum_{k=1}^{N} d_{ik} d_{kj} F_j$$
$$+ \sum_{j=1}^{N} \sum_{k=1}^{N} d_{il} d_{lk} d_{kj} F_j + \cdots \qquad (6—2)$$

$$U_i = 1 \times \frac{F_i}{Y_i} + 2 \times \frac{\sum_{j=1}^{N} \widehat{\mu}_{ij} F_j}{Y_i}$$

$$+3 \times \frac{\sum_{j=1}^{N}\sum_{k=1}^{N}\hat{\mu}_{ik}\hat{\mu}_{kj}F_{j}}{Y_{i}}$$

$$+4 \times \frac{\sum_{j=1}^{N}\sum_{k=1}^{N}\sum_{l=1}^{N}\hat{\mu}_{il}\hat{\mu}_{lk}\hat{\mu}_{kj}F_{j}}{Y_{i}} + \cdots \quad (6—3)$$

其中，$\hat{\mu}_{ij}$ 表示生产 1 单位价值的 j 所需要用到的 i 行业的产出，F_j 表示 j 行业产出中被用于最终消费的部分，Y_i 表示 i 行业的总产出。等号右侧的每一项都对应着与最终消费距离不等的价值链的生产环节，其中，1，2，3……表示"距离"，每一项乘号后面的部分表示行业 i 的产出中被用在对应位置上的比例。各项加总后得到 U_i，表示行业 i 的产出与最终消费之间的加权平均距离。本章使用 Wang Z. 等公布的利用 OECD 世界投入产出表测算的国家—行业层面上游度指标。

（三）出口产品技术复杂度

借鉴马述忠等（2016）的研究，本章选择企业出口产品技术复杂度作为企业层面价值链分工地位的代理指标。参考 Hausmann 等（2007）的研究，利用 UN Comtrade 数据库 HS 六位数分类出口贸易统计数据，对出口产品技术复杂度进行了测算，且根据分析需要将其过渡到国家—行业层面：

第一步：测度出口产品技术复杂度：

$$Prody_{kt} = \sum_{s} \frac{(x_{skt}/X_{st})}{\sum_{s}(x_{skt}/X_{st})} Y_{st} \quad (6—4)$$

其中，t 表示时间，k 表示产品，s 表示国家；$Prody_{kt}$ 为产品 k 在 t 期的技术复杂度；x_{skt} 表示 s 国 t 期产品 k 的出口额；X_{st} 表示 s 国在 t 期的总出口额；Y_{st} 为以 2010 年为基期 t 期 s 国的人均 GDP。

第二步：测算国家—行业层面出口产品技术复杂度。国家—行业层面的出口产品技术复杂度公式可表示为：

$$Expy_{sjt} = \sum_{k}\left(\frac{x_{skt}}{X_{sjt}}\right)Prody_{kt} \quad (6—5)$$

其中，j 表示行业（ISIC Rev.3）；$Expy_{sjt}$ 表示 s 国 j 行业在 t 期的出口技术复杂度，其余变量与公式（6—4）类似。

三 数据处理与描述

用于测算国家枢纽地位指数的双边贸易数据来自 UN Comtrade 数据库；国内增加值率的数据来自 Wang Z. 等运用 TiVA 数据库对国家—行业层面贸易流的分解数据。为了数据的匹配性，本章选取 2000 年、2005 年、2008—2011 年同时存在双边贸易的 60 个经济体作为分析样本。此外，国家技术水平、外商投资水平、实际有效汇率和国民收入水平数据来自世界银行数据库。主要变量统计性描述见表 6—1。

表 6—1　　　　　　　　　主要变量统计性描述

变量	解释	观测值	均值	标准差	最小值	最大值
$\ln DVAR$	中间品出口的国内增加值率	11162	-0.4956	0.4296	-4.6483	-0.0432
$\ln Centrality$	国家枢纽地位	11162	-10.4683	3.6846	-29.0161	-3.7857
$\ln Tech$	国家技术水平	9832	0.0611	0.8340	-3.1623	1.4650
$\ln FDI$	外商投资水平	10581	1.2665	1.1887	-3.0360	5.8322
$\ln E$	实际有效汇率	9010	4.5772	0.1105	3.9674	5.0279
$\ln GNI$	国民收入水平	10463	26.3888	1.6368	22.3432	30.3651

第四节　实证结果分析

一 基准结果分析

表 6—2 报告了国家在国际分工网络中的枢纽地位影响其价值链分工地位的回归结果。模型（1）—模型（4）中因变量为中间品出

口的国内增加值率,核心解释变量为基于国家双边中间品贸易额测算的国家枢纽地位。结果表明,国家在"共轭环流"中的枢纽地位显著促进了其价值链分工地位的提升。相对于边缘国家而言,处于分工网络中心地位的国家将会吸引更多的国外优质中间品,享受技术和知识溢出,有利于提升其国内生产和价值创造能力,进而提升国际分工地位。模型(1)—模型(2)控制了年份、行业和国家固定效应,模型(3)—模型(4)进一步控制了行业—年份固定效应;$\ln Tech$、$\ln E$、$\ln GNI$ 的系数显著为正,表明技术水平的提升、实际有效汇率的提高以及国民收入的改善均有利于国家提升国际分工地位,实现全球价值链的高端攀升。

表6—2 枢纽地位对全球价值链分工地位的影响——基于中间品出口数据

因变量:$\ln DVAR$	(1)	(2)	(3)	(4)
$\ln Centrality$	0.0142 *** (3.14)	0.0127 ** (2.08)	0.0143 *** (3.11)	0.0128 ** (1.99)
$\ln Tech$		0.0321 *** (3.46)		0.0314 *** (3.37)
$\ln FDI$		-0.0001 (-0.05)		0.0003 (0.14)
$\ln E$		0.1190 *** (4.84)		0.1176 *** (4.47)
$\ln GNI$		0.0813 ** (2.29)		0.0784 ** (2.11)
截距项	0.0255 (0.28)	-3.0112 *** (-3.84)	0.0840 (0.91)	-2.8952 *** (-3.57)
年份固定效应	是	是	是	是

续表

因变量：ln$DVAR$	（1）	（2）	（3）	（4）
行业固定效应	是	是	是	是
国家固定效应	是	是	是	是
行业—年份固定效应	否	否	是	是
样本量	11162	7416	11162	7416
拟合优度 R^2	0.5284	0.4722	0.5319	0.4761

注：括号内为 t 统计量，基于针对国家—行业的聚类标准差得出；***、** 和 * 分别表示 1%、5% 和 10% 的显著性水平。

二 稳健性检验

为提高研究的稳健性，采用更换研究样本、替换关键变量指标、剔除有争议样本等方法进行稳健性检验分析。

（一）将中间品样本更换为总出口样本

使用总出口的国内增加值率和基于国家总出口额测算的国家枢纽地位进行了稳健性检验，表6—3汇报了检验结果，结果显示，核心解释变量 ln$Centrality$ 的系数和显著性与基准回归没有显著差别，表明研究结果稳健。

表6—3　枢纽地位对全球价值链分工地位的影响——基于总出口数据

因变量：ln$DVAR$	（1）	（2）	（3）	（4）
ln$Centrality$	0.0181 ***	0.0156 **	0.0182 ***	0.0159 **
	(3.50)	(2.42)	(3.44)	(2.33)
ln$Tech$		0.0400 ***		0.0377 ***
		(4.55)		(4.22)
lnFDI		0.0002		0.0006
		(0.09)		(0.31)
ln$E$		0.0921 ***		0.0904 ***
		(3.55)		(3.11)

续表

因变量：ln$DVAR$	（1）	（2）	（3）	（4）
lnGNI		0.0928 ** (2.19)		0.0871 * (1.90)
截距项	−0.0074 (−0.07)	−3.0188 *** (−3.26)	0.0480 (0.47)	−2.9599 ** (−2.28)
年份固定效应	是	是	是	是
行业固定效应	是	是	是	是
国家固定效应	是	是	是	是
行业—年份固定效应	否	否	是	是
样本量	11659	7723	11659	7723
拟合优度 R^2	0.4124	0.3717	0.4153	0.3766

注：括号内为 t 统计量，基于针对国家—行业的聚类标准差得出；***、** 和 * 分别表示 1%、5% 和 10% 的显著性水平。

（二）替换分工地位的代理指标

借鉴 Antràs 等（2012）的研究，使用 Wang Z. 等公布的利用 OECD 世界投入产出表测算的国家—行业层面上游度指标，将其作为价值链分工地位进行稳健性检验，表6—4 和表6—5 分别汇报了基于中间品出口数据和总出口数据回归的实证结果，结果仍然支持国家枢纽地位的提升可以显著促进其价值链分工地位的提升的论断，表明研究结果稳健。

表6—4 枢纽地位对全球价值链分工地位的影响——基于中间品出口数据

因变量：ln$Upstream$	（1）	（2）	（3）	（4）
ln$Centrality$	0.0050 *** (3.91)	0.0033 ** (2.22)	0.0049 *** (3.78)	0.0033 ** (2.16)
ln$Tech$		0.0012 (0.21)		0.0013 (0.21)

续表

因变量：ln$Upstream$	(1)	(2)	(3)	(4)
lnFDI		-0.0011 (-0.91)		-0.0011 (-0.92)
ln$E$		-0.0203 (-1.53)		-0.0210 (-1.63)
lnGNI		-0.0406** (-2.30)		-0.0392** (-2.31)
截距项	0.7285*** (31.89)	2.0246*** (3.97)	0.7402*** (31.40)	1.9217*** (5.20)
年份固定效应	是	是	是	是
行业固定效应	是	是	是	是
国家固定效应	是	是	是	是
行业—年份固定效应	否	否	是	是
样本量	11162	7416	11162	7416
拟合优度 R^2	0.8016	0.8310	0.8051	0.8346

注：括号内为t统计量，基于针对国家—行业的聚类标准差得出；***、**和*分别表示1%、5%和10%的显著性水平。

表6—5 枢纽地位对全球价值链分工地位的影响——基于总出口数据

因变量：ln$Upstream$	(1)	(2)	(3)	(4)
ln$Centrality$	0.0059*** (4.53)	0.0029** (1.99)	0.0059*** (4.38)	0.0028* (1.87)
ln$Tech$		0.0025 (0.47)		0.0026 (0.47)
lnFDI		-0.0009 (-0.83)		-0.0009 (-0.81)
ln$E$		-0.0187 (-1.43)		-0.0195 (-1.54)

续表

因变量：ln$Upstream$	（1）	（2）	（3）	（4）
lnGNI		-0.0469*** （-2.71）		-0.0450*** （-2.70）
截距项	0.7361*** （32.22）	2.0457*** （5.44）	0.7485*** （31.59）	2.0367*** （5.61）
年份固定效应	是	是	是	是
行业固定效应	是	是	是	是
国家固定效应	是	是	是	是
行业—年份固定效应	否	否	是	是
样本量	11659	7723	11659	7723
拟合优度 R^2	0.7991	0.8295	0.8022	0.8331

注：括号内为 t 统计量，基于针对国家—行业的聚类标准差得出；***、**和*分别表示1%、5%和10%的显著性水平。

表6—6和表6—7分别汇报了以中间品出口数据和总出口数据为样本，以出口产品技术复杂度作为价值链分工地位代理指标的回归结果。回归结果与以"国内增加值率"作为价值链分工地位代理指标的结果在核心解释变量符号和显著性上并没有太大差异，说明研究结果基本稳健。

表6—6　枢纽地位对全球价值链分工地位的影响——基于中间品出口数据

因变量：ln$Prody$	（1）	（2）	（3）	（4）
ln$Centrality$	0.0050*** （3.91）	0.0033** （2.22）	0.0049*** （3.78）	0.0033** （2.16）
ln$Tech$		0.0012 （0.21）		0.0013 （0.21）

续表

因变量：ln$Prody$	（1）	（2）	（3）	（4）
lnFDI		-0.0011 (-0.91)		-0.0011 (-0.92)
ln$E$		-0.0203 (-1.53)		-0.0210 (-1.63)
lnGNI		-0.0406** (-2.30)		-0.0392** (-2.31)
截距项	0.7285*** (31.89)	2.0246*** (3.97)	0.7402*** (31.40)	1.9217*** (5.20)
年份固定效应	是	是	是	是
行业固定效应	是	是	是	是
国家固定效应	是	是	是	是
行业—年份固定效应	否	否	是	是
样本量	11162	7416	11162	7416
拟合优度 R^2	0.8016	0.8310	0.8051	0.8346

注：括号内为 t 统计量，基于针对国家—行业的聚类标准差得出；***、** 和 * 分别表示 1%、5% 和 10% 的显著性水平。

表6—7　枢纽地位对全球价值链分工地位的影响——基于总出口数据

因变量：ln$Prody$	（1）	（2）	（3）	（4）
ln$Centrality$	0.8710*** (49.76)	0.9008*** (41.71)	0.8685*** (40.93)	0.8962*** (40.38)
ln$Tech$		0.2163** (2.06)		0.2144** (2.14)
lnFDI		-0.0108 (-0.67)		-0.0124 (-0.79)
ln$E$		-0.4185*** (-2.77)		-0.4036*** (-2.80)

续表

因变量：ln$Prody$	（1）	（2）	（3）	（4）
lnGNI		－0.7179*** （－2.96）		－0.7344*** （－3.03）
截距项	10.1333*** （31.91）	30.2836*** （5.56）	9.9428*** （20.24）	30.2859*** （5.64）
年份固定效应	是	是	是	是
行业固定效应	是	是	是	是
国家固定效应	是	是	是	是
行业—年份固定效应	否	否	是	是
样本量	11659	7723	11659	7723
拟合优度 R^2	0.8174	0.8303	0.8238	0.8359

注：括号内为t统计量，基于针对国家—行业的聚类标准差得出；***、**和*分别表示1%、5%和10%的显著性水平。

（三）删除资源类中间产品数据

一国出口国内增加值率的提升可能是由于该国初级产品增多导致，为了避免此种现象会造成的估计偏误，同时，为体现中间产品这一概念，本章采用KWW分解框架下的中间品出口的国内增加值率作为价值链分工地位的代理变量，并进行稳健性检验，本章根据HS2002与BEC的对照表剔除了BEC代码为111、21和31的资源类中间产品出口样本。基于删除资源类中间产品出口之后的样本，重新测算了60个经济体的枢纽地位指数；对国家—行业层面的非资源类中间品出口的国内增加值率，根据Wang Z.等公布的运用TiVA数据库计算的2000年、2005年、2008—2011年的ISIC Rev.3行业分类下的各国中间产品出口国内增加值率以国家间的非资源类中间产品出口额为比重加权得到。回归结果见表6—8，结果仍然支持提升国家枢纽地位有利于提升其国际分工地位的论断。

表6—8 枢纽地位对全球价值链分工地位的影响——删除资源类中间产品

因变量：ln$DVAR$	（1）	（2）	（3）	（4）
ln$Centrality$	0.0150** (2.53)	0.0176** (2.03)	0.0152** (2.52)	0.0184** (2.01)
ln$Tech$		0.0166* (1.83)		0.0168* (1.90)
lnFDI		-0.0040 (-1.61)		-0.0038 (-1.47)
ln$E$		0.0896*** (3.07)		0.0882*** (2.91)
lnGNI		0.0795* (1.91)		0.0787* (1.88)
截距项	-0.0325 (-0.22)	-2.8579** (-2.35)	-0.0161 (-0.11)	-2.8389** (-2.32)
年份固定效应	是	是	是	是
行业固定效应	是	是	是	是
国家固定效应	是	是	是	是
行业—年份固定效应	否	否	是	是
样本量	8960	5968	8960	5968
拟合优度R^2	0.487	0.441	0.492	0.446

注：括号内为 t 统计量，基于针对国家—行业的聚类标准差得出；***、** 和 * 分别表示 1%、5% 和 10% 的显著性水平。

第五节 本章小结

本章在马克思主义政治经济学思想的指导下，从分工网络视角分析了中国制造业提升国际分工地位、实现价值链高端攀升的内在机理。基于对马克思主义政治经济学相关理论的梳理发现，处于国际分工网络枢纽地位的国家，其可交换和可流通的范围较大，有利于促进资本积累，加快科学化生产趋势，有利于创造更多的价值；

基于对西方经济学相关理论的梳理发现，处于枢纽地位的国家资源获取和控制能力较强，有利于更快更优地吸收和内化先进技术，提升分工地位。在理论分析的基础上，本章还进行了实证研究，结果显示：国家在国际分工网络中枢纽地位的提高会显著促进其全球价值链分工地位的提升。通过更换研究样本、替换关键变量指标、剔除有争议样本等一系列稳健性检验发现，本章研究结果稳健。

本章的政策含义在于：在全球价值链重构的关键期，巩固和提升中国现有的枢纽地位对于中国制造业实现价值链高端攀升，构建以我为主的全球价值链，推进更高水平对外开放，加快构建新发展格局具有重要的现实意义。基于此，对外，推动建设开放型世界经济，继续推动"一带一路"高质量发展，积极参与国际贸易规则重构，鼓励并帮助更多的发展中国家纳入全球价值链；对内，要改善国内循环，畅通国内大循环，为吸引高端要素、高质量商品和服务的流入创造条件。

第七章

"共轭环流"式国际分工格局：
二元价值环流下的升级路径

  第三章介绍了"共轭环流"式国际分工格局的存在性，如今中国参与的国际循环存在明显的二元价值环流，即中国与发达国家的价值环流和中国与其他发展中国家的价值环流，中国在二元价值环流中如何实现价值链高端攀升以及攀升路径是否会存在差异，这一问题值得探讨。基于此，本章首先基于马克思主义国际分工思想，从生产力和生产关系二重角度分析中国在二元价值环流中的升级路径及其差异性。其次，建立拓展的国际分工模型，在产品内国际分工框架下，以价值环流的形式描述由发达国家、新兴市场经济体和其他发展中国家所构成的国际分工网络，揭示国际分工布局形成及演变机理，强调并重点分析新兴市场经济体在分工网络中的枢纽地位及其分工地位的提升机制，提出待检验假说。最后，在理论模型基础上，运用中国工业企业数据、海关贸易数据和中国知识产权数据等海量数据对理论假说进行严谨的实证分析，探索中国在新时代形成全面开放新格局、促进中国制造业向价值链中高端攀升的可行路径。

第一节　引言

改革开放初期，中国嵌入国际分工网络的模式单一，主要依托中国与发达国家价值环流参与国际分工：发达国家向中国转移组装加工环节、出口高端零部件或提供技术支持，工序完成后将相应的中间品或最终品返销到发达国家，中国逐步成为发达国家的制造业供给侧要端。作为全球第二大经济体和最大的货物贸易国，中国巨大的体量决定了未来的发展，不能仅靠进一步嵌入发达国家价值链，中国需要积极构建自己主导的全球价值链，实现价值链的高端攀升。不少研究和证据表明，全球价值链高端生产环节由发达国家掌控，中国制造业被低端锁定于低附加值、低技术含量环节（王直等，2015；张杰和郑文平，2017），难以提升价值链分工地位。在嵌入发达国家价值环流的过程中，通过吸收和内化高端技术以及不断地自我创新，并依托社会主义新中国建立的相对独立的工业体系，以此造就的"大国重器"为中国企业"走出去"、加强南南合作提供了强大支撑，使得中国有能力引领发展中国家价值链的扩张。中国与其他发展中国家的价值环流逐渐显现与增强：中国以国际产能合作、国际工程承包等方式引领发展中国家价值链，同时，其他发展中国家向中国出口初级产品和中间品。中国参与国际分工方式不再单一化，中国与其他发展中国家价值环流的显现为中国打造以我为主的全球价值链提供了难得的历史契机。由此，在全球分工网络中，存在中国与发达国家及中国与其他发展中国家两个价值环流，且中国逐渐发展为枢纽，这两大环流共同构成了中国参与全球价值链的基本框架——"共轭环流"分工格局。"共轭环流"分工格局的形成为中国制造业嵌入国际分工提供了新的空间和载体，拓展了企业嵌入国际分工、实现价值链升级的思路。那么，鉴于中国制造业企业在二元价值环流中角色的不同，其在嵌入二元价值环流中，升级空间及升级路径是否也存在差异？对该问题的回答对于丰富和完善解释中国制造业国际分工行为理论具有重要理论意义；对于探索中国在新时代形成全面开放新格局、促进中国制造业向价值链中高端攀升的可行路径，加快构建新发展格局具有重要的意义。

本章致力于在马克思主义国际分工思想的指导下，将价值环流思想纳入产品内国际分工框架，全面梳理新兴市场经济体实现价值链攀升路径的理论脉络，提出理论假说，并基于中国工业企业数据、海关贸易数据和中国知识产权数据等海量数据对理论假说进行严谨的实证分析。探究促进中国制造业实现价值链中高端攀升的有效路径。相比较已有研究，本章创新点如下：第一，不同于已有国际分工理论模型，本章模型区分发达国家、新兴市场经济体和其他发展中国家，将国际分工网络划分为发达国家价值环流和发展中国家价值环流，刻画以新兴市场经济体为枢纽的分工网络；对国际分工网络布局的演变过程及影响因素进行理论推演，透析在二元价值环流下新兴市场经济体的升级路径，拓展已有的国际分工模型。第二，运用海量微观数据，实证检验二元价值环流下中国制造业实现价值链攀升的机制和路径，研究结果为中国开放型经济的"共轭环流论"提供有力支撑。

本章结构如下：第二部分基于马克思主义国际分工思想分析中国制造业嵌入二元价值环流的升级空间及升级路径差异性；第三部分构建拓展的国际分工理论模型，并提出理论假说；第四部分基于理论模型设立实证模型，说明核心指标、重要数据来源及处理过程；第五部分为实证结果分析；第六部分是本章小结。

第二节 基于马克思主义国际分工思想的分析

在马克思主义政治经济学思想的指导下，以"共轭环流"式分工格局的存在性以及中国开放型经济发展脉络为背景,分析中国制造业嵌入发达国家价值环流和发展中国家价值环流的升级空间及升级路径的差异性。

从生产力和生产关系两个角度分析马克思主义的分工思想,可以分析出马克思所提出的分工具有二重性:从生产力角度出发,一方面分工协作可以通过扩大劳动力空间范围、缩小生产领域,节约非生产费用,从而创造一种生产力;另一方面分工的专业性可以使大量的劳动者在同一时间共同劳动,特定的劳动者同时进行某种特定的操作,这种协同性和同时性可以缩短制造商品所需要的必要劳动时间,从而可以在一定时间内创造出更多的产品价值。从生产关系角度出发,一方面分工的专业化使劳动者长期重复某项特定劳动,使其成为片面发展的局部工人,限制了劳动者的全面自由发展;另一方面劳动从属于资本,"协作是在劳动过程中才开始的,但是在劳动过程中他们已经不再属于自己了。他们一进入劳动过程,便并入资本"[①]。分工协作所产生的生产力效应,其成果被生产资料所有者占有,体现不平等分配关系。将马克思提出的工厂手工业的分工二重性拓展到世界范围,形成马克思主义的国际分工理论,其生产力和生产关系的二重属性依然成立,并为解释中国制造业的国际分工参与行为提供理论基础和分析框架。

国际分工格局是生产工具不断创新发展的结果,技术进步推动分工格局的形成和发展。马克思主义经济学家费尔南多·恩里克·卡多佐等(2002)指出,发展中国家在参与发达国家主导的国际分工时,存在"发展"和"依附"并存的现象。"发展"展示的是分工的生产力效应,发展中国家在承接发达国家转移工序的过程中,实现了一定的资本积累,在一定程度上促进了技术进步和经济增长。"依附"主要体现在"不平等交换和分配"和"被支配地位"两个方面。在"不平等交换和分配"方面,发达国家凭借其掌握的先进

[①]《资本论》(第1卷),人民出版社2018年版,第386—387页。

生产工具，成为国际分工的主导者，技术的差距导致国际分工格局中交换的不平等、利润分配的不均衡。不同工序之间的资本有机构成（不变资本价值与可变资本价值之比，$c:v$）不同，通常资本有机构成较高的工序进入门槛较高，发达国家凭借对技术的垄断，可以获得超过平均利润的超额利润；发展中国家从事进入门槛较低的资本有机构成较低的工序，利润率较低。"不平等交换体系"的呈现使得发展中国家获得经济剩余较小，绝大多数经济剩余由占主导地位的发达国家获取，并转移回本国。经济剩余的转移限制了发展中国家在发达国家主导的全球价值链中的资本积累。在"被支配地位"方面，国际分工体系中不同国家所扮演的角色不同，发展中国家承接的工序服务于发达国家的生产发展和价值增值，马克思主义经济学家保罗·巴兰（2014）指出，由于发展中国家的被支配地位，其获得的较少的经济剩余有时也不能被合理地用于生产目的、投资本企业或用于发展其他事业。此外，随着跨国公司的发展，跨国公司的资本输出产生了一种新型依附，即发展中国家对发达国家的技术—工业依附，其基本特点是跨国公司的技术—工业统治，"这种依附关系结构影响着依附国的生产体制"，发展中国家作为依附国获得"依附性积累"（多斯桑托斯，1992）。世界剩余产品在不同国家之间的分配呈现不平等交换体系。在参与发达国家主导的全球价值链的过程中，中国通过承接转移工序，实现了一定的资本积累，对提升技术和经济发展起到了重要作用，促进了中国制造业国际分工地位的提升。但是，在中国与发达国家的价值环流中，发达国家凭借对核心技术的垄断而占据价值链中的高附加值环节，中国承接其转移的低附加值环节，发达国家处于支配地位，而中国制造业处于被支配地位。不平等的交换体系限制了中国制造业的发展，在发达国家主导的全球价值链中中国升级空间呈现逐渐收窄状态。

美国新马克思主义经济学家伊曼纽尔·沃勒斯坦将世界经济体系划分为中心区、边缘区和半边缘区，其中，半边缘区在分工体系中的定位介于中心区和边缘区之间，即半边缘区国家相对于中心区国家扮演边缘国家的角色，但是其相对于边缘区国家扮演中心国家的角色。在现有的国际分工体系中，中国大致扮演了"半边缘区"的角色：在发达国家价值环流中，通过承接发达国家的转移工序，在分工地位上扮演相对边缘国的角色；在发展中国家价值环流中，中国通过加强南南国际产能合作、将低端生产环节分流到其他发展中国家，在分工地位上扮演相对中心国的角色。但是，区别于在资本主义扩张下形成的发达国家与发展中国家的不平等分配体系，中国摒弃了资本主义生产关系的束缚，致力于充分发挥国际分工的生产力效应。中国秉承"共商、共建、共享"原则，构建与其他发展中国家的国际合作模式，探索利润分享、互惠共赢的新型全球价值链。国家与国家之间分工构成的价值环流，意味着"商品作为产品从一个产业部门生产出来后，会作为生产资料再进入另一个产业部门"①。同样，在中国与其他发展中国家的价值环流中，其他发展中国家生产的产品作为生产资料或不变资本进入中国生产体系，则其他发展中国家劳动生产力的提升可以相应地降低中国制造业企业所使用的不变资本的价值，是一种不变资本的节约，这种节约可以提高中国制造业利润率，从而有利于促进价值链的高端攀升。

第三节　理论模型

一　基本模型设定

基于 Young（1991）以及 Li 和 Liu（2018）的研究，考虑构成全球产品内分工网络的三个国家：发达国家（记为 D）、新兴市场经济体（记为 E）和发展中国家（记为 U），三国的企业对最终产品 Y 的生产分工布局及相应产生的中间产品贸易构成了全球分工网络。

---

① 《资本论》（第3卷），人民出版社2018年版，第96页。

三类国家的主要区分标准为技术水平的差异，在同一时期三国技术水平排序为 $0 < T_U(t) < T_E(t) < T_D(t) < 1$，其中，$T_D(t)$、$T_E(t)$ 和 $T_U(t)$ 分别表示 t 期 D 国、E 国和 U 国的技术水平。Li 和 Liu（2018）将参与国际分工的国家区分为发达国家和发展中国家，从工序转移、"干中学"和工资变动三个方面深入分析了发达国家与发展中国家间的工序分布动态及其决定因素。与 Li 和 Liu（2018）相比，在此文中本章简化了对工资的研究，着重从工序的承接、转移以及各国技术变动方面分析全球分工布局的动态；同时，考虑到新兴市场经济体在国际分工中与发展中国家地位的不同，将新兴市场经济体作为单独的分析主体进行研究。本章创建的全球分工网络布局理论模型在以下几个方面存在创新和贡献：第一，以价值链环流的方式描述三国的产品内分工网络，并刻画了新兴市场经济体在全球分工网络中的重要枢纽作用；第二，着重考察新兴市场经济体在价值环流内分工地位提升的内在机理，主要就技术进步和他国分工地位相对变化的影响进行分析。

假定三国共同生产最终产品 Y，生产只需要劳动要素作为中间投入，三国参与产品分散化生产的劳动力禀赋分别为 L_D、L_E 和 L_U，其劳动力工资水平分别为 $w_D(t)$、$w_E(t)$ 和 $w_U(t)$。最终产品 Y 的完成需要经过设计、加工、组装等流程，其组成流程具有连续性，而每个流程中又包含不同的工序。假设最终产品 Y 的生产流程由工序 s（$s \in [0,1]$）组成，每个国家负责生产不同的工序 s，s 值越大表明该工序难度越大，对完成该工序的技术水平要求也就越高。t 期产品 Y 的生产函数可表示为：$\ln Y(t) = \int_0^1 \ln x(s,t) ds$，其中，$x(s,t)$ 表示在 t 期工序 s 的完成量。三国技术水平的差距主要体现在各国要完成不同难度工序所需要的劳动量的不同上，发达国家（D 国）完成单位工序的劳动需求量可以表示为：

$$a_D(s,t) = \bar{a}(s) = \bar{a} e^{-s} \qquad (7—1)$$

新兴市场经济体（E 国）完成单位工序的劳动需求量可以表

示为：

$$a_E(s,t) = \bar{a}e^{s-2T_E(t)} \qquad (7\text{—}2)$$

发展中国家（U 国）完成单位工序的劳动需求量可以表示为：

$$a_U(s,t) = \bar{a}e^{ms-nT_U(t)} \qquad (7\text{—}3)$$

其中，$m>1$，$n>0$，$nT_U(t)>2T_E(t)$，满足：$a_D\left[T_E(t),t\right] = a_E\left[T_E(t),t\right]$，$a_E\left[T_U(t),t\right] = a_U\left[T_U(t),t\right]$。为简化模型，本章假设企业生产的产品面向全球市场，故而本模型暂不考虑市场和价格。

基于企业生产边界、规模经济和生产成本等方面的综合考虑，企业通常在保留产品生产核心技术和关键环节基础上，把技术水平要求相对较低的工序转移到其他国家进行生产，从而使自己专注于更高价值环节的研究和生产。通常这种转移发生在技术水平较高国家的企业向技术水平较低国家进行的转移。基于此，本章所考虑的工序转移包括 D 国向 E 国和 U 国转移以及 E 国向 U 国转移的情况。在转移工序时，因政策、制度、运输和产业协调产生的各种费用（税收、运输成本和交易成本等）被称为转移成本，记为 $\beta(t)\left[\beta(t)>1\right]$。本章参照 Grossman 和 Rossi-Hansberg（2012）的做法，在本模型中将工序转移成本内生化。各国在贸易开放、基础设施和通信技术等方面的发展水平存在差异，假定企业向 E 国和 U 国转移工序时产生的转移成本分别为 $\beta_E(t)$ 和 $\beta_U(t)$。承接国完成单位转移工序生产所需劳动力为 $\beta(t)a(s,t)$。

二 产品内分工网络的定位

在产品内分工网络中，各国根据自身生产要素禀赋以及不同工序的技术需求，对产品生产工序进行分解或整合，各工序转移到具有相对比较优势的国家进行专业化生产。高技术国家向低技术国家转移工序主要体现为，出口高端零部件或提供技术支持，承接国在完成工序生产后出口中间产品或最终品到转移国，从而构成了分工网络中的价值环流。根据工序转移方向，产品内分工网络可由不同的价值环流构成，下文将就环流内部分工定位问题进行分析。

（1）发达国家与新兴市场经济体的价值环流

D国向E国转移工序定位。各国生产单位工序的成本差异是展开国际分工的前提条件（谷克鉴，2012）。当D国企业在国内完成工序生产所需总成本大于其将工序转移或外包至E国生产所需总成本时，D国企业会将工序转移至E国或直接外包给E国企业进行生产，即：

$$w_D(t)\bar{a}(s) > w_E(t)\beta_E(t)a_E(s,t) \quad (7—4)$$

存在分工临界点 $h_1(t)$，使得D国企业在国内生产与将其转移至E国生产所需总成本相同，即满足：

$$w_D(t)\bar{a}[h_1(t)] = w_E(t)\beta_E(t)a_E[h_1(t),t] \quad (7—5)$$

分工临界点 $h_1(t)$ 可看作在基于成本考虑下，D国向E国转移工序时，E国所承接的最高难度的工序。$h_1(t)$ 界定了在D国所完成的工序范围，当 $h_1(t)=0$ 时，D国企业不会向E国转移任何工序；当 $h_1(t)=1$ 时，D国企业在国内不从事任何工序生产，将所有工序转移至E国。当 $h_1(t)<s<1$ 时，该部分工序在D国完成；当 $0<s<h_1(t)$ 时，D国企业将工序转移至E国。

产品生产的分解过程可以视为各国在生产链条上比较优势的转换，在这个转换点将产生大量的中间品或最终品贸易。E国在完成D国转移的工序后，将配件或组装品出口到D国，组成了D国和E国的价值环流。

（2）新兴市场经济体与发展中国家的价值环流

E国向U国转移工序定位。刘伟和郭濂（2016）提出，与发展中国家相比，新兴市场经济体已不具备劳动力等直接成本优势。出于成本或资源角度考虑，E国可能将承接的部分低端节点的加工产业向发展中国家U国进行分流。当E国企业在国内完成工序生产所需总成本大于其将工序转移或外包至 U 国生产所需总成本时，E 国企业会将工序转移至 U 国或直接外包给 U 国企业进行生产：

$$w_E(t) a_E(s,t) > w_U(t) \beta_U(t) a_U(s,t) \quad (7-6)$$

存在分工临界点 $h_2(t)$，使得 E 国企业在国内生产与将其转移至 U 国生产所需总成本相同，即满足：

$$w_E(t) a_E[h_2(t),t] = w_U(t) \beta_U(t) a_U[h_2(t),t] \quad (7-7)$$

分工临界点 $h_2(t)$ 可看作在基于成本考虑下，E 国向 U 国转移工序时，U 国所承接的最高难度工序。$h_2(t)$ 界定了在 E 国所完成的工序范围。当 $h_2(t) < s < 1$ 时，E 国向 U 国转移工序的成本过高，该部分工序在 E 国完成；当 $0 < s < h_2(t)$ 时，E 国企业将工序转移至 U 国生产。U 国在完成 E 国转移的工序后，将配件或组装品出口到 E 国，组成 E 国和 U 国的价值环流。

（3）发达国家与发展中国家的价值环流

考虑 D 国向 U 国转移工序的情况。分析同上，存在分工临界点 $h_3(t)$，当 $0 < s < h_3(t)$ 时，D 国将工序转移至 U 国进行生产。$h_3(t)$ 界定了在 D 国和 U 国生产网络中 U 国的承接工序范围。但 E 国生产 $[h_2(t),h_3(t)]$ 阶段内工序的单位劳动成本要小于 U 国，所以基于成本考虑 $[h_2(t),h_3(t)]$ 阶段内工序由 E 国承担，而 U 国仍然承担由 E 国转移的 $[0,h_2(t)]$ 阶段内的工序。

综上，$[h_1(t),1]$ 阶段内工序在 D 国完成，$[h_2(t),h_1(t)]$ 阶段内工序由 E 国完成，$[0,h_2(t)]$ 阶段内工序由 E 国转移至 U 国完成。$h_1(t)$ 和 $h_2(t)$ 是贯序生产工序中的分工临界点，而在分工临界点产生的中间品或最终品贸易是联系分工各参与者的重要纽带。图 7—1 刻画了多国—产品内分工网络。承接国 E 国和 U 国在完成转移工序生产后，会将生产的零部件或组装品分别运回转移国 D 国和 E 国，形成 D 国与 E 国的价值环流以及 E 国与 U 国的价值环流，由此构成了产品内分工网络，而新兴市场经济体 E 国是全球分工网络的枢纽国。

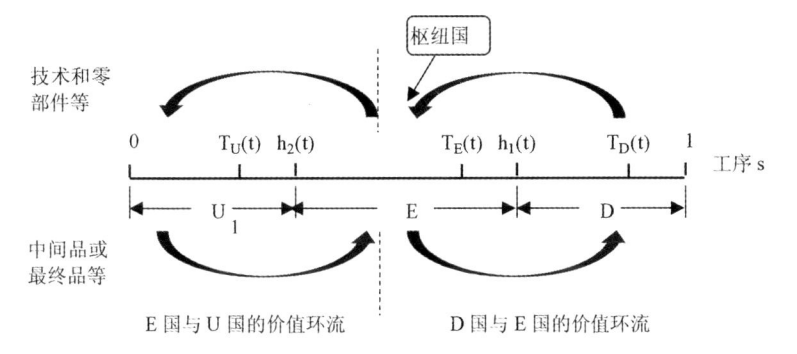

第七章 "共轭环流"式国际分工格局：二元价值环流下的升级路径 143

图7—1 多国—产品内分工网络

劳动力市场均衡条件为：

$$\int_{h_1(t)}^{1} x(s,t) \bar{a}(s) ds = L_D \qquad (7—8)$$

$$\int_{h_2(t)}^{h_1(t)} x(s,t) \beta_E(t) a_E(s,t) ds = L_E \qquad (7—9)$$

$$\int_{0}^{h_2(t)} x(s,t) \beta_U(t) a_U(s,t) ds = L_U \qquad (7—10)$$

其中，$x(s,t)$ 表示工序完成量。生产零部件和产品所需要的总支出 $E(t)$ 可表示为：$E(t) = w_D(t) L_D + w_E(t) L_E + w_U(t) L_U$，则三国工序 s 的完成量为：

$$x_D(s,t) = \frac{E(t)}{w_D(t) \bar{a}(s)} \qquad (7—11)$$

$$x_E(s,t) = \frac{E(t)}{w_E(t) \beta_E(t) a_E(s,t)} \qquad (7—12)$$

$$x_U(s,t) = \frac{E(t)}{w_U(t) \beta_U(t) a_U(s,t)} \qquad (7—13)$$

由公式（7—8）和公式（7—11）可得：

$$\int_{h_1(t)}^{1} \frac{E(t)}{w_D(t)} ds = L_D \quad (7-14)$$

$$\frac{E(t)}{w_D(t)}[1 - h_1(t)] = L_D \quad (7-15)$$

由公式 (7—9) 和公式 (7—12) 可得:

$$\int_{h_2(t)}^{h_1(t)} \frac{E(t)}{w_E(t)} ds = L_E \quad (7-16)$$

$$\frac{E(t)}{w_E(t)}[h_1(t) - h_2(t)] = L_E \quad (7-17)$$

由公式 (7—10) 和公式 (7—13) 可得:

$$\int_{0}^{h_2(t)} \frac{E(t)}{w_U(t)} ds = L_U \quad (7-18)$$

$$\frac{E(t)}{w_U(t)} h_2(t) = L_U \quad (7-19)$$

由公式 (7—15) 和公式 (7—17) 可得:

$$L_E w_E(t) = \left[L_E w_E(t) + L_D w_D(t)\right] h_1(t) - L_D w_D(t) h_2(t) \quad (7-20)$$

由公式 (7—17) 和公式 (7—19) 可得:

$$h_1(t) = \frac{\left[L_U w_U(t) + L_E w_E(t)\right] h_2(t)}{L_U w_U(t)} \quad (7-21)$$

由公式 (7—20) 和公式 (7—21) 可得在劳动力市场出清条件下的分工临界点均衡解:

$$h_1^*(t) = \frac{w_E(t) L_E + w_U(t) L_U}{w_D(t) L_D + w_E(t) L_E + w_U(t) L_U} \quad (7-22)$$

$$h_2^*(t) = \frac{w_U(t) L_U}{w_D(t) L_D + w_E(t) L_E + w_U(t) L_U} \quad (7-23)$$

三 产品内分工网络布局的演变

基于不同价值环流的互动机制，探究新兴市场经济体提升其分工地位的内在机理。根据上述产品内分工网络的形成分析，由劳动力需求方程公式（7—2）和公式（7—3）、临界点存在方程公式（7—5）和公式（7—7）以及劳动力市场均衡条件公式（7—8）到公式（7—10），得出 t 期分工临界点决定方程：

$$e^{2h_1(t)-2T_E(t)} \times \frac{h_1(t) - h_2(t)}{1 - h_1(t)} = \frac{L_E}{L_D} \times \frac{1}{\beta_E(t)} \quad (7\text{—}24)$$

$$e^{(m+1)h_2(t)} - n\,T_u(t) \times \frac{h_2(t)}{h_1(t) - h_2(t)} = \frac{L_U}{L_E} \times \frac{1}{\beta_u(t)} \quad (7\text{—}25)$$

三国的劳动力工资水平可以表示为：

$$w_D(t) = \frac{1 - h_1(t)}{L_D} \quad (7\text{—}26)$$

$$w_E(t) = \frac{h_1(t) - h_2(t)}{L_E} \quad (7\text{—}27)$$

$$w_U(t) = \frac{h_2(t)}{L_U} \quad (7\text{—}28)$$

借鉴 Young（1991）的思想，本书认为当转移的工序难度大于承接国的现有技术水平时，从事转移工序的生产才会对承接国产生技术溢出和学习效应，进而提升承接国的技术水平。故而，在 D 国与 E 国的价值环流中，E 国技术水平变动方程为：

$$\frac{dT_E(t)}{dt} = \int_{T_E(t)}^{1} B\,L_E(s,t)\,ds \quad (7\text{—}29)$$

公式（7—29）中，$L_E(s,t)$ 表示 t 期从事工序 s 生产的劳动力数量，B 表示 E 国学习能力（$B > 0$）。由于 E 国分工临界点为 $h_1(t)$，无法承担 $[h_1(t),1]$ 阶段内工序的生产，所以 E 国技术水平变动可表示为：

$$\begin{aligned}\frac{dT_E(t)}{dt} &= \int_{T_E(t)}^{h_1(t)} B\frac{1}{w_E(t)}ds = \int_{h_2(t)}^{h_1(t)} B\frac{1}{w_E(t)}ds \\ &\quad - \int_{h_2(t)}^{T_E(t)} B\frac{1}{w_E(t)}ds = BL_E - B\frac{T_E(t)-h_2(t)}{w_E(t)} \\ &= BL_E - BL_E\frac{T_E(t)-h_2(t)}{h_1(t)-h_2(t)} \\ &= BL_E\frac{h_1(t)-T_E(t)}{h_1(t)-h_2(t)} \end{aligned} \quad (7\text{—}30)$$

由公式 (7—30) 可知，E 国技术水平的变动受到 E 国分工临界点位置、U 国分工临界点位置、E 国技术水平以及学习能力和劳动力投入量的影响。易知，$\partial[dT_E(t)/dt]/\partial h_1(t) > 0$，表明 E 国分工临界点的提高有助于其技术水平的提升。Kline 和 Rosenberg (1986) 指出，技术水平的提升过程是从突破基础应用到更高层次新产品研发的一种自下而上的良性循环。分工临界点 h 的提升意味着，E 国企业可进行更高难度的工序生产，内化新工序意味着新产品或新产业的拓展和形成，企业也将面临新的和更高的需求，这会对企业的技术创新产生倒逼作用，从而促进技术水平的提升（黄先海和宋学印，2017）。

由公式 (7—24) 可知，在 D 国与 E 国的价值环流中 E 国分工临界点的位置变动方程可表示为：

$$\frac{dh_1(t)}{dt} = a\frac{dT_E(t)}{dt} + b\frac{dh_2(t)}{dt} - c\frac{d\beta_E(t)}{dt} \quad (7\text{—}31)$$

其中，$a = \dfrac{2[h_1(t)-h_2(t)][1-h_1(t)]}{2[h_1(t)-h_2(t)][1-h_1(t)]+1-h_2(t)} > 0$，

$b = \dfrac{[1-h_1(t)]}{2[h_1(t)-h_2(t)][1-h_1(t)]+1-h_2(t)} > 0$，$c = $

$\dfrac{[h_1(t)-h_2(t)][1-h_1(t)]}{2[h_1(t)-h_2(t)][1-h_1(t)]\beta_E(t)+[1-h_2(t)]\beta_E(t)} > 0$。

显示 E 国分工临界点的位置变动受到自身技术水平变动、U 国分工

临界点位置变动和 E 国承接工序成本变动的影响。需要指明的是，在 D 国与 E 国的生产网络中，由于 D 国的技术优势，E 国分工地位的提升存在一定限度。由公式 (7—31) 得出假说 1。

假说 1：在新兴市场经济体与发达国家价值环流中，新兴市场经济体技术水平的加速提升有利于其价值链分工地位的加速提升。

E 国与 U 国的价值环流。考虑 U 国企业承接 E 国企业转移工序之后的技术水平变动，U 国技术水平变动方程为：

$$\frac{dT_U(t)}{dt} = \int_{T_U(t)}^{1} BL_U(s,t)ds \qquad (7—32)$$

由于 U 国分工临界点为 $h_2(t)$，无法承担 $[h_2(t),1]$ 阶段内工序生产，所以将 U 国技术水平变动表示为：

$$\frac{dT_U(t)}{dt} = \int_{T_U(t)}^{h_2(t)} B\frac{1}{w_U(t)}ds = \int_{0}^{h_2(t)} B\frac{1}{w_U(t)}ds$$

$$- \int_{0}^{T_U(t)} B\frac{1}{w_U(t)}ds = BL_U - B\frac{T_U(t)}{w_U(t)}$$

$$= BL_U - BL_U\frac{T_U(t)}{h_2(t)}$$

$$= BL_U\frac{h_2(t) - T_U(t)}{h_2(t)} \qquad (7—33)$$

由公式 (7—25) 可知，在 E 国和 U 国的价值环流中 E 国分工临界点的位置变动方程可表示为：

$$\frac{dh_1(t)}{dt} = e\frac{dh_2(t)}{dt} - f\frac{dT_U(t)}{dt} + g\frac{d\beta_U(t)}{dt} \qquad (7—34)$$

公式 (7—34) 中，$e = (m+1)[h_1(t) - h_2(t)] + \frac{h_1(t) - h_2(t)}{h_2(t)} + 1 > 0$，$f = n[h_1(t) - h_2(t)] > 0$，$g = \frac{h_1(t) - h_2(t)}{\beta_U(t)} > 0$。该公式体现了 E 国分工临界点增长、U 国分工临界点增长、U 国技术水平

变动和向 U 国转移工序成本变动之间的关系，即 E 国分工临界点的变动受到 U 国分工临界点变动、U 国技术水平变动以及向 U 国转移工序成本变动的综合影响。$e>0$，表明 U 国分工临界点的加速提升会对 E 国分工临界点的加速提升有一个正向的作用；$f>0$，表明 U 国技术水平的加速提升会对 E 国分工临界点的加速提升有一个负向的作用。但是，U 国分工临界点的加速提升并不一定会最终导致 E 国分工临界点的加速提升，只是对加速 E 国分工临界点的增长有一个正向作用；同理，U 国技术水平的加速提升并不一定会最终导致 E 国分工临界点的增长放缓，只是会对 E 国分工临界点的加速提升起到一个负向作用。因此，得到假说2。

假说2：在新兴市场经济体与发展中国家价值环流中，发展中国家分工地位的加速攀升有利于推动新兴市场经济体分工地位的加速攀升。

第四节　模型设定、变量及数据说明

一　模型设定

基于理论模型，本章分别从中国企业嵌入发达国家价值环流的分工地位提升机制、中国与其他发展中国家分工地位相对变动两个方面来讨论中国作为"共轭环流"枢纽如何通过参与二元价值环流来实现其国际分工地位的攀升。下文使用由贸易产生的国内增加值率来表示理论模型中的分工临界点 h（杨高举和黄先海，2013）。

（一）中国企业嵌入发达国家价值环流的分工地位提升机制

为了验证假说1，在中国企业与发达国家的生产网络中，构建技术水平变动和分工地位变动的关系方程：

$$\Delta \ln DVAR_{it} = \beta_0 + \beta_1 \Delta \ln Tech_{it} + \beta_2 \Delta \ln Wage_{it} \\ + \beta_3 \ln Age_{it} + \beta_4 \Delta \ln Size_{it} \\ + \beta_5 Undevelop_{it} + \mu_i + \mu_t + \varepsilon_{it} \quad (7\text{—}35)$$

其中，下标 i 代表企业，t 代表时间；因变量 $\Delta \ln DVAR_{it}$ 表示企业 i 在 t 期的国内增加值率对数值的差分，即企业国内增加值率的增长，代表了企业国际分工地位的变动。本章采用 Upward 等（2013）提出的企业国内增加值的方法进行测算；核心解释变量 $\Delta \ln Tech_{it}$ 为企业技术水平对数值的差分，代表了企业 i 在 t 期的技术水平增长，使用企业专利申请数作为企业技术水平的衡量指标。[①] 技术水平是影响国内增加值率的主要因素之一。技术水平提升，一方面引致制造中间投入品行业竞争力增强，使得加工贸易商倾向于使用国内产品来替代进口品作为中间投入；另一方面使得中国的相对比较优势转向较高的国内增加值环节。$\Delta \ln Wage_{it}$ 表示企业工资水平变动，企业劳动者薪酬的提高会促进其国内增加值的增加，本章使用企业应付工资总额的对数值表示工资水平，采用以 2000 年为基期的居民消费价格指数进行平减。$\ln Age_{it}$ 表示企业经营年限的对数值，处于生命周期不同阶段的企业，其国际分工的参与程度或参与方式会存在差异，本章使用当年年份与企业成立年份之差再加 1 来衡量企业经营年限。$\Delta \ln Size_{it}$ 表示企业规模变动，Kee 和 Tang（2016）指出规模较大的企业通常具有较高的进口—销售比率。本章用企业销售收入对数值表示企业规模，采用以 2000 年为基期的商品零售价格指数对其进行平减。中国在参与发达国家环流的同时无法脱离与发展中国家环流的联系，为体现两环流的互动性，加入企业 i 是否在 t 年也同时向发展中国家出口的虚拟变量 $Undevelop_{it}$。δ_i 表示企业固定效应；δ_t 表示时间固定效应；ε_{it} 表示随机扰动项。

（2）中国与其他发展中国家分工地位的相对变动

为了验证假说 2，构建其他发展中国家分工地位变动与中国企业分工地位变动的关系方程：

[①] 由于许多工业企业没有申请专利，所以专利申请数出现大量 0 值，使用下式对专利数进行调整：$p_{it} = \ln[P_{it} + (P_{it}^2 + 1)^{1/2}]$，其中 P_{it} 是企业 i 在 t 时期的专利申请数的加总（Qing L., D. Q. Larry, 2016）。

$$\begin{aligned}\Delta\ln DVAR_{it} = & \gamma_0 + \gamma_1 \Delta\ln FDVAR_{it} + \gamma_2 \Delta \ln Wage_{it} \\ & + \gamma_3 \ln Age_{it} + \gamma_4 \Delta \ln Size_{it} \\ & + \gamma_5 Develop_{it} + \sigma_i + \sigma_t + \omega_{it}\end{aligned} \qquad (7\text{—}36)$$

公式（7—36）中，$\Delta\ln FDVAR_{it}$ 表示企业 i 贸易对象的国内增加值率对数值的差分，代表了贸易对象分工地位的变动。对于企业 i 贸易对象的国内增加值率，本章根据 Wang Z. 等公布的运用 TiVA 数据库计算的 2000 年、2005 年、2008—2011 年 ISIC Rev. 3 行业分类下的各国国内增加值率以出口额为比重加权得到，具体计算公式为：$FDVAR_{it} = \sum_s \sum_j (Export\_w_{ijst} * DVAR_{sjt})$。其中，$Export\_w_{ijst}$ 表示行业 j 的企业 i 在 t 年向 s 国出口量占其该年总出口量的比重，$DVAR_{sjt}$ 为发展中国家 s 向中国的出口中所包含的行业层面国内增加值率。为体现两环流的互动性，加入企业 i 是否在 t 年也同时向发达国家出口的虚拟变量 $Develop_{it}$。方程中的其他变量和固定效应与公式（7—35）类似。

二 企业层面分工地位指标测算

（一）国内增加值率

测算国内增加值率的关键在于辨别加工贸易和一般贸易方式下的进口中间产品。

第一步：对加工贸易方式下进口中间产品进行辨别。根据中国海关相关规定，以加工贸易方式进口的产品均要用于出口加工贸易的产品生产，所以在加工贸易方式下进口的产品都可归类为中间产品。在 2000—2006 年海关数据中，加工贸易分为"进料加工贸易""来料加工贸易"两类，本章将这两类对应的进口品归类为中间产品；由于 2007—2013 年的贸易方式划分只有"一般贸易"和"加工贸易及其他"，所以本章将"加工贸易及其他"类别下的贸易方式代码为 14 和 15 的进口品作为中间产品。

第二步：对一般贸易方式下进口中间产品进行辨别。首先，根据联合国统计司提供的 HS1996 版本、HS2007 版本和 HS2012 版本分别与 HS2002 版本的转换表将产品 HS 编码统计口径统一为 HS2002 版本；接着，根据 UN BEC（United Nations Broad Economic Categories）产品分类对中间品、消费品和资本品进行区分，选取 BEC 分类代码为 111、121、21、22、31、322、42 和 53 的样本作为中间品；最后，根据 BEC 分类与 HS2002 的对照表将中间品归类到具体的 HS 编码下。

依据 Upward（2013）的研究，将企业国内增加值率的测算方程设定为：

$$DVAR_{ijt} = \left\{ E_{ijt} - \left[I_{jt}^p + \frac{I_{jt}^o}{Y_{jt} - E_{jt}^p} * E_{jt}^o \right] * W_{ijt} \right\} / E_{ijt} \quad (7—37)$$

其中，上标 p 和 o 分别表示加工贸易和一般贸易方式，I 和 E 分别表示进口额和出口额；Y_{jt} 表示行业产出。由于以一般贸易方式进口的中间产品最终用于国内销售产品和出口产品生产的具体比例无从得知，所以借鉴 Hummels 等（2001）的研究假定以一般贸易方式进口的中间产品用于国内销售产品生产和用于一般贸易出口产品生产的比例相同。$Y_{jt} - E_{jt}^p$ 表示国内生产用于一般贸易出口和国内销售的产品额，$\frac{I_{jt}^o}{Y_{jt} - E_{jt}^p} * E_{jt}^o$ 表示 j 行业一般贸易出口中所包含的国外增加值；"[ ]"中的部分为行业层面垂直专业化程度；W_{ijt} 表示 t 期企业 i 出口额占其所在行业 j 出口额比重，将其作为权重得到企业一面的垂直专业化程度 FVA_{ijt}。国内增加值由企业总出口额 E_{ijt} 减去垂直专业化程度 FVA_{ijt} 获得，控制企业出口额 E_{ijt} 后求得企业国内增加值率 $DVAR_{ijt}$。

（二）出口产品技术复杂度

参考 Hausmann 等（2007）的研究，利用 UN Comtrade 数据库 HS 六位数分类出口贸易统计数据，对出口产品技术复杂度进行了测算，且根据分析需要将其过渡到企业层面。

第一步：测度出口产品技术复杂度。

$$Prody_{kt} = \sum_{s} \frac{(x_{skt}/X_{st})}{\sum_{s}(x_{skt}/X_{st})} Y_{st} \qquad (7—38)$$

其中，t 表示时间，k 表示产品，s 表示国家；$Prody_{kt}$ 为产品 k 在 t 期的技术复杂度；x_{skt} 表示 s 国 t 期产品 k 的出口额；X_{st} 表示 s 国在 t 期的总出口额；Y_{st} 为以 2010 年为基期 t 期 s 国的人均 GDP。

第二步：测算企业层面的出口产品技术复杂度。企业层面的出口技术复杂度公式可表示为：

$$Expy_{it} = \sum_{k}(x_{ikt} * Prody_{kt}/\sum_{k} x_{ikt}) \qquad (7—39)$$

其中，t 表示时间，k 表示产品，i 表示企业；$Expy_{it}$ 表示企业 i 在 t 期的出口产品技术复杂度；$Prody_{kt}$ 为产品 k 在 t 期的技术复杂度；x_{ikt} 表示企业 i 在 t 期产品 k 的出口额。

三 数据处理与描述

本章使用的微观数据主要来自中国工业企业数据库、中国海关贸易数据库和国家知识产权局（SIPO）专利数据库。[①] 实证检验的基准数据为 2000—2013 年的工业企业数据库和海关贸易数据库的匹配数据，两个数据库的匹配分两步进行：第一步，将月度海关贸易数据整合为年度数据。由于海关贸易数据库为月度数据，而工业企业数据库为年度数据，所以在将两数据库进行匹配之前，需要将月度海关贸易数据整合为年度数据。第二步，逐年匹配。由于两组数据库中的编码系统存在差异，海关贸易数据库每年可获得的变量也有所不同，所以本章对两组数据库进行逐年匹配：针对 2000—2006 年样本，先使用企业名称和年份进行匹配，匹配不上的样本再次使用企业电话号码后七位和所在地区邮政编码两个变量同时进行匹配以确认样本；2007—2013 年的海关贸易数据由于缺少电话号码和邮

[①] 中国工业企业数据来自国家统计局，中国海关贸易的数据来自中国海关总署，国家知识产权局专利数据来自国家知识产权局。

政编码变量，所以只使用企业名称进行匹配。

对于中国海关数据库，本章删除贸易对象国不详的样本，即国家代码为"701"的样本；删除贸易对象国为中国的样本；[①] 删除产品销售收入小于出口额的样本；删除企业名称中带有"进出口""贸易""经贸""科贸"或"外经"的样本。[②] 此外，由于海关数据的统计单位为"美元"，所以将海关数据的统计单位按照每年汇率换算为"元"。对于工业企业数据库，本章删除了非制造业数据，只对制造业企业进行分析。针对工业企业数据库存在样本匹配混乱、指标缺失、指标大小异常和变量定义模糊等问题，对数据做如下处理：删除总资产、固定资产合计、销售收入或主营业务收入、全部从业人员平均数、工业总产值缺省、零值或负值的样本；删除全部从业人员年平均数小于8的观察值；删除一些明显不符合会计原则的观察值，如资产总计小于流动资产以及累计折旧小于本年折旧的观察值；删除统计年份小于企业初始经营年份的样本。最终得到107846家企业。

本章使用的第三套数据来自SIPO专利数据库，该数据库包含专利申请代码、申请主体类别（个人、大专院校、科研单位、工矿企业、机关团体等）、申请日期、申请机构名称、申请机构地址、专利名称及类别等指标。为获得企业技术水平数据，需要将工企和海关匹配的数据与SIPO专利数据库再次进行匹配，首先本章使用企业名称进行匹配，而后为确保样本准确性和全面性，使用企业地址再次进行匹配和样本确认。由于可获得的SIPO专利数据截止年份为2012年，所以在"中国企业嵌入发达国家价值环流的分工地位提升机制"中，样本期间为2000—2012年。本章主要

[①] Liu（2013）指出中国的重复进口金额约占总进口的9%。参见 X. P. Liu, "Tax Avoidance through Re-Imports: The Case of Redundant Trade", *Journal of Development Economics*, Vol. 104, 2013。

[②] J. Ahn, A. K. Khandelwal, S. J. Wei, "The Role of Intermediaries in Facilitating Trade", *Journal of International Economics*, Vol. 84, No. 1, 2011.

变量的统计性描述见表7—1。

表7—1　　　　　　　　　主要变量统计性描述

变量	解释	观测值	均值	标准差	最小值	最大值
发达国家价值环流：						
$lnDVAR$	企业国内增加值率	487291	−0.3591	0.4283	−5.7925	−0.0001
$lnTech$	企业技术水平	487291	−0.4722	0.8574	−0.6931	16.1974
$lnAge$	企业经营年限	487291	2.1557	0.6773	0	5.1358
$lnSize$	企业规模	487291	17.7598	1.3438	9.8733	25.9739
$lnWage$	企业工资水平	487291	8.2269	1.2979	−0.2641	16.7333
$Undevelop$	企业是否同时出口发展中国家	487291	0.6207	0.4852	0	1
发展中国家价值环流：						
$lnDVAR$	企业国内增加值率	80022	−0.3619	0.4038	−5.7925	−0.0001
$lnFDVAR$	企业贸易对象的国内增加值率	80022	−0.4259	0.0778	−0.7531	−0.2329
$lnAge$	企业经营年限	80022	2.1408	0.6312	0	5.0999
$lnSize$	企业规模	80022	17.9859	1.3722	13.1492	25.8651
$lnWage$	企业工资水平	80022	8.4979	1.3235	2.8269	16.0260
$Develop$	企业是否同时出口发达国家	80022	0.9232	0.2663	0	1

第五节　实证结果分析

一　基准回归

（一）中国企业嵌入发达国家价值环流的分工地位提升机制

由于企业国内增加值率与技术水平可能存在反向因果关系，且遗漏变量问题亦可能导致内生性问题，因此本章运用面板固定效应工具变量估计法（xtivreg2）进行检验。根据 Fisman 和 Svensson (2007) 以分组平均值作为工具变量的做法，采用技术水平的行业—年份均值作为工具变量。技术水平（T_{it}）可以分解为两部分：技术水平的行业—年份均值（T_{itavg}）、企业技术水平与行业—年份均值的差异（T_{itspc}）。此分解方法使得企业非观测因素的影响只与 T_{itspc} 相关；且 T_{itavg} 与 T_{it} 相关，与扰动项不相关。由此，技术水平的行业—年份均值是合适的工具变量。表7—2 为 2SLS 回归结果，Cragg-Donald Wald F 统计值足以拒绝弱工具变量的原假设，可见弱工具变量在回归中并不明显。本章首先使用国内增加值率和技术水平的水平值进行回归分析。模型（1）和模型（2）中的 ln$Tech$ 的系数均显著为正，表明在样本期内中国企业通过嵌入发达国家环流，技术水平的提高显著提升了其分工地位。为进一步明晰中国企业在发达国家价值环流中的分工地位提升机制，对公式（7—35）进行了 2SLS 回归，结果汇报在模型（3）和模型（4）中。技术水平增长（$\Delta \ln Tech$）对企业国内增加值率增长（$\Delta \ln DVAR$）的影响显著为负，表明在中国嵌入发达国家价值环流时，随着技术水平的加速提升，企业在国际分工中的地位攀升速度放缓。

综合以上结果可知，在发达国家价值环流中，中国企业通过获得学习效应，提升技术水平有利于促进分工地位攀升，但是这一地位攀升效应有一个收敛的趋势。在这一环流中，中国企业价值链地位的攀升速度是逐渐放缓的。发达国家跨国公司在核心竞争领域占有明显优势，并且占据价值链分工的主动权，使得中国企业很难完全通过承接发达国家产业转移、技术溢出等路径，真正实现价值链的高端攀升。而且，发达国家占据了国际经贸规则和价格的制定权，这进一步收窄了中国的价值创造的提升空间。

表7—2　中国嵌入发达国家价值环流的分工地位提升机制（2SLS）

因变量：ln$DVAR$（分工地位）	(1)	(2)	因变量：Δln$DVAR$（分工地位变动）	(3)	(4)
ln$Tech$（企业技术水平）	0.0515 *** (8.40)	0.0538 *** (8.63)	Δln$Tech$（企业技术水平变动）	-0.0471 *** (-8.94)	-0.0471 *** (-8.92)
lnAge（企业年龄）		0.0084 *** (4.06)	lnAge（企业年龄）		0.0018 (0.62)
ln$Size$（企业规模）		-0.0155 *** (-12.41)	Δln$Size$（企业规模变动）		0.0021 (1.52)
ln$Wage$（企业工资）		0.0020 (1.47)	Δln$Wage$（企业工资变动）		0.0006 (0.39)
$Undevelop$（是否出口发展中国家）		0.0074 *** (4.54)	$Undevelop$（是否出口发展中国家）		0.0018 (0.90)
Cragg-Donald Wald F 统计值	5329.36	5174.13	Cragg-Donald Wald F 统计值	2038.70	2030.22
企业固定效应	是	是	企业固定效应	是	是
年份固定效应	是	是	年份固定效应	是	是
样本量	472018	472018	样本量	323310	323310

注：括号内为 t 统计量，基于针对企业的聚类标准差得出；***、** 和 * 分别表示1%、5%和10%的显著性水平；在模型（1）和模型（2）中使用企业技术水平的行业—年份均值作为工具变量，在模型（3）和模型（4）中使用企业技术水平变动的行业—年份均值作为工具变量。由于 R^2 在工具变量回归中不具有统计意义，因此未予汇报。

考虑到一般贸易企业和加工贸易企业参与国际分工方式的差异性（黄先海等，2016），本章将全样本划分为一般贸易企业和加工贸易企业进行回归分析。表7—3显示，在发达国家环流中，一般贸易企业技术提升对分工地位的提升作用不显著，且分工地位的攀升存在明显收敛趋势；而加工贸易企业技术的提高显著提升了其分工地位，但攀升空间没有明显的提升趋势。祝坤福等（2013）指出，近年来加工贸易的国内增加值率增长幅度明显高于非加工贸易。而且，加工贸易是企业参与高技术产品内分工的典型方式。相对于一般贸易企业而言，加工贸易企业与外商存在较为固定的直接联系，可获得发达国家的直接技术支持，分工地位得到提升（胡翠等，2015）。但在低端锁定环境下，加工贸易企业的可攀升空间不明显。

表 7—3　　　　　　　　　分样本检验（2SLS）

因变量：ln*DVAR*（分工地位）	（1）一般贸易企业	（2）加工贸易企业	因变量：Δln*DVAR*（分工地位变动）	（3）一般贸易企业	（4）加工贸易企业
ln*Tech*（企业技术水平）	0.0065 (1.10)	0.2458*** (5.76)	Δln*Tech*（企业技术水平变动）	−0.0266*** (−4.36)	0.0524 (1.12)
其他控制变量	控制	控制	其他控制变量	控制	控制
Cragg-Donald Wald F 统计值	4575.82	405.49	Cragg-Donald Wald F 统计值	1594.33	198.71
企业固定效应	是	是	企业固定效应	是	是
年份固定效应	是	是	年份固定效应	是	是
样本量	355665	89655	样本量	220565	42725

注：括号内为 t 统计量，基于针对企业的聚类标准差得出；***、**和*分别表示1%、5%和10%的显著性水平；其他控制变量为 Δln*Wage*、ln*Age*、Δln*Size* 和 *Undevelop*，由于篇幅有限，结果不予列出；在模型（1）和模型（2）中使用企业技术水平的行业—年份均值作为工具变量；在模型（3）和模型（4）中使用企业技术水平变动的行业—年份均值作为工具变量。由于 R^2 在工具变量回归中不具有统计意义，因此未予汇报。

（二）中国与其他发展中国家分工地位的相对变动

表 7—4 报告了在中国与其他发展中国家的价值环流中，后者分工地位变动影响中国分工地位变动的回归结果。回归模型（1）和模型（2）中的 Δln*FDVAR* 系数显著为正，表明其他发展中国家分工地位的加速攀升有利于促进中国企业分工地位的加速攀升。为了解决可能存在的内生性问题，选用企业贸易对象的制度质量作为工具变量进行2SLS回归。本章借鉴 Levchenk（2007）的研究，企业贸易对

象的制度质量由 ICRG 中各国贪污腐败控制指数、法律秩序指数、投资环境和政府稳定性的均值,并以企业出口额加权得到。本章认为,发展中国家制度质量是合适的工具变量。一方面,有学者从交易成本和资产专用性角度,对一国制度质量影响价值链分工地位的作用机制进行了详细的阐述和论证,一国制度质量对其价值链地位具有很强的解释力(戴翔和金碚,2014)。另一方面,其他发展中国家制度质量与中国企业的价值链分工地位没有直接的联系。表7—4中模型(3)和模型(4)汇报了 2SLS 的回归结果,研究结果稳健。其他发展中国家分工地位的提升,意味着它们内部价值创造能力的提升,也增加了对较高技术产品和产业的生产需求,促使中国向其转移和出口更加复杂的工序或产品,对中国企业技术创新和国内产业升级产生倒逼作用;同时,其他发展中国家分工地位提升,也可以通过竞争效应促进中国企业在国际分工地位的加速提升。上述实证结果与理论假说相符。

表7—4　其他发展中国家分工地位变动对中国企业分工地位变动的影响

因变量:$\Delta \ln DVAR$（分工地位变动）	OLS (1)	OLS (2)	2SLS (3)	2SLS (4)
$\Delta \ln FDVAR$（贸易对象国内增加值率）	1.0667*** (8.80)	1.0653*** (8.77)	4.5652*** (5.35)	4.5423*** (5.34)
$\ln Age$（企业年龄)		−0.0153 (−1.25)		−0.0104 (−0.79)
$\Delta \ln Size$（企业规模变动）		0.0027 (0.82)		0.0045 (1.24)
$\Delta \ln Wage$（企业工资变动）		−0.0054 (−0.57)		−0.0144 (−1.33)
$Develop$（是否出口发达国家）		−0.0374** (−2.32)		−0.0359** (−2.15)

续表

因变量：$\Delta \ln DVAR$	OLS		2SLS	
（分工地位变动）	（1）	（2）	（3）	（4）
截距项	-0.0122** (-2.07)	0.0578* (1.75)		
Cragg-Donald Wald F 统计值			167.80	168.84
企业固定效应	是	是	是	是
年份固定效应	是	是	是	是
样本量	29839	29839	21087	21087
拟合优度 R^2	0.0177	0.0184		

注：括号内为 t 统计量，基于针对企业的聚类标准差得出；***、** 和 * 分别表示1%、5%和10%的显著性水平；在模型（3）和模型（4）中使用企业贸易对象国的制度质量作为工具变量。由于 R^2 在工具变量回归中不具有统计意义，因此未予汇报。

表7—5 汇报了将全样本划分为一般贸易企业和加工贸易企业后的回归结果。结果显示，对于一般贸易企业和加工贸易企业而言，发展中国家贸易对象的分工地位提升，均对其自身价值链分工地位的提升有积极促进作用。

表7—5　　　　　　　　　　分样本检验

因变量：$\Delta \ln DVAR$（分工地位变动）	一般贸易企业		加工贸易企业	
	（1）	（2）	（3）	（4）
	OLS	2SLS	OLS	2SLS
$\Delta \ln FDVAR$（贸易对象国内增加值率）	0.8633*** (6.58)	4.4268*** (3.27)	2.8310*** (5.27)	10.8581*** (3.46)
其他控制变量	控制	控制	控制	控制
Cragg-Donald Wald F 统计值		48.86		25.04

续表

因变量：ΔlnDVAR（分工地位变动）	一般贸易企业		加工贸易企业	
	(1)	(2)	(3)	(4)
	OLS	2SLS	OLS	2SLS
企业固定效应	是	是	是	是
年份固定效应	是	是	是	是
样本量	23433	16400	4035	2228

注：括号内为 t 统计量，基于针对企业的聚类标准差得出；***、** 和 * 分别表示 1%、5% 和 10% 的显著性水平；其他控制变量为 $\Delta \ln Wage$、$\ln Age$、$\Delta \ln Size$ 和 $Develop$，由于篇幅有限，结果不予列出；在模型（2）和模型（4）中使用企业贸易对象国的制度质量作为工具变量。由于 R^2 在工具变量回归中不具有统计意义，因此未予汇报。

二　稳健性检验

（一）替换分工地位的代理指标

本章只采用出口产品技术复杂度作为国家（企业）价值链分工地位的代理指标进行稳健性检验。根据上游度的测算公式可知，计算国家—行业层面上游度是追溯国家—产业间投入和产出的过程。由于至今尚未有表示中国企业投入品来源和产出品去向的精确数据，所以难以直接测算企业层面上游度；本章也尝试将基于投入—产出表测算的行业层面上游度过渡到企业层面，但是并未找到较为合理和科学的过渡权重。基于此，本章选择了可以过渡到企业层面的出口产品技术复杂度进行了进一步的稳健性检验。

本章参考 Hausmann 等（2007）的研究，利用 UN Comtrade 数据库 HS 分类出口统计数据测算出口产品技术复杂度，将其作为价值链分工地位代理变量进行了进一步的稳健性检验。表 7—6 和表 7—7 分别汇报了"中国企业嵌入发达国家价值环流的分工地位提升机制"和"中国与其他发展中国家分工地位的相对变动"部分的检验结果，实证结果稳健。需要说明的是，由于个别企业的出口产品 HS 编码未能与产品技术复杂度匹配，所以导致"中国嵌入发达国家价值环流的分工地位提升机制"部分的样本量较于基准回归有细微变动。

表7—6 中国嵌入发达国家价值环流的分工地位提升机制——出口产品技术复杂度

因变量：ln$Prody$（分工地位）	（1）	（2）	因变量：Δln$Prody$（分工地位变动）	（3）	（4）
ln$Tech$（企业技术水平）	0.1151*** (7.14)	0.0488*** (3.31)	Δln$Tech$（企业技术水平变动）	−0.1311*** (−9.00)	−0.1040*** (−7.34)
lnAge（企业年龄）		0.0288*** (5.65)	lnAge（企业年龄）		−0.1040*** (−15.52)
ln$Size$（企业规模）		0.1477*** (47.06)	Δln$Size$（企业规模变动）		0.1114*** (34.43)
ln$Wage$（企业工资）		0.1115*** (33.34)	Δln$Wage$（企业工资变动）		0.0306*** (10.09)
$Undevelop$（是否出口发展中国家）		0.7958*** (169.07)	$Undevelop$（是否出口发展中国家）		0.4363*** (80.73)
Cragg-Donald Wald F 统计值	4886.51	4766.58	Cragg-Donald Wald F 统计值	1978.05	1970.40
企业固定效应	是	是	企业固定效应	是	是
年份固定效应	是	是	年份固定效应	是	是
样本量	471029	471029	样本量	322323	322323

注：括号内为t统计量，基于针对企业的聚类标准差得出；Δln$Prody$表示企业的出口技术复杂度；***、**和*分别表示1%、5%和10%的显著性水平；在模型（1）和模型（2）中使用企业技术水平的行业—年份均值作为工具变量，在模型（3）和模型（4）中使用企业技术水平变动的行业—年份均值作为工具变量。由于R^2在工具变量回归中不具有统计意义，因此未予汇报。

表7—7 其他发展中国家分工地位变动对中国企业分工地位变动的影响——出口产品技术复杂度

因变量：Δln$Prody$（分工地位变动）	（1）	（2）
Δln$FDVAR$（贸易对象国内增加值率）	0.2412*** (30.97)	0.2386*** (31.17)
lnAge（企业年龄）		0.0061 (0.41)

续表

因变量：$\Delta \ln Prody$ （分工地位变动）	(1)	(2)
$\Delta \ln Size$ （企业规模变动）		0.0163*** (2.62)
$\Delta \ln Wage$ （企业工资变动）		0.0506*** (3.04)
$Develop$ （是否出口发达国家）		0.3640*** (10.04)
截距项	−0.0780*** (−21.94)	−0.4313*** (−9.01)
企业固定效应	是	是
年份固定效应	是	是
样本量	29839	29839
拟合优度 R^2	0.1515	0.1658

注：括号内为 t 统计量，基于针对企业的聚类标准差得出；$\Delta \ln Prody$ 表示企业的出口技术复杂度；$\Delta \ln Fprody$ 表示企业贸易对象的出口技术复杂度；***、**和*分别表示1%、5%和10%的显著性水平。

（二）统一数据统计口径

由于 2011 年前后的"规模以上"企业标准的差异可能导致回归结果产生偏误，为解决统计口径问题，本章删除了 2000—2010 年主营业务收入在 2000 万元以下的企业样本。表 7—8 和表 7—9 分别汇报了"中国企业嵌入发达国家价值环流的分工地位提升机制"和"中国与其他发展中国家分工地位的相对变动"部分的检验结果，结果表明，统一口径之后的分析结果与原有分析结果在系数符号和显著性上均没有太大差异，说明研究结果稳健。

表7—8 中国嵌入发达国家价值环流的分工地位提升机制——统一统计口径

因变量：$\Delta \ln DVAR$（分工地位）	（1）	（2）	因变量：$\Delta \ln DVAR$（分工地位变动）	（3）	（4）
$\ln Tech$（企业技术水平）	0.0469*** (8.12)	0.0498*** (8.48)	$\Delta \ln Tech$（企业技术水平变动）	-0.0372*** (-6.81)	-0.0372*** (-6.80)
$\ln Age$（企业年龄）		0.0096*** (3.87)	$\ln Age$（企业年龄）		-0.0002 (-0.05)
$\ln Size$（企业规模）		-0.0186*** (-10.99)	$\Delta \ln Size$（企业规模变动）		0.0032* (1.76)
$\ln Wage$（企业工资）		0.0029* (1.86)	$\Delta \ln Wage$（企业工资变动）		0.0014 (0.81)
$Undevelop$（是否出口发展中国家）		0.0065*** (3.35)	$Undevelop$（是否出口发展中国家）		0.0008 (0.32)
Cragg-Donald Wald F 统计值	4477.39	4349.72	Cragg-Donald Wald F 统计值	1623.24	1615.80
企业固定效应	是	是	企业固定效应	是	是
年份固定效应	是	是	年份固定效应	是	是
样本量	363055	363055	样本量	240415	240415

注：括号内为t统计量，基于针对企业的聚类标准差得出，***、**和*分别表示1%、5%和10%的显著性水平；在模型（1）和模型（2）中使用企业技术水平的行业—年份均值作为工具变量，在模型（3）和模型（4）中使用企业技术水平变动的行业—年份均值作为工具变量；回归样本已删除了2000—2010年主营业务收入2000万元以下的企业观测值。由于R^2在工具变量回归中不具有统计意义，因此未予汇报。

表7—9　　其他发展中国家分工地位变动对中国企业分工
地位变动的影响——统一统计口径

因变量：$\Delta \ln DVAR$ （分工地位变动）	OLS (1)	OLS (2)	2SLS (3)	2SLS (4)
$\Delta \ln FDVAR$ （贸易对象国内增加值率）	0.9580*** (7.63)	0.9611*** (7.66)	6.5242*** (5.79)	6.4922*** (5.77)
$\ln Age$ （企业年龄）		−0.0238 (−1.53)		−0.0217 (−1.24)
$\Delta \ln Size$ （企业规模变动）		0.0034 (0.76)		0.0115** (2.12)
$\Delta \ln Wage$ （企业工资变动）		−0.0078 (−0.77)		−0.0252* (−1.92)
$Develop$ （是否出口发达国家）		−0.0405** (−2.05)		−0.0432** (−2.07)
截距项	0.0637*** (14.47)	0.1612*** (3.72)		
Cragg-Donald Wald F 统计值			113.23	113.58
企业固定效应	是	是	是	是
年份固定效应	是	是	是	是
样本量	23994	23994	16793	16793
拟合优度 R^2	0.013	0.014		

注：括号内为 t 统计量，基于针对企业的聚类标准差得出；***、**和*分别表示1%、5%和10%的显著性水平；在模型（3）和模型（4）中使用企业贸易对象国的制度质量作为工具变量；回归样本已删除了2000—2010年主营业务收入2000万元以下的企业观测值。由于 R^2 在工具变量回归中不具有统计意义，因此未予汇报。

（三）替换企业技术水平指标

本章借鉴 Olley 和 Pakes（1996）、Levinsohn 和 Petrin（2003）的研究，分别使用 OP 和 LP 方法测算了 2000—2007 年企业全要素生产率，将其作为"中国企业嵌入发达国家价值环流的分工地位提升机制"部分中技术水平的代理指标。考虑模型中的内生性问题，本章选用面板固定效应工具变量估计法（xtivreg2）进行检验，采用企业TFP的行业—年份均值作为企业全要素生产率的工具变量，以减少估计偏误，回归结果见表7—10和表7—11。模型（1）—模型（4）显示在样本期间，中国企业在发达国家价值环流中通过提升技术水平有助于价值链分工地位的攀升；模型（5）—模型（8）结果显示，中国企业技术水平的加速提升并不会带来其价值链分工地位的加速攀升。表7—10和表7—11的回归结果与以"企业专利申请数"作为技术水平代理指标的结果（表7—2）在核心解释变量符号和显著性上并没有太大差异，说明研究结果稳健。

表7—10　　　　　中国嵌入发达国家价值环流的
　　　　　　　　分工地位提升机制——全要素生产率

因变量：ln*DVAR*（分工地位）	（1） OP	（2） OP	（3） LP	（4） LP
ln*TFP*（企业技术水平）	0.0216*** (4.35)	0.0194*** (3.82)	0.1985*** (8.99)	0.1918*** (9.40)
ln*Age*（企业年龄）		0.0113*** (3.68)		0.0026 (0.78)
ln*Size*（企业规模）		−0.0261*** (−6.75)		−0.1615*** (−10.17)
ln*Wage*（企业工资）		0.0084*** (3.77)		0.0022 (0.99)
Undevelop（是否出口发展中国家）		0.0028 (1.09)		0.0041 (1.52)
Cragg-Donald Wald F统计值	33351.97	38549.08	1688.75	2682.58
企业固定效应	是	是	是	是
年份固定效应	是	是	是	是
样本量	204626	204626	204626	204626

注：括号内数值为t统计量，基于针对企业的聚类标准误得出；***、**和*分别表示1%、5%和10%的显著性水平。在模型（5）—模型（8）中使用企业全要素生产率变动的行业—年份均值作为工具变量。由于R^2在工具变量回归中不具有统计意义，因此未予汇报。

表7—11 中国嵌入发达国家价值环流的分工地位
提升机制——全要素生产率（续）

因变量：ΔlnDVAR（分工地位变动）	(5) OP	(6) OP	(7) LP	(8) LP
ΔlnTFP（企业技术水平变动）	−0.0255**	−0.0258**	−0.2165***	−0.2415***
	(−1.97)	(−1.97)	(−8.26)	(−8.16)
lnAge（企业年龄）		0.0096		0.0131*
		(1.60)		(1.94)
ΔlnSize（企业规模变动）		0.0116		0.1721***
		(1.29)		(7.80)
ΔlnWage（企业工资变动）		−0.0023		0.0064**
		(−0.82)		(2.00)
Undevelop（是否出口发展中国家）		−0.0007		−0.0007
		(−0.17)		(−0.17)
Cragg-Donald Wald F 统计值	2624.37	2802.67	581.63	545.66
企业固定效应	是	是	是	是
年份固定效应	是	是	是	是
样本量	119049	119049	119049	119049

注：括号内数值为t统计量，基于针对企业的聚类标准差得出；***、**和*分别表示1%、5%和10%的显著性水平。在模型（5）—模型（8）中使用企业全要素生产率变动的行业—年份均值作为工具变量。由于R^2在工具变量回归中不具有统计意义，因此未予汇报。

（四）使用企业单向出口子样本分析

为体现中国参与发达国家价值环流和发展中国家价值环流的互动性，本章通过在公式（7—35）和公式（7—36）中分别加入是否同时向发展中国家出口（Undevelop）和是否同时向发达国家出口（Develop）的虚拟变量方式，以控制不同类型地区出口的效应异质性。但是当样本量较小时，可能会存在多重共线性问题，所以本章选取只出口发达国家和只出口发展中国家的子样本进行回归分析。

对于"中国企业嵌入发达国家价值环流的分工地位提升机制分

析",使用只向发达国家出口的企业样本对公式(7—35)进行回归,表7—12汇报了回归结果,其结果与基准回归在核心解释变量符号和显著性上并没有太大差异,说明研究结果稳健。对于"中国与其他发展中国家分工地位的相对变动分析",由于只向发展中国家出口的企业观察值有限,据统计在样本期间向发展中国家出口的企业中单向出口企业所占比例仅为10%左右,导致在使用单向出口子样本进行分析时,样本量骤减,损失了大量个体间的异质性信息,出现不显著结果。

表7—12　　　　　　中国嵌入发达国家价值环流的分工
地位提升机制——只出口发达国家样本

因变量:$\Delta \ln DVAR$（分工地位）	(1)	(2)	因变量:$\Delta \ln DVAR$（分工地位变动）	(3)	(4)
$\ln Tech$（企业技术水平）	0.0829*** (3.58)	0.0902*** (3.82)	$\Delta \ln Tech$（企业技术水平变动）	−0.1027*** (−3.33)	−0.1030*** (−3.34)
$\ln Age$（企业年龄）		0.0082** (2.51)	$\ln Age$（企业年龄）		0.0102* (1.72)
$\ln Size$（企业规模）		−0.0144*** (−6.86)	$\Delta \ln Size$（企业规模变动）		0.0027 (1.04)
$\ln Wage$（企业工资）		0.0009 (0.41)	$\Delta \ln Wage$（企业工资变动）		−0.0015 (−0.52)
Cragg-Donald Wald F 统计值	932.42	898.93	Cragg-Donald Wald F 统计值	186.22	185.94
企业固定效应	是	是	企业固定效应	是	是
年份固定效应	是	是	年份固定效应	是	是
样本量	162143	162143	样本量	101000	101000

注：括号内为 t 统计量,基于针对企业的聚类标准差得出;***、** 和 * 分别表示1%、5%和10%的显著性水平;在模型(1)和模型(2)中使用企业技术水平的行业—年份均值作为工具变量,在模型(3)和模型(4)中使用企业技术水平变动的行业—年份均值作为工具变量。由于 R^2 在工具变量回归中不具有统计意义,因此未予汇报。

(五) 使用交互项回归对分组回归进行系数差异性检验

在"中国企业嵌入发达国家价值环流的分工地位提升机制分析"中,表7—3将样本划分为一般贸易企业和加工贸易企业进行了分样本回归,但是分组回归只能说明X对Y的影响在不同组别可能存在差异,并不能说明该差异是否具有统计显著性,故而,使用加入交互项的方式来考察差异的统计显著性。为了更加便于与基准回归结果进行对比,在不同模型中加入企业是否为加工贸易企业(或者是否为一般贸易企业)虚拟变量及其与核心解释变量的交互项,进行回归分析。下文就加入交互项的回归进行逐一说明:

为检验表7—3中模型(1)和模型(2)技术水平对分工地位影响的组间差异性,本章设置以下计量模型:

$$\ln DVAR_{it} = \beta_0 + \beta_1 \ln Tech_{it} + \beta_2 Process_{it} \\ + \beta_3 \ln Tech_{it} \times Process_{it} + \beta_4 \ln Wage_{it} + \beta_5 \ln Age_{it} \\ + \beta_6 \ln Size_{it} + \beta_7 Undevelop_{it} + \mu_i + \mu_t + \varepsilon_{it} \quad (7—40)$$

其中,i代表企业,t代表时间,$Process_{it}$表示企业是否为加工贸易企业。对上式的分析结果汇报在表7—13第(1)列,结果显示交互项系数正向且显著,表明相对于一般贸易企业而言,加工贸易企业技术的提高更能显著提升其分工地位。研究结果稳健。

为检验表7—3中模型(3)和模型(4)技术变动对分工地位变动影响的组间差异性,本章对以下计量模型进行回归分析:

$$\Delta \ln DVAR_{it} = \beta_0 + \beta_1 \Delta \ln Tech_{it} + \beta_2 Ordinary_{it} \\ + \beta_3 \Delta \ln Tech_{it} \times Ordinary_{it} + \beta_4 \Delta \ln Wage_{it} + \beta_5 \ln Age_{it} \\ + \beta_6 \Delta \ln Size_{it} + \beta_7 Undevelop_{it} + \mu_i + \mu_t + \varepsilon_{it} \\ (7—41)$$

其中,i代表企业,t代表时间,$Ordinary_{it}$表示企业是否为一般贸易企业。表7—13第(2)列的结果显示交互项系数负向且显著,表明相对于加工贸易企业而言,一般贸易企业的攀升空间存在更显著的收敛趋势,研究结果稳健。

表7—13　　　　中国嵌入发达国家价值环流的分工
地位提升机制——加入交互项

因变量：ln*DVAR*	(1) *Process* = 1	因变量：Δln*DVAR*	(2) *Ordinary* = 1
ln*Tech*（企业技术水平）	0.0032 (0.51)	Δln*Tech*（企业技术水平变动）	0.0391 (1.10)
Process（是否加工贸易企业）	0.0717*** (11.31)	*Ordinary*（是否一般贸易企业）	0.0009 (0.24)
Process × ln*Tech*	0.1804*** (14.77)	*Ordinary* × Δln*Tech*	−0.0700* (−1.95)
其他控制变量	控制	其他控制变量	控制
Cragg-Donald Wald F 统计值	2503.46	Cragg-Donald Wald F 统计值	733.69
企业固定效应	是	企业固定效应	是
年份固定效应	是	年份固定效应	是
样本量	458435	样本量	268188

注：括号内为 t 统计量，基于针对企业的聚类标准差得出；***、**和*分别表示1%、5%和10%的显著性水平；在模型（1）中使用企业技术水平的行业—年份均值作为工具变量，其他控制变量为 ln*Wage*、ln*Age*、ln*Size* 和 *Undevelop*；在模型（2）中使用企业技术水平变动的行业—年份均值作为工具变量，其他控制变量为 Δln*Wage*、ln*Age*、Δln*Size* 和 *Undevelop*。由于 R^2 在工具变量回归中不具有统计意义，因此未予汇报。

第六节　本章小结

本章从马克思主义政治经济学和西方经济学两个维度分析中国制造业在发达国家价值环流和发展中国家价值环流实现价值链升级的内在理论机理。基于马克思提出的分工二重属性，在中国制造业参与发达国家主导的全球价值链时，会获取因分工而产生的生产力效应，可以实现一定的资本积累、技术进步和价值链攀升，但是在资本主义生产方式向外扩张的情况下，发展中国家与发达国家的分工由于技术水平的差距而产生不平等交换和分配体系，发展中国家处于被支配地位，中国在发达国家价值环流中实现价值链升级的空间收窄；在发展中国家价值环流中，中国探索利润分享、互惠共赢的新兴国际合作模式，其他发展中国家劳动生产力的提升可以相应地降低中国制造业企业所使用的不变资本的成本，从而有利于提升利润率，促进中国实现价值链的高端攀升。而后，本章从西方经济学角度，基于已有的发达国家与发展中国家间的工序转移等相关研究，在多国、产品内分析框架下，构建了全球分工网络布局理论模型，创新性的以价值链环流的方式呈现发达国家、新兴市场经济体和发展中国家三国构成的产品内分工网络。基于新兴市场经济体技术水平在国际分工网络中的"承上启下"的地位，着重刻画了新兴市场经济体的分工网络中的"枢纽"作用，将分工网络细分为发达国家与新兴市场经济体组成的价值环流以及新兴市场经济体与发展中国家组成的价值环流，分别考察了新兴市场经济体在两个价值环流内提升分工地位的内在机理及影响因素，并提出假说1和假说2。基于理论分析，基于中国工业企业数据、中国海关数据以及国家知识产权局专利数据等海量微观数据，对理论模型所推导出的假说进行了严谨的实证检验。研究有以下发现：第一，中国嵌入发达国家价值环流时，技术水平的提升会促进其国际分工地位的攀升、承接更复杂的工序；但实证研究表明在这一环流中，中国企业分工地位提升速度会逐步放缓，存在收敛的趋势。通过进一步区分一般贸易企业和加工贸易企业后发现，在发达国家环流一般贸易企业技术提升对分工地位的提升作用并不显著，且分工地位的攀升存在明显收敛趋势；然而由于加工贸易的特殊性，加工贸易企业技术的提升会对其分工地位有显著正向作用，但攀升空间并没有显著扩展趋势。第二，在中国与其他发展中国家的价值环流中，其他发展中国家分工地位的提升有利于推动中国国际分工地位的进一步提升，且这一积极作用同时适用于一般贸易企业和加工贸易企业。通过替换核心指标、重新筛选样本进行稳健性检验，研究结果基本稳健。

本章研究体现了中国在二元价值环流格局下实现价值链升级路径的差异性，为今后更好地嵌入国际循环提供了基本框架。基于马克思主义国际分工理论的分析，中国在发达国家价值环流中升级空间收窄的根源在于"依附性"，马克思提出"消灭国家分工"思想，消灭国家分工并不是闭关锁国，而是主张自主发展，这与我国提出的构建以国内大循环为主体，国内国际双循环相互促进的新发展格局的内在思想一致。为了破解低端锁定效应，实现向价值链中高端的攀升，中国在积极嵌入发达国家价值链的同时，应积极打造并引领发展中国家价值环流，探索互惠共赢、利润共享的分配体系，推动"一带一路"高质量发展。积极参与国际经济贸易规则重构，推动经济全球化向着更加开放、包容、普惠、平衡、共赢的方向发展。在发达国家价值环流中，通过学习效应和竞争效应，提升企业技术水平和生产效率；在发展中国家价值环流中，增强中国对该环流的引领能力；通过两个价值环流的良性互动实现"双轮驱动"。

第 八 章

新发展格局下嵌入"共轭环流"的路径分析

　　基于中国开放型经济发展脉络及成就,前文对"共轭环流"式国际分工格局的存在性及形成、国家枢纽地位及分工地位提升机制进行了深入分析,本书所分析的"共轭环流"呈现了国际大循环的基本框架。在百年未有之大变局的大背景下,面对国内国际两个大局、安全和发展两件大事,中国未来嵌入"共轭环流"式的国际大循环时,其嵌入路径和定位需应时而变。在回顾已有研究的基础上,分析国内市场影响国际分工参与的理论机制;基于马克思提出的"消灭分工"思想,探析立足国内市场嵌入国际分工格局的重要性,从而为新发展格局下嵌入"共轭环流"式国际分工格局的有效路径提供初步的思路。

第一节 引言

　　新冠肺炎疫情的全面暴发加剧了去全球化的冲击,加速了价值链重构的步伐,价值链日趋呈现区域化、简单化和不平衡特征。未来主导权的获得在更大程度上取决于中国制造业能否顺应重大趋势,并在价值链重构定局之前进入战略高地。李克强总理在 2019 年 11 月召开研究部署"十四五"规划编制专题会议时强调，在更加复杂的外部环境下要"围绕增强发展内生动力"推出一批重大改革开放举措，"促升级、增后劲"。党的十九届五中全会通过的《中共中央关于制定国民经济和社会发展第十四个五年规划和二〇三五年远景目标的建议》中提出，"要加快构建以国内大循环为主体、国内国际双循环相互促进的新发展格局"。值此关键时期，中国制造业的国际分工嵌入定位及路径需应时而变，致力于更强更韧发展。以价值链重构为契机，以增强发展内生动力为初衷，抓住重要窗口期，重新布局价值链，开拓发展"新蓝海"，是中国制造业化危为机，谋取更强、更韧发展的必然选择。"依托本土，布局全球"，以国内市场为"受力点"催化制造业"以我为主"的全球产业链布局。立足国内市场向其他国家进行转移外包工序，使全球生产要素供给企业成为自己的供应商。在前所未有的国际新形势下，制造业谋求发展的正确选择绝不是逃避全球化，而是在全球化参与的基本战略下准确把握增强分工韧性的根本——立足自身发展、掌握主动权。

"共轭环流"分工格局的形成为中国制造业的国际分工嵌入提供新空间、新载体和新思路。改革开放初期，中国嵌入国际分工网络的模式单一，主要依托中国与发达国家价值环流参与国际分工：发达国家向中国转移组装加工环节、出口高端零部件或提供技术支持，工序完成后将相应的中间品或最终品返销到发达国家，中国逐步成为发达国家的制造业供给侧要端。在嵌入发达国家价值环流的过程中，通过吸收和内化高端技术以及不断地自我创新，并依托相对独立的工业体系以及以此造就的"大国重器"，为中国企业"走出去"、加强南南合作提供了强大支撑，使得中国有能力引领发展中国家价值链的扩张。中国与其他发展中国家的价值环流逐渐显现与增强：中国以国际产能合作、国际工程承包等方式引领发展中国家价值链，同时，其他发展中国家向中国出口初级产品和中间产品。由此，在全球价值链分工网络中，存在中国与发达国家及中国与其他发展中国家两个价值环流，且中国逐渐发展为枢纽，这两大环流共同构成了中国参与全球价值链的基本框架——"共轭环流"分工格局。"共轭环流"分工格局的形成为中国制造业嵌入国际分工提供了新的空间和载体，拓展了企业嵌入国际分工、实现价值链升级的思路。

在新时期，国内市场的重要性在于将其作为制造业参与全球价值链的战略基点，引致全球产业链布局的实施从而内生化培育价值链升级能力，"供需相佐"并举助力中国制造业高级化。在国内市场驱动下的经济发展，需要更大的开放空间与之相配合，而在"共轭环流"分工格局下，企业在进一步嵌入发达国家价值环流获得技术溢出、提高技术方向识别的同时，其他发展中国家的广阔市场也为中国低端工序的分流提供了空间和载体。"共轭环流"的共建互融为制造业更强、更韧的发展提供路径和思路，而发达国家价值环流和发展中国家价值环流持续的良性互动离不开国内巨大市场的支撑。由此，在价值链重构新形势下，立足自身发展、实现"共轭环流"的共建互融，促进制造业实现内生化价值链升级，是构成内嵌于中国开放型经济高层次发展的正向循环。

本章致力于探究在新发展格局下嵌入国际分工格局的有效路径。基于已有文献回顾国内市场影响国际分工参与及升级的理论机制，基于马克思提出的"消灭分工"思想结合中国嵌入"共轭环流"分工格局的实践，分析新时期中国制造业企业应该如何嵌入国际分工格局，以及为中国加快构建新发展格局提供理论依据。文章的后续内容安排如下：第二部分是基于已有研究，归纳国内市场影响国际分工参与及升级的理论机制；第三部分是基于马克思提出的"消灭分工"思想分析立足自身发展嵌入国际分工的重要性；第四部分是本章小结。

第二节 有关国内市场与国际分工参与相关研究

一 国内市场与国际分工参与

随着分工碎片化程度不断加深，国内市场规模和需求特征已经成为决定一国（或地区）参与国际分工的重要因素之一在产品内分工格局下，迂回生产的经济比其他形式的劳动分工受到市场规模的影响会更大（贾根良，2017）。（1）对国际分工布局的影响。Smith（1776）指出市场规模大小决定了社会分工的精细程度，市场规模的增加会导致团队之间更深层次的分工，从而促进企业生产率的提高。Chaney等（2013）对Smith（1776）提出的斯密定律进一步模型化，指出劳动分工受到国内市场范围的限制。学者们从国内市场规模产生的"拉力"作用出发对上述观点进行了解释：庞大的国内市场对全球优势资源产生"虹吸效应"，通过吸引大量的跨国公司进入该国产生产业集聚，从而产生"中心—外围"的国际分工结构（Melitz & Ottaviano，2008；Hayato & Toshihiro，2018）；对于发展中国家而言，其本土市场规模扩大会诱发价值链高端生产环节的梯度转移（戴翔等，2017）。（2）对国际竞争力的影响。刘志彪和张杰等多位国内学者从市场需求因素入手分析发达国家主导的全球价值链的形成机理以及背后所隐含的国家竞争力问题（张杰和刘志彪，2007；刘志彪，2012）。他们指出需求动因和市场控制是诱导发达国家主导的全球价值链分工体系产生的一个内在原因，而且成为决定一国（或地区）依赖于自主创新能力形成和产业持续升级动力的国家竞争力形成的关键内生要素。而对处于追赶阶段的后发经济体和后发企业而言，对不断增长的本地市场空间的把握为后发者提供了竞争优势，可以促进追赶绩效的提升（姚明明等，2014；吴晓波等，2019）。由此可见，国内市场对于本土企业培养内生性竞争优势具有重要作用。

需求相似理论、"需求引致创新"理论（Zweimüller & Brunner，

2005）以及本土市场效应理论（Krugman，1980）等经典理论均从不同视角验证和强调了上述观点。在上述经典理论基础上，学者们对本土企业基于国内市场获得内生性竞争优势的途径和机制进行的有益探索，主要从贸易优势获得和技术创新推动两个方面展开：（1）国内市场规模与贸易优势获得。本土市场应用是外贸发展的立足点和外贸优势的重要来源（Basevi，1970；Krugman，1980；Weder，2003；Crozet & Trionfetti，2008），即使在产品内分工格局下本土市场的作用依然重要（易先忠和高凌云，2018）；对于发展中国家而言，制造业总体上存在显著的本地市场效应（钱学峰和黄云湖，2013）。国内学者对于中国改革开放以来的经济发展模式进行了评价和解读。充分利用国际市场与本国低端要素，是中国参与前一轮经济全球化和发展对外贸易的实质所在（刘志彪，2012），前期发展模式使中国出口存在严重背离国内市场需求的现象，贸易结构与国内需求产业结构高度"背离"（张杰等，2010；张曙霄和张磊，2013），脱离本土市场需求的出口模式从市场空间上掐断了中国本土企业利用不断扩张与升级的国内市场构建高层次外包竞争优势的转化路径（张杰等，2010），对出口升级、国内产业转型升级以及生产率提升的促进作用有限（佟家栋和刘竹青，2012；唐东波等，2013；包群等，2014；张翊等，2015）。依托国内市场参与国际分工的过程中，市场规模的作用受到制度因素（易先忠等，2017）、产需匹配程度（张昊，2014）以及投入产出关联（贺灿飞和陈韬，2019）等因素的影响。（2）国内市场规模与技术创新推动。许多学者持有"需求引致创新"的观点，并已有大量文献证明市场规模的扩大有利于企业创新能力和生产率水平的提升（Acemoglu & Linn，2004；陈丰龙和徐康宁，2012；Melitz & Ottaviano，2014），本土市场容量特别是高端市场容量，是决定该国企业创新能力能否培育而成的最根本因素。市场规模影响技术创新的机制：一方面，分摊研发成本，提高研发赢利。先进技术的创新与应用需要有庞大的国内市场支持，突破用户规模阈值，形成网络正反馈效应，有国内市场应用支撑才有可能在全球竞争中建立关键部件和产品开发的主导标准（Kiminori，2019；谢富胜等，2019）。另一方面，影响市场结构和技术创新的动力。市场规模大的地区可以通过企业集聚效应和企业选择效应两个方面促进企业生产率水平的提升（Combes et al.，2012），同时，国内市场规模扩张产生的市场扩张效应和竞争弱化效应也会对企业研发创新产生影响（黄先海和张胜利，2019）。对于企业自身成长而言，市场规模的扩大可以促进企业自身成长，而公司面临的有限市场规模会减缓其成长速度（Foster et al.，2016）。

二 国内市场与价值链升级

通过上述机制的梳理，不难发现本土企业在国内市场中获得的内生性竞争优势有利于企业在价值链上的升级。已有研究对此观点进行了印证：庞大的市场规模和市场整合效应是推动本土企业实现价值链攀升的重要途径（Staritz et al.，2011；黎峰，2020）；依托国内市场，有助于本土企业培养内生性创新能力，突破发达国家的价值链低端锁定，提高价值链控制权和主导权，切入高端价值端、提升国际分工地位（巫强等，2011；刘志彪，2012；许南和李建军，2012；吴福象和蔡悦，2014；徐宁等，2014）。戴翔等（2017）基于全球价值链区位配置视角研究本土市场规模扩张带来的价值链升级效应，着重于国内市场规模对价值链环节的吸引力分析，研究表明发展中国家本土市场规模扩大会吸引越来越靠近最终消费市场的价值链高端环节配置到本国。对于中国来说，构建"以我为主"的全球价值链离不开庞大的国内市场来支撑，充分利用国内市场可以更好更快实现高端现代工业化（宋立刚等，2010）。

此外，还有学者研究国内市场规模对经济增长（江小涓，2010；郭克莎和杨阔，2017；欧阳志刚和彭方平，2018）、产业结构转型（颜色等，2018）、资源配置效率（毛海涛等，2018）和一国贸易福利（Arkolakis et al.，2012；徐小聪和符大海，2018）的影响，以及从外部市场冲击角度分析市场规模冲击对其出口决策和创新决策的影响（Mayer et al., 2014；Roberts et al., 2018；Lisandra & Irlacher, 2018；Aghion et al., 2019）。

第三节　基于马克思主义政治经济学的分析

马克思提出的分工从生产力和生产关系角度具有二重性，虽然参与分工可以通过扩大劳动力空间范围、节约生产资料、缩短商品生产的必要劳动时间获得生产力效应，但是在生产关系视角下，分工带来的特殊利益与共同利益之间产生的不可调和的矛盾，限制了劳动的全面自由发展，劳动在生产过程中从属于资本。针对分工所带来的矛盾，马克思提出"消灭分工"的思想以解决该矛盾。但是，马克思提出的"消灭分工"并不是要消灭所有的社会内部和每个生产机构内部的分工，而是要消灭那些自发形成的、异化的和被迫的分工。

自发形成的分工，即由于天赋（如体力）、需要、偶然性等因素自然形成的分工。[1]马克思指出，自然形成的分工使人本身的活动对人来说成为一种异己的、与他对立的量。[2]"劳动所生产的对象，即劳动的产品，作为一种异己的存在物，作为不依赖于生产者的力量，同劳动相对立。劳动的产品是固定在某个对象中的、物化的劳动，这就是劳动的对象化。"马克思指出，劳动的这种对象化表现为被对象奴役，占有表现为异化、外化。劳动的对象化使工人被剥夺了生产和劳动的必要对象。[3]马克思指出，"分工是关于异化范围内的劳动社会性的国民经济学用语"，分工是"人的活动作为真正类活动或作为类存在物的人的活动的异化的、外化的设定"。"劳动一旦被承

---

[1] 《马克思恩格斯选集》（第1卷），人民出版社1995年版，第82页。
[2] 《马克思恩格斯选集》（第1卷），人民出版社1995年版，第85页。
[3] 《马克思恩格斯文集》（第1卷），人民出版社2009年版，第156—157页。

认为私有财产的本质，分工就自然不得不被理解为财富生产的一个主要动力"，分工的本质是"关于作为类活动的人的活动这种异化的和外化的形式"。①由此可以看出，马克思所提出的"消灭分工"实质上是在私有制下造成的不平等、阻碍人类全面发展的社会性分工。

马克思指出，在不平等关系下的劳动通常表现为"外在的强制劳动"②。将上述思想具象化到实际的国际分工体系中，生产工具的创新发展不断推动着国际分工格局的演变。对于率先建立起工业现代化的发达国家，其生产像是"获得一种弹性，一种突然地跳跃式地扩展的能力"③，在技术、贸易和资本等方面拥有相对于发展中国家的绝对优势，发展中国家对发达国家存在技术—工业依附。政治经济学家西奥东尼奥·多斯桑托斯（1992）指出，"依附的基础是国际分工"，在国际分工体系中存在着不平等联合关系束缚发展中国家生产力的发展，"贸易关系的基础是对市场进行垄断性控制"，把在发展中国家生产的经济剩余转移到发达国家国内。发展经济学家A. 伊曼纽尔（1988）也指出，在现在的国际分工体系中，发达国家和发展中国家存在着不平等交换和价值转移，发展中国家对发达国家存在经济依附，发展中国家必须摆脱这种依附关系。那么，发展中国家如何才能消灭不平等的、被迫的分工？或者说，如何才能摆脱这种依附关系？

马克思指出，要消灭不平等的、被迫的分工必须要以生产力的巨大发展和高速发展为前提。生产力的这种发展"之所以是绝对必需的实际前提，还因为如果没有这种发展，那就只会有贫穷、极端贫困的普遍化；而在极端贫困的情况下，必须重新开始争取必需品的斗争，全部陈腐污浊的东西又要死灰复燃"。④ 埃及马克思主义政治经济学家萨米尔·阿明（2000）指出，发展中国家处于依附地位

---

① 《马克思恩格斯文集》（第1卷），人民出版社2009年版，第237页。
② 《马克思恩格斯文集》（第8卷），人民出版社2009年版，第174页。
③ 《资本论》（第1卷），人民出版社2018年版，第519页。
④ 《马克思恩格斯选集》（第1卷），人民出版社2001年版，第86页。

的原因在于发展中国家"只是基础产品的生产者",即"这种生产并没有结合一种自主中心的工业结构"。国际关系不对称的原因源于发达国家将国际专业化的特定形式强加给发展中国家,发展中国家的贸易服务于发达国家所要求的专业化形式。可见,发展中国家要摆脱依附式发展模式,必须在国际分工体系中实行自主中心战略,力求建立平等的交换体系。

就中国开放型经济发展而言,改革开放以来,得益于参与国际分工所产生的生产力效应,中国在国际分工网络中的地位、影响力得到大幅度增强,但是,从生产关系方面考虑,中国制造业企业在参与发达国家主导的全球价值链中,仍多处于"被支配地位",与发达国家形成了"不平等分配体系"。中国在参与国际分工过程中,应该以国内大循环为主体,立足国内市场,以更加积极的姿态参与国际分工中。在发达国家价值环流中,充分发挥国内市场规模巨大优势,加强科技创新,不断创新和发展生产工具,从而逐步摆脱自发的、不平等的和被迫的分工,建立自觉的、平等的和主动的分工;在发展中国家价值环流中,构建利润分享、互惠共赢的分工模式。

第四节 本章小结

在百年未有之大变局的背景下,中国嵌入国际分工的定位和路径须应时而变,中国未来的经济发展需要更强的内生动力,双循环战略的提出契合新格局坐标下中国的经济实际及发展需要。基于第七章得出的中国在发达国家环流中升级空间收窄的结论,结合马克思提出的分工思想以及"消灭分工"思想分析得出,中国应立足国内市场嵌入国际分工格局,在发达国家价值环流中,要加快科技创新和充分发挥国内市场规模优势,逐步摆脱自发的、不平等的和被迫的分工,建立自觉的、平等的和主动的分工;在发展中国家价值环流中,构建利润分享、互惠共赢的分工模式。立足国内大循环、实现"共轭环流"的共建互融是构成内嵌于中国开放型经济高层次发展的正向循环。

中国经济具有潜力足、韧性强、空间大、政策工具多的特点，不久也将成为全球最大的国内消费市场。双循环战略提出以国内大循环为主，可充分发挥中国母国市场优势，稳住产业链基本盘，吸收部分国际风险。通过扩大内需、优化稳定国内产业链，填充国内大循环的运转框架。以推动国内循环的高质量发展为基点嵌入国际循环，将国际循环作为国内循环的有益补充，才是推动双循环战略实施的基本思路，由此，双循环战略可构成内嵌于中国开放型经济高层次发展的正向循环。

第九章

结论与政策含义

前述章节从马克思主义政治经济学思想和西方经济学两个维度论述和验证了本书的核心学术命题——中国参与国际分工基本框架的量化和识别以及在此框架下中国角色的演变和升级路径——进行了系统性的分析。本章主要归纳、提炼前述章节的研究结论及核心观点，呈现本书的学术边际贡献。在此基础上，提出以推动中国开放型经济高层次发展为旨归，构建巩固中国枢纽地位、实现价值链中高端攀升的统摄内外的政策支持体系。最后，结合中国开放型经济发展的时代要求，在本书研究不足的基础上，提出有待拓展的研究方向。

第一节 研究结论

本书在马克思主义思想的指导下，基于中国开放型经济的发展脉络及成就，重新定位中国所参与的国际分工格局，提出并量化了中国参与全球价值链的基本框架——"共轭环流"式分工格局，揭示中国角色演变与升级背后的机理和规律，探究提高并巩固国际分工枢纽地位、促进价值链中高端攀升的有效路径。具体研究内容与结论可以概括为以下几点。

(1)"共轭环流"式分工格局已构成中国参与全球价值链的基本框架。基于马克思主义分工思想,社会分工及交换所带来的价值流入和价值流出构成价值环流,将一般的、抽象的社会分工具象到多国层面,可以为国际分工网络的形成提供理论解释;生产工具的创新发展推动了国际分工格局的形成及演化。基于对价值环流内涵及国际分工网络形成的理论机制的探讨,运用国家间贸易数据搭建有向的贸易网络,引入社会网络分析方法,采用 Google 用于网络排名的 PageRank 算法,测算国际分工网络中的国家枢纽地位,通过对国家枢纽地位的相对演变分析,试图刻画中国参与国际分工的基本框架,研究发现,中国已经由改革开放初期的边缘国家,逐步成长为重要的枢纽国;国际分工网络可以分为发达国家价值环流和发展中国家价值环流两部分,且中国在这两大价值环流中均日益处于枢纽地位,形成"共轭环流"式的分工格局。

(2)马克思提出的分工所带来的生产力效应以及西方经济学的结构洞理论为中国开放型经济发展以及"共轭环流"式分工格局的形成提供了理论基础;而改革开放中国融入世界经济体系的脉络和取得的伟大历史成就是形成"共轭环流"式分工格局的现实基础。基于马克思主义分工思想,参与国际分工带来的生产力效应使得中国嵌入国际分工可以赋能其开放经济的发展;结合中国嵌入分工网络的实践及网络关联,结构洞理论可以对国际分工网络结构变迁做出解释。改革开放以来,中国的对外经贸发展存在明显的阶段性特征,且与党中央相继提出的重大改革措施相契合;渐进式开放和市场化改革是中国开放型经济发展的思路。开放政策、制度环境、人口红利、技术支持、母国市场和产业链完备性是改革开放以来助力中国开放型经济发展的重要内生动力。改革开放以来,中国实现了从国际分工"边缘国"向重要"枢纽国"的转变,资源集聚和获取能力大幅度增强;实现了由国际分工"居轻国"转变为"居重国",对国际贸易和资源流动的影响力和控制力逐渐加强;实现了从"单向开放"到"双向开放"的转变,中国更加积极主动地参与全球价值链。但是，中国制造业普遍存在"大而不强"的现状和关键核心依然受制于人的困局。

（3）一国在生产、交易和市场方面的比较优势有利于促进枢纽地位的提升。基于马克思提出的分工理论、劳动价值论以及贸易政策等相关理论的分析，从国内市场规模、技术进步、劳动力数量、贸易开放等方面分析其影响国家枢纽地位的理论机理。基于西方经济学相关理论，将技术支持和劳动力人口结构归类为生产比较优势，将开放程度和制度支持归类为交易比较优势，从生产、交易和市场优势角度阐述国家比较优势对枢纽地位演进的影响。基于现实数据的实证检验发现，市场优势、技术创新、制度支持、人口结构等优势要素对其枢纽地位的影响作用要大于开放程度等传统优势要素，且市场优势、技术创新、制度支持、人口结构等优势要素对提升一国枢纽地位作用越来越强；改善制度质量、提升技术支持、扩大母国市场是发展中国家提升枢纽地位的关键因素；降低关税、提高开放程度在提升高技术产品贸易网络中枢纽地位所起的作用最大，而扩大母国市场在提升中低级产品贸易网络中枢纽地位起到的作用最大。

（4）一国在国际分工网络中枢纽地位的提升有利于促进其国际分工地位的中高端攀升。从马克思主义政治经济学和西方经济学两个维度探究分工网络枢纽地位影响价值链升级的内在机理：以可交换广度和深度作为分析嵌入点，运用马克思所提出的"商品流通""劳动价值论"和"资本积累"等相关理论展开分析；从贸易所带来的信息传递、规模经济等渠道入手从西方经济学探讨相关机制。而后，运用国家层面及国家—行业层面数据进行实证检验分析，研究发现，一国枢纽地位的提高会显著促进其全球价值链分工地位的提升。该研究结论为巩固提升一国在国际分工网络中的枢纽地位提供了理论基础。

（5）中国在二元价值环流中的升级空间及路径存在明显差异：中国制造业企业在发达国家价值环流中的升级空间收窄，在发展中国家价值环流中，发展中国家分工地位的提升有利于推动中国国际分工地位的进一步提升。从马克思主义政治经济学和西方经济学两个维度推理中国制造业嵌入发达国家价值环流和发展中国家价值环流的升级空间及升级路径的差异性。基于马克思提出的分工的二重属性，在发达国家主导的价值环流中，中国企业会因分工产生的生产力效应在一定程度上实现资本积累和技术进步，但是由于不平等交换和分配体系的存在，限制了中国企业的升级空间；在发展中国家价值环流中，在平等互惠的交换体系下，其他发展中国家劳动生产力的提升有利于促进中国实现价值链升级。基于"共轭环流"式分工格局框架，将价值环流思想纳入产品内国际分工模型，刻画新兴市场经济体在国际分工中的枢纽作用，对国际分工网络布局的演变过程及影响因素进行理论推演，透析在二元价值环流下新兴市场经济体的升级路径。最后，运用海量微观数据，实证检验二元价值环流下中国制造业实现价值链攀升的机制和路径，研究结果为中国开放型经济的"共轭环流论"提供有力支撑。

（6）立足国内市场、实现"共轭环流"的共建互融，促进制造业实现内生化价值链升级，是构成内嵌于中国开放型经济高层次发展的正向循环。基于对改革开放以来中国开放型经济发展脉络、成就及困境的分析，在百年未有之大变局下，面对国内国际两个大局、安全和发展两件大事，中国嵌入"共轭环流"的定位和路径需要改变。基于马克思所提出的"消灭分工"的思想，中国要通过生产力的提高和技术进步摆脱自发的、不平等的和被动的分工，建立自觉的、平等的和主动的分工，构建利润共享、互惠共赢的新型国际合作模式。该研究结论为新时期中国嵌入国际分工格局、加快构建新发展格局提供了理论依据。

第二节 政策含义

对内加快转变经济发展方式、推动经济高质量发展，对外"坚持向发达国家开放与向发展中国家开放更好结合"，是中国深刻把握国内改革发展新要求、推动"发展更高层次的开放型经济"的重大战略选择。研究表明，改革开放以来，中国开放型经济发展取得了重大成就。一方面，成功嵌入发达国家引领的全球价值链，与发达国家的经贸合作的造就以及"一带一路"倡议的提出，使中国引领发展中国家价值链的能力得到延伸。另一方面，中国逐步由分工网络"边缘国"发展为"重要枢纽国"，此时中国所处的国际分工格局也逐步发展为以中国为重要枢纽的发达国家价值链和发展中国家价值链的双重价值链分工格局。然而，中国参与国际分工"大而不强"的问题突出，制造业面临被发达国家"封堵"于低附加值环节的困境，高层次发展受制于外力；资源在发达国家价值链的不合理消耗，也将牵制引领发展中国家价值链的动能，从而陷入国际资源配置能力严重滞后于贸易枢纽大国地位的窘境。结合现实背景以及前文理论分析和实证分析的研究结论，得出政策含义的核心观点：在搞好国内各项改革、理顺各种关系的同时，要加强创新发展、以更大的开放解决开放中遇到的问题，进一步巩固中国在"共轭环流"中的枢纽地位，立足自身发展嵌入国际分工体系，实现国内国际双循环良性互动以及"共轭环流"双轮互动格局。

一 "固枢纽"，推动实现"双轮驱动"

着力巩固中国在"共轭环流"中的枢纽地位。为进一步巩固中国在"共轭环流"中的枢纽地位，在发达国家价值环流中，通过学习效应和竞争效应提升企业技术水平和生产效率，下一阶段，中国除继续保持政策和产业链等优势外，应着力提升技术水平、加强创新能力建设，实现在发达国家价值链上的中高端攀升。为了破解低端锁定效应，实现价值链中高端攀升，中国在积极嵌入发达国家价值链的同时，应积极打造并引领发展中国家价值环流。虽然中国在发达国家价值链的攀升空间收窄，但参与发展中国家价值链有助于提升中国在国际分工体系中的分工地位。中国将低端产业向其他发展中国家的分流，有助于腾挪空间，提升国内企业在高增加值产品上的生产能力和价值创造能力，加快企业技术创新步伐。"一带一路"建设为中国打造以我为主的全球价值链提供了难得的历史契机。先期可以在中国具有比较优势的行业打造若干以我为主的价值链，如高铁、建筑与基础设施建设、电子与通信产品等；条件成熟后再进行进一步拓展。以中国全面开放新格局发展需求为主线，以党中央提出的"一带一路"倡议为背景，以建立全球利益共同体和命运共同体为出发点，以集成资源、提高价值链控制力和突出高端引领为中间媒介，在"一带一路"沿线，推广配套性产业和经济政策，就国内有比较优势的产业，培育中国引领的"一带一路"价值环流，为中国产业和企业在全球价值链中持续性提升枢纽地位和分工地位提供有效的政策支持。

推动二元价值环流实现"双轮驱动"。构建以创新和市场为核心的综合竞争优势是关键。基于巨大的母国市场优势，巩固中国在发达国家环流中的枢纽地位；通过创新克服关键核心技术瓶颈，加强对发展中国家环流引领能力，并基于此提升中国在发达国家价值环流的地位。从完善国内政策和推广价值链友好型国际规则两方面，构建开放友好型制度环境，为"共轭环流"的建设提供良好的制度环境。通过两个环流的良性互动实现"双轮驱动"，进一步拓展生存空间，释放经济潜能，提升中国在全球价值链中的地位。

二 "通堵点"，对内要继续深化改革

当前国际形势复杂多变，外因及其造成的不确定性主要是通过内因来对中国经济体系产生作用。如何真正落实让市场在资源配置

中发挥决定性作用、政府发挥更好作用是中国经济体制改革的关键。市场和政府的作用应该是相辅相成的，市场在资源配置上应发挥主导和决定性作用，政府应通过政策的制定和推动尽可能地发挥市场潜能，积极引入竞争机制、实施优胜劣汰、维护公平竞争；同时政府对市场的介入应该是有限且有界的，政府不成为市场的参与者和控制者是制度和政策有效实行、经济可持续增长的重要条件。

在适度扩大总需求的基础上加强供给侧结构性改革。应该着力提高供给体系质量，显著增强中国经济质量优势。加快建设制造强国，实体经济的高质量发展是中国提升贸易竞争力的根本。加快发展现代服务业，培育新的经济贸易增长点。注重完善并适当延长国内价值链，明确产业和企业在价值链中的位置和地位，提高生产效率，努力向"微笑曲线"的两端延伸；同时，鼓励产业分工协作和错位发展，促进产业集聚，围绕优势产业和冠军企业，找准价值链上下游的空白和弱势环节，创建、完善和延长国内价值链。同时，将扩大国内市场需求作为一项重要的工作。中国的问题之一是存在过度储蓄，总需求不足，导致经常项目长期存在顺差，使资本以官方储备的方式流向国外。要解决中国内需不足问题，一是应扩大经常项目的开放，以此提升国内的需求。二是采取措施提高低收入群体的收入和消费。同时，消除地区保护主义，建立国内统一市场，保证商品和要素的跨区域自由流动，这样才能切实提升中国企业的母国市场优势和国际竞争力。

三 "补短板"，着力加强创新发展

以时不我待的精神补齐核心技术短板。中兴事件敲响了核心技术受制于人的警钟，中国应深刻汲取教训，充分认识到全球价值链中存在的风险。逐一分析各个行业中的关键核心技术及对外依赖的情况，列出关键技术、高端装备以及核心零部件和元器件清单和攻关时间表，以时不我待的精神攻坚克难、补齐短板。通过创新来突破僵局，尽快把关键核心技术这一"大国利器"牢牢抓在自己手里。

在内部通过技术水平提升、打通创新链上的梗阻塞、加强产学研一体的创新体制机制建设，建设创新型国家，对于中国实现在发达国家环流中向中高端攀升、引领发展中国家环流、巩固中国在"共轭环流"中的枢纽地位都具有决定性意义。

四 "促开放"，以更大的开放来解决开放中遇到的问题

对于中国在对外开放进程中遇到的一些问题，应当坚定信心，以更高水平的开放来解决开放中遇到的问题。历史经验教训一再告诫中国不能因为遇到一些问题就否定对外开放，如果能够解决好发展中遇到的问题，以更大力度的开放化危机为转机，不仅有利于中国开放型经济新体制建设，也能够体现中国作为负责任大国的担当。如贸易摩擦甚至贸易战是国际贸易发展到一定阶段的必然现象。习近平总书记指出：中国开放的大门永远不会关上，只会越开越大。着力推动"一带一路"建设，形成陆海内外联动、东西双向互济的开放格局。积极推进贸易强国建设，大幅放宽市场准入，切实改善营商环境。

中国一方面应鼓励并助力更多的发展中国家融入全球价值链，另一方面积极倡议公平合理的国际贸易新规则，促进价值链贸易发展。应积极倡议并推广价值链友好型国际规则，积极参与全球治理体系建设，为完善全球治理贡献中国智慧。支持多边贸易体制，促进自由贸易区建设，推动建设开放型世界经济。面对国际单边主义和保护主义，中国可以选择加大与其他国家和地区的经贸合作，特别是推动亚洲一体化和亚欧经济进一步融合。如今，在个别发达国家奉行单边主义和贸易保护主义的情形下，中国应积极推动亚洲一体化和亚欧经济整合，包括继续大力推动"一带一路"高质量发展、中日韩自贸区谈判等，实现亚欧经济融合和互联互通。

第三节 进一步研究方向

本书在马克思主义思想的指导下,基于中国开放型经济的发展脉络及成就,定位中国所参与的国际分工格局,提出并量化了中国参与全球价值链的基本框架——"共轭环流"式分工格局,揭示在二元价值环流下中国角色演变与升级背后的机理和规律,探究提高并巩固国际分工枢纽地位、促进价值链中高端攀升的有效路径,对于中国在新时代推动形成全面开放新格局、构建以我为主的全球价值链、加快形成新发展格局具有重要意义。当前,世界正在面临百年未有之大变局,加上新冠肺炎疫情在全球大流行,全球化进入深度调整期。国内国际两个大局交错、发展和安全两件大事并举,中央提出要加快形成以国内大循环为主体、国内国际双循环相互促进的新发展格局,本书所论证的"共轭环流"式分工格局存在性及角色升级路径分析,为中国企业嵌入国际循环提供了基本框架,也为有关双循环的后续研究提供了一定借鉴。但是,限于目前的研究领域和数据限制,本书研究仍存在一定不足,也是进一步拓展的研究方向,具体体现在以下几点。

一 二元价值环流下升级模式差异的进一步探索

第三章验证了"共轭环流"式国际分工格局的存在性,显示中国参与的国际循环存在明显的二元价值环流;基于此,第七章进一步探讨了中国制造业企业在二元价值环流下升级空间和路径的差异性,但是,针对升级模式差异上并未作细致的识别和检验,那么,中国在发达国家价值环流和发展中国家价值环流中的升级模式是否具有差异性呢?是如何体现的?怎样识别和检验?从直观来看,中国制造业在发达国家价值环流中可以获取技术服务优势,提升高端工序的可替代性;而在发展中国家价值环流中,中国制造业可以向其他发展中国家转移低端工序，依托发展中国家的低要素成本获得成本优势，可以进一步降低工序的可替代性。在二元价值环流中，这种升级模式的差异性如何在理论模型中进行展现和推理，以及如何使用现实数据进行检验是值得进一步探讨的问题。

二 国际分工布局分析中平衡风险和效率的进一步探讨

在本书第七章所建立的产品内分工模型中，以承接或转移工序成本和劳动力成本组成的国际分工参与成本为标准，决定国家之间的分工临界点，以呈现产品内分工网络布局。在现有的国际分工模型中，大多数是基于成本节约或效率最大化来探讨国际分工定位问题的，对于供应链风险和分工韧性等问题考虑尚有不足。在中美经贸摩擦和新冠肺炎疫情的冲击下，如何在增强价值链韧性的基础上最小化生产成本是制造业企业在嵌入国际分工时所面临的切实问题。中美经贸摩擦以及新冠肺炎疫情的全球大流行对全球价值链和供应链产生了一定的冲击，海外供应链的中断会影响国内生产的正常进行。面对发展和安全两件大事，在国际分工布局的经济学分析中，将供应链风险纳入国际分工布局的考虑，是否更加契合国际新形势下分工定位问题的真实考量？如何平衡效率（或成本）和安全的问题？

此外，是否需要构建多层次、立体化产业链体系来降低风险。在成本节约和安全韧性之间取得均衡，围绕风险竞争力分散化布局，构建涵盖本地化、近邻区域化和全球化的多层次、立体化产业链体系。对于上述问题的理论模型的构建和实证检验的分析将为中国制造业国际分工布局及升级路径提供更契合实践的理论指导和经验证据。

三 国际分工嵌入时"立足点"的进一步分析

在构建新发展格局背景下，第八章基于马克思提出的"消灭分工"以及前文研究，初步提出了在嵌入"共轭环流"时应该立足自身发展，提出立足自身发展、实现"共轭环流"的共建互融是构成内嵌于中国开放型经济高层次发展的正向循环的观点。在新时期，如何立足国内大循环嵌入国际大循环值得深入研究。在产品内国际分工格局中，如何将国内循环或者国内市场嵌入理论模型中？基于国内循环嵌入国际循环的机理、路径如何有效识别和验证？以上问题都是有待研究的方向。

参考文献

马克思：《资本论》第1卷，人民出版社1972年版。
马克思：《资本论》第1卷，人民出版社2018年版。
马克思：《资本论》第3卷，人民出版社2004年版。
马克思：《资本论》第3卷，人民出版社2018年版。
《马克思恩格斯全集》第21卷，人民出版社1965年版。
《马克思恩格斯全集》第25卷，人民出版社1974年版。
《马克思恩格斯全集》第26卷，人民出版社1974年版。
《马克思恩格斯全集》第46卷，人民出版社1980年版。
《马克思恩格斯文集》第1卷，人民出版社2009年版。
《马克思恩格斯文集》第8卷，人民出版社2009年版。
《马克思恩格斯选集》第1卷，人民出版社1995年版。
《马克思恩格斯选集》第1卷，人民出版社2012年版。
《邓小平文选》第3卷，人民出版社1993年版。
[埃及]萨米尔·阿明：《不平等的发展——论外围资本主义的社会形态》，高铦译，商务印书馆2000年版。
[巴西]费尔南多·恩里克·卡多佐、恩佐·法勒托：《拉美的依附性及发展》，单楚译，世界知识出版社2002年版。
[巴西]特奥托尼奥·多斯桑托斯：《帝国主义与依附》，毛金里等译，社会科学文献出版社1992年版。
[美]保罗·巴兰：《增长的政治经济学》，蔡中兴、杨宇光译，商务印书馆2014年版。

[美] 伊曼纽尔·沃勒斯坦：《现代世界体系》，郭方等译，社会科学文献出版社 2013 年版。

[希腊] A. 伊曼纽尔：《不平等交换——对帝国主义贸易的研究》，文贯中等译，中国对外经济贸易出版社 1988 年版。

[英] 阿尔弗雷德·马歇尔：《财富、信用与商贸》，王小亮、高金龙译，人民日报出版社 2009 年版。

蔡昉：《四十不惑：中国改革开放发展经验分享》，中国社会科学出版社 2018 年版。

贾根良：《美国学派与美国 19 世纪内需主导型工业化道路研究》，中国人民大学出版社 2017 年版。

刘伟、郭濂：《一带一路：全球价值双环流下的区域互惠共赢》，北京大学出版社 2016 年版。

刘志彪：《经济全球化与中国产业发展》，译林出版社 2016 年版。

石广生：《中国对外经济贸易改革和发展史》，人民出版社 2013 年版。

张德霖：《中国加入 WTO 经济法律调整概览》，法律出版社 2002 年版。

包群、叶宁华、邵敏：《出口学习、异质性匹配与企业生产率的动态变化》，《世界经济》2014 年第 4 期。

蔡昉：《认识中国经济减速的供给侧视角》，《经济学动态》2016 年第 4 期。

蔡昉：《中国经济改革效应分析——劳动力重新配置的视角》，《经济研究》2017 年第 7 期。

蔡昉：《中国经济面临的转折及其对发展和改革的挑战》，《中国社会科学》2007 年第 3 期。

陈丰龙、徐康宁：《本土市场规模与中国制造业全要素生产率》，《中国工业经济》2012 年第 5 期。

陈丽娴：《全球生产服务贸易网络特征对其全球价值链分工地位的影响——基于社会网络分析的视角》，《国际商务》2017 年第 4 期。

陈平、郭敏平：《中间品进口来源地与中国企业全要素生产率——基于贸易网络地位的研究》，《国际贸易问题》2020 年第 11 期。

陈旭、邱斌、刘修岩、李松林：《多中心结构与全球价值链地位攀升——来自中国企业的证据》，《世界经济》2019 年第 8 期。

陈运森：《社会网络与企业效率——基于结构洞位置的证据》，《会计研究》2015 年第 1 期。

成丽红、孙天阳：《制造业投入服务化对企业价格加成率的影响——基于全球价值链视角》，《改革》2020 年第 3 期。

程大中：《中国参与全球价值链分工的程度及演变趋势——基于跨国投入—产出分析》，《经济研究》2015 年第 9 期。

戴翔、金碚：《产品内分工、制度质量与出口技术复杂度》，《经济研究》2014 年 7 期。

戴翔、刘梦、张为付：《本土市场规模扩张如何引领价值链攀升》，《世界经济》2017 年第 9 期。

戴翔、刘梦：《人才何以成为红利——源于价值链攀升的证据》，《中国工业经济》2018 年第 4 期。

戴翔、郑岚：《制度质量如何影响中国攀升全球价值链》，《国际贸易问题》2015 年第 12 期。

邓娜、侯少夫：《中国加工贸易的发展历程与政策演变》，《开放导报》2012 年第 6 期。

邓向荣、曹红：《产业升级路径选择：遵循抑或偏离比较优势——基于产品空间结构的实证分析》，《中国工业经济》2016 年第 2 期。

杜运苏、彭冬冬：《生产性服务进口复杂度、制度质量与制造业分工地位——基于 2000—2014 年世界投入产出表》，《国际贸易问题》2019 年第 1 期。

杜运苏、彭冬冬：《制造业服务化与全球增加值贸易网络地位提升——基于 2000—2014 年世界投入产出表》，《财贸经济》2018 年第 2 期。

范爱军、常丽丽：《中日韩进口贸易技术结构的测度与比较》，《经济学家》2010 年第 8 期。

傅晓霞、吴利学：《技术差距、创新路径与经济赶超——基于后发国家的内生技术进步模型》，《经济研究》2013 年第 6 期。

高翔、黄建忠、袁凯华：《价值链嵌入位置与出口国内增加值率》，《数量经济技术经济研究》2019 年第 6 期。

葛顺奇、罗伟：《跨国公司进入与中国制造业产业结构——基于全球价值链视角的研究》，《经济研究》2015 年第 11 期。

谷克鉴：《新李嘉图模型：古典定律的当代复兴与拓展构想》，《数量经济技术经济研究》2012 年第 3 期。

郭克莎、杨阔：《长期经济增长的需求因素制约——政治经济学视角的增长理论与实践分析》，《经济研究》2017 年第 10 期。

韩晶、孙雅雯：《借助"一带一路"倡议构建中国主导的"双环流全球价值链"战略研究》，《理论学刊》2018 年第 7 期。

何宇、张建华、陈珍珍：《贸易冲突与合作——基于全球价值链的解释》，《中国工业经济》2020 年第 3 期。

贺灿飞、陈韬：《外部需求冲击、相关多样化与出口韧性》，《中国工业经济》2019 年第 7 期。

洪俊杰、商辉：《中国开放型经济的"共轭环流论"：理论与证据》，《中国社会科学》2019 年第 1 期。

洪俊杰、商辉：《中国开放型经济发展四十年回顾与展望》，《管理世界》2018 年第 10 期。

胡翠、林发勤、唐宜红：《基于"贸易引致学习"的出口获益研究》，《经济研究》2015 年第 3 期。

黄群慧、贺俊：《"第三次工业革命"与中国经济发展战略调整——技术经济范式转变的视角》，《中国工业经济》2013 年第 1 期。

黄先海、宋学印：《准前沿经济体的技术进步路径及动力转换——从"追赶导向"到"竞争导向"》，《中国社会科学》2017 年第 6 期。

黄先海、杨高举：《中国高技术产业的国际分工地位研究——基于非竞争型占用产出模型的跨国分析》，《世界经济》2010 年第 5 期。

黄先海、张胜利：《中国战略性新兴产业的发展路径选择：大国市场诱致》，《中国工业经济》2019 年第 11 期。

黄先海、诸竹君、宋学印：《中国中间品进口企业"低加成率之谜"》，《管理世界》2016 年第 7 期。

黄永春、郑江淮、杨以文、祝吕静：《中国"去工业化"与美国"再工业化"冲突之谜解析——来自服务业与制造业交互外部性的分析》，《中国工业经济》2013 年第 3 期。

黄玉霞、谢建国：《全球价值链下投入服务化与制造业增值能力——基于世界投入产出数据库的实证分析》，《国际商务（对外经济贸易大学学报）》2020 年第 1 期。

黄宗晔、游宇：《农业技术发展与经济结构变迁》，《经济研究》2018 年第 2 期。

吉亚辉、祝凤文：《技术差距、"干中学"的国别分离与发展中国家的技术进步》，《数量经济技术经济研究》2011 年第 4 期。

江小涓：《大国双引擎增长模式——中国经济增长中的内需和外需》，《管理世界》2010 年第 6 期。

荆林波、袁平红：《全球价值链变化新趋势及中国对策》，《管理世界》2019 年第 11 期。

鞠建东、余心玎：《全球价值链研究及国际贸易格局分析》，《经济学报》2014 年第 2 期。

黎峰：《双重价值链嵌入下的中国省级区域角色——一个综合理论分析框架》，《中国工业经济》2020 年第 1 期。

李建伟：《中国经济增长四十年回顾与展望》，《管理世界》2018 年第 10 期。

李新春、肖宵：《制度逃离还是创新驱动？——制度约束与民营企业的对外直接投资》，《管理世界》2017 年第 10 期。

林桂军、邓世专：《亚洲工厂及关联度分析》，《世界经济与政治》2011 年第 11 期。

林毅夫、孙希芳：《经济发展的比较优势战略理论——兼评〈对中国外贸战略与贸易政策的评论〉》,《国际经济评论》2003 年第 6 期。

林毅夫:《发展战略、自生能力和经济收敛》,《经济学(季刊)》2002 年第 1 期。

刘斌、王杰、魏倩:《对外直接投资与价值链参与:分工地位与升级模式》,《数量经济技术经济研究》2015 年第 12 期。

刘斌、魏倩、吕越、祝坤福:《制造业服务化与价值链升级》,《经济研究》2016 年第 3 期。

刘林青、闫小斐、杨理斯、宋敏:《国际贸易依赖网络的演化及内生机制研究》,《中国工业经济》2021 年第 2 期。

刘瑞翔、安同良:《中国经济增长的动力来源于转换展望——基于最终需求角度的分析》,《经济研究》2011 年第 7 期。

刘善仕、孙博、葛淳棉、王琪:《人力资本社会网络与企业创新——基于在线简历数据的实证研究》,《管理世界》2017 年第 7 期。

刘守英、杨继东:《中国产业升级的演进与政策选择——基于产品空间的视角》,《管理世界》2019 年第 6 期。

刘小鲁:《知识产权保护、自主研发比重与后发国家的技术进步》,《管理世界》2011 年第 10 期。

刘志彪、吴福象:《"一带一路"倡议下全球价值链的双重嵌入》,《中国社会科学》2018 年第 8 期。

刘志彪:《基于内需的经济全球化:中国分享第二波全球化红利的战略选择》,《南京大学学报(哲学·人文科学·社会科学版)》2012 年第 2 期。

刘遵义、杨锡康、杨翠红、Cheng L. K.、Fung K. C.、Sung Y. W.、祝坤福、裴建锁、唐志鹏:《非竞争型投入占用产出模型及其应用——中美贸易顺差透视》,《中国社会科学》2007 年第 5 期。

路风、余永定:《"双顺差"、能力缺口与自主创新——转变经济发展方式的宏观和微观视野》,《中国社会科学》2012 年第 6 期。

罗伟、吕越:《外商直接投资对中国参与全球价值链分工的影响》,《世界经济》2019 年第 5 期。

罗长远、张军：《附加值贸易：基于中国的实证分析》，《经济研究》2014年第6期。

吕越、陈帅、盛斌：《嵌入全球价值链会导致中国制造的"低端锁定"吗？》，《管理世界》2018年第8期。

吕越、罗伟、刘斌：《异质性企业与国际分工嵌入——基于效率和融资的视角》，《世界经济》2015年第8期。

吕越、尉亚宁：《全球价值链下的企业贸易网络和出口国内附加值》，《世界经济》2020年第12期。

马丹、何雅兴、张婧怡：《技术差距、中间产品内向化与出口国内增加值份额变动》，《中国工业经济》2019年第9期。

马述忠、任婉婉、吴国杰：《一国农产品贸易网络特征及其对全球价值链分工的影响——基于社会网络分析视角》，《管理世界》2016年第3期。

马述忠、张洪胜、王笑笑：《融资约束与全球价值链地位提升——来自中国加工贸易企业的理论与证据》，《中国社会科学》2017年第1期

马盈盈：《服务贸易自由化与全球价值链：参与度及分工地位》，《国际贸易问题》2019年第7期。

毛海涛、钱学锋、张洁：《企业异质性、贸易自由化与市场扭曲》，《经济研究》2018年第2期。

毛其淋、许家云：《贸易自由化与中国企业出口的国内附加值》，《世界经济》2019年第1期。

欧阳志刚、彭方平：《双轮驱动下中国经济增长的共同趋势与相依周期》，《经济研究》2018年第4期。

潘文卿、李跟强：《中国制造业国家价值链存在"微笑曲线"吗？——基于供给与需求双重视角》，《管理评论》2018年第5期。

裴长洪、刘洪愧：《中国怎样迈向贸易强国：一个新的分析思路》，《经济研究》2017年第5期。

裴长洪：《中国特色开放型经济理论研究纲要》，《经济研究》2016

年第 4 期。

彭支伟、张伯伟：《中国国际分工收益的演变及其决定因素分解》，《中国工业经济》2018 年第 6 期。

钱学锋、黄云湖：《中国制造业本地市场效应再估计——基于多国模型框架的分析》，《世界经济》2013 年第 6 期。

桑瑜：《产业升级路径：基于竞争假设的分析框架及其推论》，《管理世界》2018 年第 1 期。

邵朝对、苏丹妮：《全球价值链生产率效应的空间溢出》，《中国工业经济》2017 年第 4 期。

佘群芝：《中国出口增加值的国别结构及依赖关系研究》，《财贸经济》2015 年第 8 期。

盛斌、景光正：《金融结构、契约环境与全球价值链地位》，《世界经济》2019 年第 4 期。

盛斌、毛其淋：《进口贸易自由化是否影响了中国制造业出口技术复杂度》，《世界经济》2017 年第 12 期。

施炳展：《中国出口产品的国际分工地位研究——基于产品内分工的视角》，《世界经济研究》2010 年第 1 期。

宋立刚、吴江、张永生：《农民工市民化与扩大内需（英文）》，《Social Sciences in China》2010 年第 3 期。

苏丹妮、盛斌、邵朝对、陈帅：《全球价值链、本地化产业集聚与企业生产率的互动效应》，《经济研究》2020 年第 3 期。

苏杭、郑磊、牟逸飞：《要素禀赋与中国制造业产业升级——基于 WIOD 和中国工业企业数据库的分析》，《管理世界》2017 年第 4 期。

苏志庆、陈银娥：《知识贸易、技术进步与经济增长》，《经济研究》2014 年第 8 期。

孙浦阳、刘伊黎：《企业客户贸易网络、议价能力与技术追赶——基于贸易网络视角的理论与实证检验》，《经济研究》2020 年第 7 期。

唐东波：《贸易开放、垂直专业化分工与产业升级》，《世界经济》

2013 年第 4 期。

唐宜红、张鹏杨：《中国企业嵌入全球生产链的位置及变动机制研究》，《管理世界》2018 年第 5 期。

陶新宇、靳涛、杨伊婧：《"东亚模式"的启迪与中国经济增长"结构之谜"的揭示》，《经济研究》2017 年第 11 期。

田巍、余淼杰：《企业出口强度与进口中间品贸易自由化——来自中国企业的实证研究》，《管理世界》2013 年第 1 期。

佟家栋、刘竹青：《国内需求、出口需求与中国全要素生产率的变动及分解》，《学术研究》2012 年第 2 期。

万良勇、郑小玲：《董事网络的结构洞特征与公司并购》，《会计研究》2014 年第 5 期。

汪进、钟笑寒：《中国的刘易斯转折点是否到来——理论辨析与国际经验》，《中国社会科学》2011 年第 5 期。

王海杰、李延朋：《全球价值链分工中产业升级的微观机理：一个产权经济学的观点》，《中国工业经济》2013 年第 4 期。

王岚、李宏艳：《中国制造业融入全球价值链路径研究——嵌入位置和增值能力的视角》，《中国工业经济》2015 年第 2 期。

王孝松：《中国出口产品技术含量的影响因素探究》，《数量经济技术经济研究》2014 年第 11 期。

王振国、张亚斌、单敬、黄跃：《中国嵌入全球价值链位置及变动研究》，《数量经济技术经济研究》2019 年第 10 期。

王直、魏尚进、祝坤福：《总贸易核算方法：官方贸易统计与全球价值链的度量》，《中国社会科学》2015 年第 9 期。

魏龙、王磊：《全球价值链体系下中国制造业转型升级分析》，《数量经济技术经济研究》2017 年第 6 期。

巫强、刘志彪、江静：《扩大内需条件下长三角提高对外开放水平的新战略选择》，《上海经济研究》2011 年第 10 期。

吴福象、蔡悦：《中国产业布局调整的福利经济学分析》，《中国社会科学》2014 年第 2 期。

吴福象、段巍：《国际产能合作与重塑中国经济地理》，《中国社会科学》2017 年第 2 期。

吴金明、张磐、赵曾琪：《产业链、产业配套半径与企业自生能力》，《中国工业经济》2005 年第 2 期。

吴群锋、杨汝岱：《网络与贸易：一个扩展引力模型研究框架》，《经济研究》2019 年第 2 期。

吴晓波、付亚男、吴东、雷李楠：《后发企业如何从追赶到超越？——基于机会窗口视角的双案例纵向对比分析》，《管理世界》2019 年第 2 期。

习近平：《把握新发展阶段，贯彻新发展理念，构建新发展格局》，《求是》2021 年第 9 期。

肖国芳、李建强：《改革开放以来中国技术转移政策演变趋势、问题与启示》，《科技进步与对策》2015 年第 6 期。

肖宇、夏杰长、倪红福：《中国制造业全球价值链攀升路径》，《数量经济技术经济研究》2019 年第 11 期。

谢富胜、高岭、谢佩瑜：《全球生产网络视角的供给侧结构性改革——基于政治经济学的理论逻辑和经验证据》，《管理世界》2019 年第 11 期。

谢富胜、李安：《分工动态与市场规模扩展——一个马克思主义经济学的分析框架?》，《马克思主义研究》2009 年第 9 期。

邢孝兵、雷颖飞、徐洁香：《中国在世界贸易网络中的地位：演进与展望》，《国际贸易》2020 年第 3 期。

徐明君、黎峰：《基于生产效率视角的全球价值链分工：理论解释及实证检验》，《世界经济与政治论坛》2015 年第 6 期。

徐宁、皮建才、刘志彪：《全球价值链还是国内价值链——中国代工企业的链条选择机制研究》，《经济理论与经济管理》2014 年第 1 期。

徐小聪、符大海：《可变需求与进口种类增长的福利效应估算》，《世界经济》2018 年第 12 期。

许和连、成丽红、孙天阳：《离岸服务外包网络与服务业全球价值链提升》，《世界经济》2018 年第 6 期。

许和连、成丽红、孙天阳：《制造业投入服务化对企业出口国内增加值的提升效应——基于中国制造业微观企业的经验研究》，《中国工业经济》2017 年第 10 期。

许和连、孙天阳、成丽红：《"一带一路"高端制造业贸易格局及影响因素研究——基于复杂网络的指数随机图分析》，《财贸经济》2015 年第 12 期。

许南、李建军：《产品内分工、产业转移与中国产业结构升级》，《管理世界》2012 年第 1 期。

颜色、郭凯明、杭静：《需求结构变迁、产业结构转型和生产率提高》，《经济研究》2018 年第 12 期。

杨晨、王海鹏、韩庆潇：《基于 SNA 方法的国际服务贸易网络结构特征及其影响因素识别——来自亚太地区的经验证据》，《国际商务（对外经济贸易大学学报）》2017 年第 6 期。

杨高举、黄先海：《内部动力与后发国分工地位升级——来自中国高技术产业的证据》，《中国社会科学》2013 年第 2 期。

杨继军、范从来：《"中国制造"对全球经济"大稳健"的影响——基于价值链的实证检验》，《中国社会科学》2015 年第 10 期。

杨继军：《增加值贸易对全球经济联动的影响》，《中国社会科学》2019 年第 4 期。

杨连星、罗玉辉：《中国对外直接投资与全球价值链升级》，《数量经济技术经济研究》2017 年第 6 期。

杨玲：《破解困扰"中国制造"升级的"生产性服务业发展悖论"的经验研究》，《数量经济技术经济研究》2017 年第 7 期。

姚明明、吴晓波、石涌江、戎珂、雷李楠：《技术追赶视角下商业模式设计与技术创新战略的匹配——一个多案例研究》，《管理世界》2014 年第 10 期。

姚星、梅鹤轩、蒲岳：《国际服务贸易网络的结构特征及演化研究——基于全球价值链视角》，《国际贸易问题》2019 年第 4 期。

易先忠、包群、高凌云、张亚斌：《出口与内需的结构背离：成因及影响》，《经济研究》2017 年第 7 期。

易先忠、高凌云：《融入全球产品内分工为何不应脱离本土需求》，《世界经济》2018 年第 6 期。

尹筑嘉、曾浩、毛晨旭：《董事网络缓解融资约束机制：信息效应与治理效应》，《财贸经济》2018 年第 11 期。

张光曦：《如何在联盟组合中管理地位与结构洞？——MOA 模型的视角》，《管理世界》2013 年第 11 期。

张昊：《国内市场如何承接制造业出口调整——产需匹配及国内贸易的意义》，《中国工业经济》2014 年第 8 期。

张红娟、谭劲松：《联盟网络与企业创新绩效：跨层次分析》，《管理世界》2014 年第 3 期。

张辉、易天、唐毓璇：《一带一路：全球价值双环流研究》，《经济科学》2017 年第 3 期。

张辉：《全球价值链动力机制与产业发展策略》，《中国工业经济》2006 年第 1 期。

张辉：《全球价值双环流架构下的"一带一路"战略》，《经济科学》2015 年第 3 期。

张杰、陈志远、刘元春：《中国出口国内附加值的测算与变化机制》，《经济研究》2013 年第 10 期。

张杰、刘志彪：《需求因素与全球价值链形成——兼论发展中国家的"结构封锁型"障碍与突破》，《财贸研究》2007 年第 6 期。

张杰、张培丽、黄泰岩：《市场分割推动了中国企业出口吗？》，《经济研究》2010 年第 8 期。

张杰、郑文平：《全球价值链下中国本土企业的创新效应》，《经济研究》2017 年第 3 期。

张鹏杨、唐宜红：《FDI 如何提高我国出口企业国内附加值？——基于全球价值链升级的视角》，《数量经济技术经济研究》2018 年第

7期。

张倩红、艾仁贵:《港口犹太人贸易网络与犹太社会的现代转型》,《中国社会科学》2019年第1期。

张曙霄、张磊:《中国贸易结构与产业结构发展的悖论》,《经济学动态》2013年第11期。

张翊、陈雯、骆时雨:《中间品进口对中国制造业全要素生产率的影响》,《世界经济》2015年第9期。

张幼文:《中国开放型发展道路的特性——质疑"廉价劳动力比较优势战略"》,《学术月刊》2015年第3期。

张宗庆、郑江淮:《技术无限供给条件下企业创新行为——基于中国工业企业创新调查的实证分析》,《管理世界》2013年第1期。

周茂、李雨浓、姚星、陆毅:《人力资本扩张与中国城市制造业出口升级——来自高校扩招的证据》,《管理世界》2019年第5期。

诸竹君、黄先海、余骁:《进口中间品质量、自主创新与企业出口国内增加值率》,《中国工业经济》2018年第8期。

祝坤福、陈锡康、杨翠红:《中国出口的国内增加值及其影响因素分析》,《国际经济评论》2013年第4期。

宗芳宇、路江涌、武长岐:《双边投资协定、制度环境和企业对外直接投资区位选择》,《经济研究》2012年第5期。

张思平:《深圳在中国改革开放历史上的基本作用——深圳与中国改革开放四十年》,http://www.hybsl.cn/beijingcankao/beijingtenxi/2018-06-26/67848.html。

Abeysinghe, T. and K. Forbes, "Trade Linkages and Output-Multiplier Effects: A Structural VAR Approach with a Focus on Asia", *Review of International Economics*, Vol. 13, No. 2, 2005.

Acemoglu, D. and J. Linn, "Market Size in Innovation: Theory and Evidence from the Pharmaceutical Industry", *The Quarterly Journal of Economics*, Vol. 119, No. 3, 2004.

Acemoglu, D., G. Gino and Z. Fabrizio, "Offshoring and Directed

Technical Change", *American Economic Journal: Macroeconomics*, Vol. 7, No. 3, 2015.

Acemoglu, D., P. Antràs and E. Helpman, "Incomplete Contracts and Technology Adoption", *American Economic Review*, Vol. 97, No. 2, 2007.

Aghion, P., A. Bergeaud, M. Lequien and M. Melitz, *The Heterogeneous impact of Market Size on Innovation: Evidence from French Firm-level Exports*, LSE Research Online Documents on Economics 103434, London School of Economics and Political Science, LSE Library, 2019.

Ahmad, N., S. Araujo, A. L. Turco and D. Maggion, "Using Trade Microdata to Improve Trade in Value-Added Measures: Proof of Concept Using Turkish Data", 2013.

Alatas, V., A. Banerjee, A. G. Chandrasekhar, R. Hanna and B. A. Olken, "Network Structure and the Aggregation of Information: Theory and Evidence from Indonesia", *American Economic Review*, Vol. 106, No. 7, 2016.

Alfaro, L., P. Antràs, D. Chor and P. Conconi, "Internalizing Global Value Chains: A Firm-Level Analysis", *Journal of Political Economy*, University of Chicago Press, Vol. 127, No. 2, 2019.

Aller, C., L. Ductor, M. J. Hererias, "The World Trade Network and the Environment", *Energy Economic*, Vol. 52, No. pa, 2015.

Alviarez, V., "Multinational Production and Comparative Advantage", *Journal of International Economics*, Elsevier, Vol. 119, No. C, 2019.

Amador, J. and S. Cabral, "Networks of Value Added Trade", *World Economy*, Vol. 40, No. 7, 2017.

Andersson, M. and O. Ejermo, *Technology and Trade-an Analysis of Technology Specialization and Export Flows*, Paper in Innovation Studies, Lund University, CIRCLE-Center for Innovation, Research and Competences in the Learning Economy, 2006.

Andrea, D. B., L. B. Vasco, C. Francesco and G. S. Fabio, "Tariffs and Non-Tariff Frictionsin the World Wine Trade", *Foundation for the European Review of Agricultural Economics*, Vol. 43, No. 1, 2016.

Antràs, P. and D. Chor, "Organizing the Global Value Chain", *Econometrica*, Vol. 81, No. 6, 2013.

Antràs, P. and E. Helpman, "Global Sourcing", *Journal of Political Economy*, Vol. 112, No. 3, 2004.

Antràs, P., "Firms, Contracts, and Trade Structure", *Quarterly Journal of Economics*, Vol. 118, No. 4, 2003.

Antràs, P., D. Chor, T. Fally and R. Hillberry, "Measuring the Upstreamness of Production and Trade Flows", *The American Economic Review*, Vol. 102, No. 3, 2012.

Antràs, P., L. Garicano and E. Rossi-Hansberg, *Organizing Offshoring: Middle Managers and Communication Costs*, NBER Working Paper, 2008.

Arkolakis, C., A. Costinot and A. Rodriguez-Clare, "New Trade Models, Same Old Gains?", American Economic Review, *American Economic Association*, Vol. 102, No. 1, 2012.

Arndt, S. and H. Kierzkowski, *Introduction*, in S. Arndt, and H. Kierzkowski (eds), Fragmentation: New Production Patterns in the World Economy, Oxford: Oxford University Press, 2001.

Autor, D. H., D. Dorn, G. H. Hanson and J. Song, "Trade Adjustment: Worker-Level Evidence", *The Quarterly Journal of Economics*, Vol. 129, No. 4, 2014.

Baldwin, R. and A. J. Venables, "Spiders and Snakes: Offshoring and Agglomeration in the Global Economy", *Journal of International Economics*, Vol. 90, No. 2, 2013.

Baldwin, R. and F. Rober-Nicoud, "Trade-in-Goods and Trade-in-Tasks: An Integrating Framework", *Journal of International Economics*, Vol. 92, No. 1, 2014.

Baldwin, R. and J. Lopez-Gonzalez, "Supply-Chain Trade: A Portrait of

Global Patterns and Several Testable Hypotheses", *World Economy*, Vol. 38, No. 11, 2015.

Baldwin, R., "Trade and Industrialisation after Globalisation's Second Unbundling: How Building and Joining a Supply Chain Are Different and Why It Matters", in R. Feenstra and A. Taylor (eds.), *Globalization in an Age of Crisis: Multilateral Economic Cooperation in the Twenty-First Century*, Chicago: University of Chicago Press, 2012.

Baqaee, D. R., "Cascading Failures in Production Networks", *Econometrica*, Vol. 86, No. 5, 2018.

Barigozzi, M., G. Fagiolo and G. Mangioni, "Identifying the Community Structure of the International-Trade Multi-Network", *Physica A: Statistical Mechanics and its Applications*, Vol. 390, No. 11, 2011.

Basevi, G., "Domestic Demand and Ability to Export", *Journal of Political Economy, University of Chicago Press*, Vol. 78, No. 2, 1970.

Bems, R., R. C. Johnson and K. M. Yi, "Demand Spillovers and the Collapse of Trade in the Global Recession", *IMF Economic Review*, Vol. 58, No. 2, 2010.

Bernard, A. B., A. Moxnes and H. U. Karen, "Two-Sided Heterogeneity and Trade", *The Review of Economics and Statistics*, Vol. 100, No. 3, 2018.

Bernard, A. B., A. Moxnes and Y. U. Saito, "Production Networks, Geography, and Firm Performance", *Journal of Political Economy*, Vol. 127, No. 2, 2019.

Berthou, A. and H. Ehrhart, "Trade Networks and Colonial Trade Spillovers", *Review of International Economics*, Vol. 25, No. 4, 2017.

Borgatti, S., "Centrality and network flow", *Social Networks*, Vol. 27, No. 1, 2005.

Bosker, M. and B. Westbrock, *A Theory of Trade in a Global Production Network*, CEPR Discussion Papers 9870, 2014.

Burstein, A. and J. Vogel, "International Trade, Technology and the Skill Premium", *Journal of Political Economy*, Vol. 125, No. 5, 2017.

Burt, R. S., *Structural Holes: The Social Structure of Competition*, Cambridge, MA: Harvard University Press, 1992.

Caie, J., A. Janvry and E. Sadoulet, "Social Networks and the Decision to Insure", *American Economic Journal: Applied Economics*, Vol. 7, No. 2, 2015.

Carluccio, J., A. Cuñat, H. Fadinger, and C. Fons-Rosen, "Offshoring and Skill-upgrading in French Manufacturing", *Journal of International Economics*, Vol. 118, No. C, 2019.

Carvalho, V., "From Micro to Macro via Production Networks", *Journal of Economic Perspectives*, Vol. 28, No. 4, 2014.

Chaney, T., and R. Ossa, "Market Size, Division of Labor, and Firm Productivity", *Journal of International Economics*, Vol. 90, No. 1, 2013.

Chung, C., "Technological Progress, Terms of Trade, and Monopolistic Competition", *International Economic Journal*, Vol. 21, No. 1, 2007.

Combes P. P., G. Duranton, L. Gobillon, P. Diego and R. Sébastien, "The Productivity Advantages of Large Cities: Distinguishing Agglomeration from Firm Selection", *Econometrica*, Vol. 80, No. 6, 2012.

Costinot, A., *Contract Enforcement, Division of Labor, and the Pattern of Trade*, Mimeograph, Princeton University, 2005.

Costinot, A., "On the Origins of Comparative Advantage", *Journal of International Economics*, Vol. 77, No. 2, 2009.

Costinot, A., J. Vogal and S. Wang, "An Elementary Theory of Global Supply Chains", *Review of Economic Studies*, Vol. 80, No. 1, 2013.

Criscuolo, C. and J. Timmis, *GVCs and Centrality: Mapping Key Hubs, Spokes and the Periphery*, OECD Productivity Working Papers, OECD Publishing, Paris, 2018.

Crozet, M. and F. Trionfetti, "Trade Costs and the Home Market

Effect", *Journal of International Economics*, Vol. 76, No. 2, 2008.

Deng, L. C., *Specialization Dynamics, Convergence, and Idea Flows*, Series Working Papers, 2016.

Diakantoni, A., H. Escaith, M. Roberts and T. Verbeet, *Accumulating Trade Costs and Competitiveness in Global Value Chains*, WTO Working Paper, 2017.

Dixit, A. K. and G. M. Grossman, "Trade and Protection with Multistage Production", *Review of Economic Studies*, Vol. 49, No. 4, 1982.

Elisa, G., P. Carleo and R. Roberta, "Upgrading in Global Value Chains: Lessons from Latin American Clusters", *World Development*, Vol. 33, No. 4, 2005.

Fagiolo, G., J. Reyes and S. Schiav, "On the Topological Properties of the World Trade Web: A weighted Network Analysis", *A: Statistical Mechanics and its Applications*, Vol. 387, No. 15, 2008.

Fagiolo, G., J. Reyes and S. Schiav, "World-trade Web: Topological Properties, Dynamics, and Evolution", *Physical Review E*, Vol. 79, No. 3, 2009.

Fally, T. and R. Hillberry, "A Coasian Model of International Production Chains", *Journal of International Economics*, Vol. 114, No. C, 2018.

Fally, T., *On the Fragmentation of Production in the U. S.*, Mimeo, 2011.

Federica, C., Z. Zhu, A. Chessa and M. Riccaboni, *World Input-Output Network*, Working Papers, IMT Institute for Advanced Studies Lucca, 2014.

Feenstra, R. C., "Integration of Trade and Disintegration of Production in the Global Economy", *Journal of Economic Perspectives*, Vol. 12, No. 4, 1998.

Fisman, R. and J. Svensson, "Are Corruption and Taxation Really Harmful to Growth? Firm Level Evidence", *Journal of Development Economics*, Vol. 83, No. 1, 2007.

Foster, L., H. John and S. Chad, "The Slow Growth of New Plants: Learning about Demand?", *Economica*, Vol. 83, No. 329, 2016.

Garlaschelli, D. and M. I. Loffredo, "Fitness-dependent Topological Properties of the World Trade Web", *Physical Review Letters*, Vol. 93, No. 18, 2004.

Garlaschelli, D. and M. I. Loffredo, "Structure and Evolution of the World Trade Network", *Physica A*, Vol. 355, No. 1, 2005.

Gereffi, G. and J. Lee., "Economics and Social Upgrading in Global Value Chains and Industrial Clusters: Why Governance Matters", *Journal of Business Ethics*, Vol. 133, No. 1, 2016.

Gereffi, G. and M. Korzeniewicz, *Commodity Chains and Global Capitalism*, Greenwood Pub Group, 1994.

Gereffi, G., "International Trade and Industrial Upgrading in the Apparel Commodity Chain", *Journal of International Economics*, Vol. 48, No. 1, 1999.

Gereffi, G., J. Humphrey and T. Sturgeon, "The Governance of Global Value Chains", *Review of International Political Economy*, Vol. 12, No. 1, 2005.

Giudici, P., B. H. Huang and A. Spelta, *Trade Networks and Economic Fluctuations in Asia*, ADBI Working Papers 832, Asian Development Bank Institute, 2018.

Grossman and E. Rossi-Hansberg, "Task Trade between Similar Countries", *Econometrica*, Vol. 82, No. 2, 2012.

Hagemejer, J. and M. Ghodsi, *Up or Down the Value Chain, The Comparative Analysis of The GVC Position of the Economies of the New EU Member States*, University of Warsaw, mimeo, 2014.

Halpern, L., M. Koren and A. Szeidl, "Imported Inputs and Productivity", *American Economic Review*, Vol. 105, No. 12, 2015.

Han, D. and W. Hugh, "Trade Networks and the Kantian Peace", *Journal of Peace Research, Vol. 47, No. 1, 2010.

Hausmann, D., J. Hwang and D. Rodrik, "What You Export Matters?", Journal of Economic Growth, Vol. 12, No. 1, 2007.

Hayato, K. and O. Toshihiro, "Market Size in Globalization", Journal of International Economics, Vol. 111, No. C, 2018.

Head, K. and J. Ries, "Offshore Production and Skill Upgrading by Japanese Manufacturing Firms", Journal of International Economics, Vol. 58, No. 1, 2002.

Henderson, J. V., T. Squires, A. Storeygard and D. Weil, "The Global Distribution of Economic Activity: Nature, History, and the Role of Trade", The Quarterly Journal of Economic, Vol. 133, No. 1, 2018.

Hummels, D., J. Ishii and K. M. Yi, "The Nature and Growth of Vertical Specialization in World Trade", Journal of International Economics, Vol. 54, No. 1, 2001.

Humphrey, J. and H. Schmitz, "How Does Insertion in Global Value Chains Affect Upgrading in Industrial Cluster?", Regional Studies, Vol. 36, No. 9, 2002.

JaeBin, A., A. K. Khandelwal and S. J. Wei, "The Role of Intermediaries in Facilitating Trade", Journal of International Economics, Vol. 84, No. 1, 2011.

Johnson, R. and A. Moxnes, GVCs and Trade Elasticities with Multistage Production, CEPR Discussion Papers 13827, 2019.

Johnson, R. C. and G. Noguera, "Proximity and Production Fragmentation", American Economic Review, Vol. 102, No. 3, 2012a.

Johnson, R. C. and G. Noguera, Fragmentation and Trade in Value Added over Four Decades, Working Paper 18186 (Cambridge, MA: NBER), 2012b.

Jones, R. and H. Kierzkowski, "The Role of Services in Production and International Trade: A Theoretical Framework", in R. W. Jones and

A. Krueger (eds.), *The Political Economy of International Trade*, Oxford: Blackwell, 1990.

Ju J. D. and X. D. Yu, "Productivity, Profitability, Production and Export Structures Along the Value Chain in China", *Journal of Comparative Economics*, Vol. 43, No. 1, 2015.

Kee, H. L., "Local Intermediate Inputs and the Shared Supplier Spillovers of Foreign Direct Investment", *Journal of Development Economics*, Vol. 112, No. 3, 2015.

Kee, H. L. and H. W. Tang, "Domestic Value Added in Exports: Theory and Firm Evidence from China", *American Economic Review*, Vol. 106, No. 6, 2016.

Kiminori, M., "Engel's Law in the Global Economy: Demand - Induced Patterns of Structural Change, Innovation, and Trade", *Econometrica*, Vol. 87, No. 2, 2019.

Kimura, F. and M. Ando, "Two-Dimensional Fragmentation in East Asia: Conceptual Framework and Empirics", *International Review of Economics & Finance*, Vol. 14, No. 3, 2005.

Kline, S. and N. Rosenberg, "An Overview of Innovation", in R. Landu and N. Rosenberg, eds., *The Positive Sum Strategy: Harnessing Technology for Economic Growth*, Washington, DC: National Academy Press, 1986.

Koopman, R., Z. Wang and S. J. Wei, *How Much of Chinese Exports Is Really Made in China? Assessing Domestic Value-Added When Processing Trade Is Pervasive*, Working Paper 14109 (Cambridge, MA: NBER), 2008.

Koopman, R., Z. Wang and S. J. Wei, "Tracing Value-Added and Double Counting in Gross Exports", *American Economic Review*, Vol. 104, No. 2, 2014.

Krugman, P., "Scale Economies, Product Differentiation, and the Pattern of Trade", *American Economic Review*, American Economic Association, *Vol.* 70, No. 5, 1980.

Levchenko, A., "Institutional Quality and International Trade", *The Review of Economic Studies*, Vol. 74, No. 3, July, 2007.

Levinsohn, J. and A. Petrin, "Estimating Production Functions Using Inputs to Control for Unobservables", *Review of Economic Studies*, Vol. 70, No. 2, 2003.

Li, B. G. and Y. B. Liu, "The Production Life Cycle", *The Scandinavian Journal of Economics*, Vol. 120, No. 4, 2018.

Lisandra, F. andM. Irlacher, "Product Versus Process: Innovation Strategies of Multiproduct Firms", *American Economic Journal: Microeconomics, American Economic Association*, Vol. 10, No. 1, 2018.

Liu, Q. and L. D. Qiu, "Intermediate Input Imports and Innovations: Evidence from Chinese Firms′Patent Filings", *Journal of International Economics*, Vol. 103, 2016.

Liu, X. P., "Tax Avoidance through Re-imports: The Case of Redundant Trade", *Journal of Development Economics*, Vol. 104, 2013.

Lizbeth, N. A., "The Impact of Operating in Multiple Value Chains for Upgrading: The Case of the Brazilian Furniture and Footwear Industries", *World Development*, Vol. 39, No. 8, 2011.

Lucia, D. B. and T. Lucia, "The World Trade Network", *World Economy*, Vol. 34, No. 8, 2011.

Mahutga, M. C., "The Persistence of Structure Inequality? A Network Analysis of International Trade, 1965 – 2000", *Social Forces*, Vol. 84, No. 4, 2006.

Manisha, G., "Offshoring-Effects on Technology and Implications for the Labor Market", *European Economic Review*, Vol. 98, No. C, 2017.

Mariya, T., "R&D in Trade Networks: The Role of Asymmetry", *International Journal of Industrial Organization*, Vol. 61, 2018.

Marquez-Ramos, L. and I. Martinez-Zarzoso, "The Effect of Technological Innovation on International Trade", *Economics-The Open-Access, Open-Assessment E-Journal*, Vol. 4, 2010.

Massimo, R., R. Alessandro and S. Stefano, "Global Networks of Trade and Bits", *Journal of Economic Interaction and Coordination*, Vol. 8, No. 1, 2013.

Mayer, T., J. M. Melitz and G. I. P. Ottaviano, "Market Size, Competition, and the Product Mix of Exporters", *American Economic Review*, Vol. 104, No. 2, 2014.

Melitz, M. J. and G. I. P. Ottaviano, "Market Size, Trade, and Productivity", *Review of Economic Studies*, Vol. 75, No. 1, 2008.

Melitz, M. J., "The Impact of Trade on Intra-Industry Reallocations and Aggregate Industry Productivity", *Econometrica*, Vol. 71, No. 6, 2003.

Miller, R. E. and U. Temurshoev, "Output Upstreamness and Input Downstreamness of Industries/ Countries in World Production", *International Regional Science Review*, Vol. 40, No. 5, 2017.

Neal, Z., "Differentiating Centrality and Power in the World City Network", *Urban Studies*, Vol. 48, No. 13, 2011.

Nunn N., "Relationship-Specificity, Incomplete Contracts, and the Pattern of Trade", *The Quarterly Journal of Economics*, Vol. 122, No. 2, 2007.

Olley, S and A. Pakes, "The Dynamics of Productivity in the Telecommunications Equipment Industry", *Econometrica*, Vol. 64, No. 6, 1996.

Prebisch, R., "Commercial Policy in the Underdeveloped Countries", *American Economic Review*, Vol. 49, No. 2, 1959.

Reyes J, A., S. Schiavo and G. Fagiolo, "Assessing the Evolution of International Economic Integration Using Random Walk Betweenness Centrality: The Cases of East Asia and Latin America", *Advances in Complex Systems*, Vol. 11, No. 5, 2008.

Roberts, M. J., Y. X. Daniel, X. Y. Fan and S. X. Zhang, *The Role of Firm Factors in Demand, Cost, and Export Market Selection for Chinese Footwear Producers*, LSE Research Online Documents on Economics 90575, London School of Economics and Political Science, LSE Library, 2018.

Sanyal, K. and R. Jones, "The Theory of Trade in Middle Products", *American Economic Review*, Vol. 72, No. 1, 1982.

Smith, A., *An Inquiry into the Nature and Causes of the Wealth of Nations*, Volume 1. London, UK: Strahan and Cadell, 1776.

Staritz, C., G. Gereffi, O. (eds). Cattaneo, International Journal of on "Shifting End Markets and Upgrading Prospects in Global Value Chains", 2011.

Stehrer, R. and J. Worz, "Technological Convergence and Trade Patterns", *Review of World Eonomics*, Vol. 139, No. 2, 2003.

Taylor, J. R., "Rural Employment Trends and the Legacy of Surplus Labor", 1978-1989, in Kueh, Y. Y. and R. F. Ash (eds.), *Economics Trends in Chinese Agriculture: The Impact of Post-Mao Reforms*, New York: Oxford University Press, 1993.

Thushyanthan, B., B. Florian, B. Tilman and T. Fabian, "The Heckscher-Ohlin Model and the Network Structure of International Trade", *International Review of Economics & Finance*, Vol. 20, No. 2, 2011.

Thushyanthan, B., B. Tilman, *Scale-Free Networks in International Trade*, Discussion Papers of DIW Berlin 493, DIW Berlin, German Institute for Economic Research, 2005.

Timmer M. P., A. E. Abdul, L. Bart, S. Robert and J. V. Gaaitzen, "Slicing Up Global Value Chains", *Journal of Economic Perspectives*, Vol. 28, No. 2, 2014.

Upward, R., Z. Wang and J. H. Zheng, "Weighing China's Export Basket: The Domestic Content and Technology Intensity of Chinese

Exports", *Journal of Comparative Economics*, Vol. 41, No. 2, 2013.

Wang F. and M. Andrew, "The Demographic Factor in China's Transition", in Brandt, Loren, and Thomas G. Rawksi (eds.), *China's Great Economic Transformation*, Cambridge, New York: Cambridge University Press, 2008.

Wang, Z., S. J. Wei and K. F. Zhu, *Quantifying International Production Sharing at the Bilateral and Sector Levels*, NBER Working Papers 19677, 2013.

Wang, Z., S. J. Wei, X. D. Yu and K. F. Zhu, *Characterizing Global Value Chains: Production Length and Upstreamness*, NBER Working Papers 23261, National Bureau of Economic Research, Inc, 2017.

Weder, R., "Comparative Home-market Advantage: An Empirical Analysis of British and American Exports", *Review of World Economics*, Vol. 139, No. 2, 2003.

Williamson, J. G., "Growth, Distribution, and Demography: Some Lessons from History", *Explorations in Economics History*, Vol. 35, No. 3, 1998.

Yeats, A., *Just How Big is Global Production Sharing*, Policy Research Working Paper, 1871 (Washington, DC: World Bank), 1998.

Yi, K. M., "Can Vertical Specialization Explain the Growth of World Trade", *Journal of Political Economy*, Vol. 111, No. 1, 2003.

Yin, C. L. and H. P. Phillip, "Internal Capabilities, External Structural Holes Network Positions and Knowledge Creation", *The Journal of Technology Transfer*, Vol. 41, No. 5, 2016.

Young, A., "Learning by Doing and the Dynamic Effects of International Trade", *The Quarterly Journal of Economics*, Vol. 106, No. 2, 1991.

Zweimüller, J. and J. K. Brunner, "Innovation and Growth with Rich and Poor Consumers", *Metroeconomica*, Vol. 56, No. 2, 2005.

索 引

PageRank 9，13，17，47－49，57，91，111，113，183

SIPO 专利数据 153

B

边缘国 8，14，27，43，46，61，64，81，114，138，183，186

不平等交换体系 41，137

C

产品内分工网络 10，138－142，144，145，170，191

产业链完备性 2，64，80，89，183

出口技术复杂度 29，123，152，161，162

D

低端锁定 3，8，15，19，40，85，86，89，134，157，171，177，187

F

发达国家价值环流 2－6，8，10，11，16，39，40，43，50，51，54，57，58，72，81，134－136，148，153－156，160－167，169，170，173，174，183，185，187，190

发展中国家价值环流 2－5，8，10，11，16，39，40，43，50，51，54，57，58，72，82，134－136，154，166，169，171，174，183，185，187

分工二重性 12，136

G

改革开放 2，4，5，8，16，18，27，39，42，46，57，

59，60，62，64－67，70－73，75，77－79，81，84－87，89，93，109，113，133，173，176，180，183，185，186

高技术产品贸易网络 9，91，106－109

工具变量 155－161，163－167，169

供应链风险 191

共轭环流 3，5，6，8－16，40，41，43，47，51，54，57－59，61，72，73，80，81，89，91，100，113，116，120，124，133－135，148，172－174，181－183，185－187，189－192

国际分工布局 3，6，10，12，18，21－23，32，43，75，133，175，191

国际分工地位 5，6，9－13，16，29，84，116，117，119－121，124，130，131，137，148，149，158，170，177，184，185

国际分工模型 13，16，38，133，135，185

国际分工嵌入 24，27，173，191

国际分工网络 1，3，5，6，8－12，14－18，27，32－38，40，43，48，57，58，64，81，82，91，92，101，102，112－114，116，118，120，131，133，135，173，183，185

国际循环 4，38，39，41，114，133，171，181，190，192

国内大循环 15，39，69，132，171，173，180，181，190，192

国内市场 9，11，13，16，22，28，78，80，91，93，94，96，99，100，102，111，172－177，180，184，185，188，192

国内增加值 29－32，34，115，149，151

J

技术对外依赖度 85

技术进步 2，9，10，13，16，25－27，64，77，78，91－95，97－100，111，120，136，139，169，184，185

加工贸易 2，10，11，20，30－32，66，67，69，73，74，

149-151，156，157，159，160，168-170

价值环流　2-6，8，10-14，16，39，40，43，45，49-51，54，57，58，72，81，82，92，113，133-136，138，139，141，142，144，147，148，153-156，160-167，169-171，173，174，183，185，187，190

价值链升级　3，5，6，9，11-14，18，20，25-28，38，39，113，116，134，169-171，174，177，184，185

渐进式开放　69，70，89，183

交易比较优势　13，98，100，111，184

阶段性政策　65

结构洞理论　5，8，13，14，59，61，63，89，183

居重国　8，59，61，81，82，183

M

马克思主义分工理论　5，8，13，16，57，59，61，62，89

马克思主义政治经济学　3，8，9，12，16，40，43，91，93，113，116，117，131，135，169，178，179，182，184，185

贸易强国　4，12，17，60，61，72，89，90，189

贸易网络　9，34-37，42，54，57，91，92，100，101，104，106-112，115，116，183

R

人口红利　8，59，61，64，66，73，75-77，81，89，96，97，107，183

S

上游度　28，121，122，126，160

生产比较优势　96，111，184

生产关系　14，62，133，136，138，178，180

生产力　8，14，16，46，59，61，62，78，82，89，95，117-119，133，136，138，169，170，178-180，183，185

市场化改革　70，71，89，112，183

枢纽地位　3-6，8-17，21，

37－40，43，47－51，53，54，57，58，65，72，85，90－114，116－120，123－133，172，182－184，186，187，189，190

枢纽国 4，8，14，27，40，42，51，54，57－59，61，64，80，89，93，114，119，142，183，186

双轮驱动 11，17，43，171，186，187

双向开放 8，59，61，81，84，89，183

X

消灭分工 4，11，13，16，172，174，178－180，185，191

新发展格局 6，11，15，17，18，21，38，39，68，69，78－80，114，132，135，171，173，174，185，190，191

Y

一般贸易 10，11，32，150，151，156，157，159，160，168－170

Z

制度质量 9，75，76，92，98－100，105，110，112，157－160，164，184

中低级技术产品贸易网络 9，91

中国开放型经济 4－6，8，9，11，14－18，27，39，42，59，61－63，65，67，69－73，81，84，85，89，92，93，113，116，135，136，172，174，180－183，185，186，189，192

中间品出口 50，51，54，86，110，120，123，124，126，128，130

中心—外围 15，32，33，41，175

中心度 17，33，34，37，47－49，51，53，54，57，64，92，97，115，116，120

资本积累 5，9，12，13，16，46，62，63，94，95，113，116，118，120，131，136，137，169，184，185

后　　记

"躬行学术，博学乐思"是我踏上博士求学道路的初心，四年的博士学习生涯，有探究新事物的执着，有取得突破的喜悦，也有求知路上的孤独与苦涩，点点滴滴皆是切实的经历，也是学术的积累。四年后，博士学位论文的顺利完成有个人的坚持，更离不开那些一直给予我指导和帮助的良师益友。

导师洪俊杰老师是我科研路上的领航者和学习楷模。洪老师鼓励问题导向性研究，强调在理论基础上实现科研的现实意义，"站在全球视角，讲好中国故事"。从现实问题中寻找研究切入点，解决实际问题，提升问题高度，充实科研内容和研究意义。洪老师针对国内外顶尖期刊的发文要求和特点，总结"学术论文写作小贴士"，对论文结构的搭建、不同类型论文的理论框架构建、理论模型与实证分析的契合、研究结论如何落地等问题进行了详细描述，这对我的学术论文写作给予了极大的启发和帮助。在科研中，洪老师给予了我很大的自主性，鼓励我探索并勇于表达自己的想法，并在我需要的时候总能给予我最具关键性的指导和建议，提高了我的科研能动性。洪老师时刻言传身教向我传授"做人、做事、做学问"处世态度，不拘于小节的性格，教会了我要学会对自己的博士生涯做"减法"、为自己"增值"，这也是我以后工作生活中的一笔至为宝贵的财富。在这里我要由衷地对洪老师说一句：感谢您的提携与帮助！谢谢您！

对外经济贸易大学"博学、诚信、求索、笃行"八字校训是我的行为准则和奋斗目标。"在贸大遇见你是今生最美的风景",感谢对外经济贸易大学唐宜红老师、卢进勇老师、殷晓鹏老师、荆然老师、蓝庆新老师、刘斌老师、包歌老师、祝坤福老师在课程和学术成长过程中给予我的指导和帮助。感谢郑文平老师和刘青老师在"博士工作坊"中的指导与帮助。感谢博士毕业论文答辩老师张辉老师、韩晶老师和崔鑫生老师。感谢行政老师于晶晶老师、张晶娟老师、曾明月老师、周晶晶老师给予的帮助。感谢阿德莱德大学的 **Christoper Findlay** 教授、**Peter Draper** 教授、**Richard Pomfret** 教授、**Keith** 教授、**Laura**、**Lisa**、**Lydia**、**Sara** 和王文晓对我学术上的指导和生活上的照顾,特别感谢 **Mei** 对我的关怀,让我在异国他乡感受到了家的温暖。

感谢同门孙乾坤、林建勇、杨超、石丽静、杨志浩、芈斐斐、关智化、倪超军、刘冠坤、王星宇、詹迁羽、武昭媛、陈明、郑郁寒、蒋穆超等陪伴我的博士求学路;感谢好友朱学昌对我论文写作的指导与督促;感谢挚友肖志敏、张宸妍给我的博士生活带来了阳光和欢乐,谢谢你们伴我走过那些灰暗低沉的日子;感谢我的同窗马文良、赵玉荣、程晓青、杜薇、赵鹏飞、穆远东、郭凌薇、赵明诠给予我的帮助和支持,感谢李金甜、程郁然给予我的照顾和陪伴。

感谢浙江工商大学给予的优质的教学科研环境,感谢可爱的同事们给予我的成长与欢乐。感谢经济学院领导赵连阁院长、徐锋书记、毛丰付副院长、王文智副院长和余彬副书记等为年轻教师提供了优秀的科研平台,感谢马淑琴老师、李怀政老师、王永齐老师、谢杰老师、朱勤老师、刘文革老师、王学渊老师、赵婷老师、许咏梅老师、陆云航老师等给予的关心与帮助,感谢辛晓睿、任婉婉、周嫣然、诸竹君、李蕾蕾、于斌斌、王海、李言、豆江利、周灿、吴常艳、吴浩波、刘利利、任建宇、黄嘉仪、周圆、朱昊、祁磊、赵伟光、方师乐、郑晓冬、张志坚、王伟新、钟颖琦、孙豪、胡雍、王驹飞等给予的照顾与欢声笑语,感谢胡苗苗、胡华、周静对我的开导和无私关怀,感谢王萱、万官旭给予的关心与帮助,感谢我的学生陈洋、刘芸芳、张豹虎、胡睿、任嘉仪、万家奇、宋超杰在数据收集和资料整理方面的协助。

  感谢我的家人们，你们的支持和默默付出是我潜心科研的最大支撑。感谢我的爷爷，博士论文写作期间您病情恶化，未能见您最后一面是我今生最大的遗憾，我想唯有努力科研、好好生活才能回报您；感谢我的爸爸、妈妈、姐姐、姐夫对我无条件的支持和无微不至的关怀；感谢我两个可爱的外甥女；感谢婆婆默默的付出与照顾；感谢我的爱人王守全对我无限的包容和爱护，未来，我们携手与共。

商辉
2021.8